サプライチェーン・マネジメント

松井美樹

まえがき

　本書は，放送大学教養学部の専門科目「サプライチェーン・マネジメント（'21）」の印刷教材として執筆，編集されました。消費者ニーズの多様化や経済社会のグローバル化が進む中で，様々な商品のサプライチェーンで柔軟性や応答性，俊敏性が求められるようになり，その高度なマネジメントが求められています。他方，情報技術に裏打ちされたデジタル革命が進展する中で，サプライチェーンが果たすべき調達，生産，販売，回収といった基本機能を的確に計画し，確実に実施するとともに，動態的にその構造やプロセスを変革して革新的なサプライチェーンを再設計していくという両刀遣いのサプライチェーン・マネジメントが求められてきています。

　他方，現代社会はサプライチェーンを脅かす様々なリスクや危機に溢れています。例えば，地球資源の枯渇化や自然環境の悪化，疫病の感染などの地球規模の問題もありますが，地震や津波，台風，洪水などの自然災害や暴動やテロなどの人為的災害，さらには破壊的イノベーションによって特定の商品が陳腐化し需要が急減するといったリスクもあります。サプライチェーンを危うくするリスクや危機に対していかに備え，対応するかも重要な課題になっています。環境問題や社会問題も考慮に入れた持続可能なサプライチェーン，災害時の人命救助や緊急支援物資のための人道支援サプライチェーン，災害に強い，あるいはしなやかに復旧できるレジリエントなサプライチェーンなどの研究も行われています。

　本印刷教材では，ますます重要性と関心が高まってきていますサプライチェーン・マネジメントの基礎概念と押さえておくべき要点につき，

4

具体例を参照しつつ，可能な限り分かりやすく解説していきます。サプライチェーンに関わる定義や戦略的意味合いから始め，新製品開発や品質マネジメントに対する取り組み，サプライチェーンのプロセス分析や情報技術の利用，ロジスティクスの役割などに関する基礎固めが前半の9章です。それ以降は，自動車，コンビニ，アパレルなど具体的商品を念頭に置いたサプライチェーンの特性分析，さらには持続可能なサプライチェーンや人道支援サプライチェーンなどの応用編になります。

　基礎固めの9章までは最初から順を追って読み進めていかれることをお勧めします。10章から14章までは関心の高いものから順不同で読んでいただいて結構です。まとめの15章にはグローバル・サプライチェーンを巡る諸問題やレジリエントなサプライチェーンについても記載されています。

　最後になりますが，分担執筆をお願いした佐藤亮先生，開沼泰隆先生，富田純一先生に心より御礼を申し上げます。この印刷教材の完成に当たりましては，編集者の叶谷善之氏に大変お世話になりました。専門的な編集作業のみならず，粘り強い励ましと温かいご配慮をいただきました。さらに，放送教材の作成につきましては，玉木泰裕ディレクター，山口明彦プロデューサーと野口琢磨プロデューサーをはじめ，多数のスタッフにお世話になりました。新型コロナウィルスによる様々な制約の中で，教材作成もしばしば障害に遭遇することになりましたが，それにもかかわらず本書が完成を見るに至りましたのは，多くの関係者や協力者のご支援の賜物と深く感謝申し上げる次第です。

2020年10月　松井　美樹

目次

1 | サプライチェーン・マネジメント入門

松井美樹

《**目標&ポイント**》 本書は近年脚光を浴びるようになったサプライチェーンのマネジメントについて，その特質と主要課題について経営学的な視点から可能な限り平易に解説することを目的としている。本章ではサプライチェーンに関する基礎概念を整理し，次章以下で学ぶ重要なトピックについて紹介してサプライチェーン・マネジメントという新しい経営職能とそれを巡る学問体系の全体像を示していく。

《**キーワード**》 サプライチェーン，モノの流れ，情報の流れ，カネの流れ，ロジスティクス，マーケティング，サプライチェーン・マネジメント

1. サプライチェーンの概念

　人間の生活や活動に必要な財やサービスの多くは，特定のひとつの企業あるいは個人によって生産・販売されるようなものではない。近隣の家電量販店で購入した携帯電話は，物流業者によって，中国の組立工場から運ばれてきたりする。組立に使われた各種部品は欧州，北米，韓国，日本など世界中の製造企業で生産され，中国に輸入されたものであったりする。これらの部品の材料となる金属製品やプラスチック，塗料などは金属加工業者や化成品業者から提供され，さらに遡ると，鉄鋼業者，非鉄金属業者，石油精製業者などの素材メーカーに行きつく。ここまでは製造業ないし第二次産業であるが，鉄やボーキサイト，石炭，石油の採掘に掛かる第一次産業にまで遡ることができる。同様に，近くのレストランで食べるディナーも，様々な食品加工業者が製造した醤油

やソース，砂糖，塩，酢，食用油，ドレッシング，化学調味料などを使用し，冷凍やチルドの温度帯で配送されてきた食材を使って調理されている。日本の食糧自給率は低く，多くの食材は輸入に依存しており，商社，食品輸入業者，物流業者等がこれに関わっている。当然ながら，食材を提供するのは，国内外の農家や水産業者などの第一次産業である。

　このように地球の本源的資源の採取（第一次産業）に始まり，それを加工，精製，組立することにより消費者にとって価値ある財に変換する製造業（第二次産業）を経て，それらの財を消費者に届ける小売業あるいはそれらの財を利用して各種サービスを提供するサービス業（第三次産業）へと至る様々な経済主体の連鎖あるいはネットワークを通じて，われわれは財やサービスの恩恵を享受することができる。このような財やサービスの生産と流通の流れを，最上流の天然資源から最下流の消費者の方向に見るときに，サプライチェーンあるいはサプライネットワークと呼ぶ。逆に，最下流の消費者から最上流の天然資源の方に向かって眺めるときには，デマンドチェーンと呼ばれることもある。サプライチェーンが財やサービスの流れに着目するのに対して，デマンドチェーンはそれとは反対方向に流れる注文という情報の流れや財やサービスの対価として支払われるカネの流れに着目した呼び方ということになる。小売企業は消費者から受けた注文を卸売企業や製造企業に向けて取り次ぐデマンド側であるのに対し，製造企業は注文を受けて生産したものを顧客に提供するサプライ側であるという認識に立って，小売企業から見ればデマンドチェーン，製造企業から見ればサプライチェーンという呼び名がしっくりいくという側面もあろう。見方や呼び名は違っても対象としているものは基本的に同じであり，本書ではデマンドチェーンとサプライチェーンの区別はせず，両方向の流れを包含する概念として，サプライチェーンという用語を統一して用いることにする。

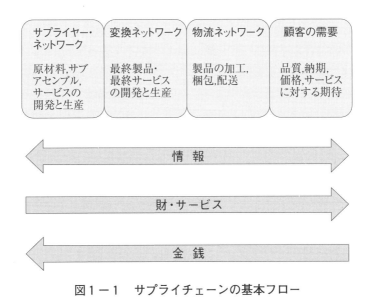

図1-1　サプライチェーンの基本フロー

　サプライチェーンにおいては，図1-1に示すように，財やサービス
は原材料サプライヤーから消費者の方向に流れ，カネは反対に消費者か
ら原材料サプライヤーの方向に流れ，注文や見積り，請求などの様々な
情報は双方向に流れる。さらに，サプライチェーンを構成する主要モ
ジュールとして，以下の4つが区別される。

①顧客の需要

　品質や納期，価格，サービスなどの商品の基本属性に対する顧客の期
待であり，消費者の求めるニーズやそれを的確にキャッチするための小
売企業の接客を含めた情報収集活動などから構成される。

②物流ネットワーク

　顧客のニーズを満たす商品を変換ネットワークから受け取って，顧客
に確実に届けるための物流サービスが提供される。梱包，荷役，輸送，

保管，流通加工の他，通関などの情報処理業務を担当する様々な物流企業が関わる。

③変換ネットワーク

　顧客のニーズを満たす商品やサービスを企画・設計し，サプライヤーから供給される資材や部品，コンポーネント等を用いて最終製品や最終サービスを生産する製造企業やサービス企業，およびそれらの事業所から構成される。

④サプライヤー・ネットワーク

　変換ネットワークが企画・設計した最終製品や最終サービスを生産するために必要となる様々な資材や部品，コンポーネントを第一次産業産品や基礎物資等のインプットを用いて加工，精製するサプライヤー企業群から構成される。

　サプライチェーンは，このような連鎖とネットワークを構成する多数の企業や経済主体とそれらの間の関係性から構成される。例えば，サプライチェーンの中流領域に位置する加工組立型製造企業から見ると，顧客方向とサプライヤー方向の両方向に向けて，資材フローと情報フロー，マネーフローが錯綜することになる。サプライヤー・ネットワークと流通ネットワークの中間に位置し，両者の活動を統合するために，調達機能，生産機能，マーケティング機能と販売機能（市場流通機能）等を果たしつつ，関係性マネジメントに取り組んでいる。

　このようにサプライチェーンは多数の企業が複雑に連鎖するネットワーク構造を持ち，有機的な協働関係の構築が企図されているが，個々の企業が持つ様々な制約から，サプライチェーンについても一定の制約の中で活動が行われることになる。まずは，コア・コンピタンスに関する制約があり，生産能力，情報処理能力，資本力，人的資源等に関する制約がある。これらの制約をどのように克服していくかもサプライ

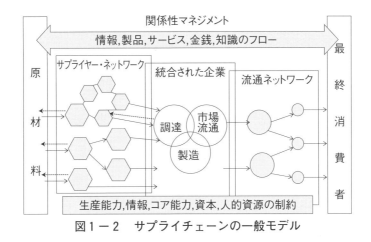

図1－2　サプライチェーンの一般モデル

チェーンにとっての課題である。

2．サプライチェーン・マネジメントの概念

　次は，本書のタイトルでもあるサプライチェーン・マネジメントである。Institute for Supply Management によれば，サプライチェーン・マネジメントは，原料のサプライヤーから，工場，物流センターを通って顧客に至る，資材やサービス，情報，金銭等のフローをマネジメントするためのシステムズ・アプローチであり，最終的顧客の真のニーズを満たすために，組織の境界を越えて途切れのない付加価値プロセスを設計し，継続的に改善することと定義されている。また，Global Supply Chain Forum によれば，最終ユーザーから最初のサプライヤーにまで至る主要ビジネス・プロセスの統合がサプライチェーン・マネジメントであり，それによって顧客やその他の利害関係者に付加価値の高い製品やサービス，情報が提供されるとされている。

　その目的はサプライチェーンにとっての価値の最大化にあり，サプライチェーンの価値は顧客に提供される財やサービスの有用性（すなわち，顧客がそれらに対して支払ってもよいと考える最大の価格）と顧客の要求を満たす際にサプライチェーンが費やす努力やコストとの差額である。この目的を達成するために，顧客に対する納期を短縮したり，コスト低減に努めたりして，まず効率性が追求される。しかし，効率性の追求には自ずと限界があり，より高い価値を実現するためには，以下の３つの能力が必要になってくる（Lee，2004）。

①短期的な俊敏性：顧客のニーズや環境・市場要因の変化，サプライチェーンの断絶等に迅速に対応できる能力

②長期的な適応力：市場の構造変化に対応して，新製品や新サービスを開発し，流通チャネルを再設計できる能力

③利害の一致：サプライチェーンの各段階あるいは各活動の目標や優先度合いを合わせて，より高い価値を協力して追求しようという誘因を創出できる能力

　ハウ・リーはハーバード・ビジネス・レビュー誌の「トリプルＡのサプライチェーン」（The Triple-A Supply Chain）と題する論文で，これらの能力を備えた企業として，セブン・イレブン・ジャパンを例に取り，これらの能力は技術や投資の問題ではなく，マネジメントの態度の問題であるとしている。効率性至上主義からの離脱が必要と警告している。

　サプライチェーン・マネジメントの参照モデルとして最もよく用いられているのがSCOR（Supply Chain Operations Reference）モデルである。SCORモデルでは，サプライチェーンのオペレーションを，「計画プロセス」「実行プロセス」「マネジメント・プロセス」の３つのプロセスに大きく区分し，その内容を６つのプロセスタイプ（計画する Plan,

調達する Source，生産する Make，納品する Deliver，返品する Return，
マネジメントする Enable）として記述する。これら 6 つのプロセスタ
イプが最上位のレベル 1 の階層である。Enable は直訳すれば「実現す
る」であるが，その内容はまさにマネジメントに関わる。実際，さらに
詳細な各プロセスの内容を規定しているレベル 2 では，Enable は11個
のサブ・プロセスに分割されているが，これらは，サプライチェーンの
ビジネスルール，業績，データと情報，人的資源，資産，契約，ネット
ワーク，規制遵守，リスク，調達，技術をすべてマネジメントする
（Manage）こととされている。6 つのプロセスタイプは以下のように 3
つのプロセスに対応付けられている。

①計画プロセス：計画する（5）

②実行プロセス：調達する（3），生産する（3），納品する（4），返
　品する（6）

③マネジメント・プロセス：マネジメントする（11）

　なお，括弧内の数字はレベル 2 におけるサブ・プロセスの数である。
「計画する」については，サプライチェーン，調達，生産，納品，返品
の 5 つを計画するというのが，レベル 2 になっている。

　また，SCOR モデルでは，サプライチェーンを評価する 5 つの重要次
元と評価指標も規定している。

①信頼性（Reliability）：完璧な受注充足（Perfect Order Fulfillment）

②応答性（Responsiveness）：受注充足サイクルタイム（Order Fulfill-
　ment Cycle Time）

③俊敏性（Agility）：サプライチェーンの上方柔軟性（Upside Supply
　Chain Flexibility），下方柔軟性（Downside Supply Chain Flexibility），
　バリュー・アット・リスク（Overall Value at Risk）

④コスト（Cost）：総サービス費用（Total Cost to Serve）

⑤資産効率（Asset Management Efficiency）：キャッシュ to キャッシュ・サイクル（Cash-to-Cash Cycle），固定資産利益率（Return on Supply Chain Fixed Assets），運転資本利益率（Return on Working Capital）

さらに，サプライチェーンのオペレーションの成果指標として，一般に以下のようなものが用いられることも多い。

・納期：全受注の定時納品，充足率，リードタイム
・品質：製品やサービスの性能，仕様への適合，顧客満足
・柔軟性：生産量を一定量変えるのに要する時間，製品やサービスのミックスを変えるのに要する時間
・時間：総スループット・タイム，キャッシュ to キャッシュ・サイクル＝在庫期間（日）＋売掛期間（日）－買掛期間（日）
・コスト：材料費，加工・組立費，物流費など

3. サプライチェーンの落とし穴

なぜ，多くの企業がサプライチェーンの構築に苦労したり，失敗したりして，サプライチェーン・マネジメントは難しいと頭を抱えてしまっているのであろうか。理由はいろいろと考えられる。克服しやすいものもあれば，なかなか困難という理由もある。個別企業の経営の難しさと類似する理由もあれば，サプライチェーンに特有な理由もあろう。まずは，失敗要因を洗い出してみよう。

ひとつの企業の経営でさえ難しいのに，多数の企業が関わるサプライチェーンを経営するのは至難の業であるという言動をよく耳にする。確かにそうかもしれない。ひとつの企業の経営と多数の企業から構成されるサプライチェーンの経営は性質において異なるという考え方である。

では，どう違うのか。あるサプライチェーンをひとつの企業ですべてマネジメントする場合と多数の企業が分業する場合とを比較してみよう。

　後者の場合には，企業間の壁がサプライチェーン上にたくさん立ち塞がっており，それぞれの企業はそれぞれの事業に集中し，その目的や利害を追求する。サプライチェーン全体の利益は見えないし，そもそも考慮する気もない。自社にとって有利な情報は共有するが，不利になる情報は隠す。各企業が部分最適化を行い，二重三重とマージナライゼーションが行われることにより，全体最適からはほど遠い決定が行われて，サプライチェーンの成果は低く，競争力を確保できなくなってしまう。サプライチェーン全体を見ることなく，近視眼的な部分最適に終始する。これが失敗のひとつのシナリオである。グローバル化や持続可能性，レジリエンスなども考慮しないといけなくなってくると問題はますます複雑なものになってしまう。このような落とし穴からいかに脱出するのかがサプライチェーン・マネジメントの課題のひとつとなる。

　例えば，ある企業が垂直統合を突き詰めてサプライチェーン全体をカバーするという方法が考えられる。今や，M&Aは日常茶飯事のことになっている。ひとつの経営陣であれば，全体最適化が図られるし，工程間の情報共有も容易である。実際，このような垂直統合を戦略的に進めている企業もあり，後の章で触れるように，成功事例もある。しかしながら，現実のサプライチェーンで完全な垂直統合が行われている業界はほとんどなく，垂直統合を進めることによる負の効果もある。垂直統合は効率性の追求や利害の一致には有効であるが，変化に対する適応力や俊敏性という点で問題を孕んでいる。

　次に，サプライチェーン・マネジメントの持つ複雑さや煩雑さに対応するためのツールとして，ITベンダーが提案する応急処置的なソリューションに飛びつくという失敗もしばしば見受けられる。新しい情

報技術やソフトウェアを導入しさえすれば，どんな問題も解決できると考えるのは間違いであり，情報技術をいかに利用するかを慎重に考慮しなければIT投資の回収は覚束ない。

　もうひとつ失敗の原因として，サプライチェーンの成果を評価するシステムが機能不全に陥っていることが挙げられる。サプライチェーンで実際に何が起こっているのかを正確に把握するための成果指標が入手されていない，見えていないという状態では，的確な意思決定など覚束ない。損益などの財務指標は過去の成果を反映するものであって，将来に向かって，今，何をすべきかを判断するための情報にはならない。むしろ判断を誤らせてしまう可能性すらある。将来のサプライチェーンの成果に結びつく情報が収集され，いつでも容易に見える化されている必要があろう。

4．サプライチェーン・マネジメントの主要研究課題と本書の構成

　以下では，サプライチェーン・マネジメントの主要な研究課題を紹介しつつ，次章以下の本書の構成についても説明を加える。

（1）商品特性に合わせたサプライチェーン

　一口に財やサービスと言っても千差万別あり，それぞれ違った特徴を持つ。異なる商品には異なるサプライチェーンが必要である。マーシャル・フィッシャーは，ハーバード・ビジネス・レビュー誌の「商品特性に合わせた戦略的サプライチェーン設計―効率重視型か市場対応型か」（What is the right supply chain for your product?）と題する論文で，製品およびサプライチェーンの類型化について議論している。まず，製

品の特性として，需要の予測が可能で製品ライフサイクルが長い機能性製品（functional products）と需要の予測が困難で製品ライフサイクルが短い革新的製品（innovative products）を区別する。そして，機能性製品に対しては効率重視型（efficient）サプライチェーン，革新的製品に対しては市場応答型（responsive）サプライチェーンが適合的であると述べている。詳しくは，第2章のサプライチェーン戦略を参照。

　需要の不確実性のみならず，供給の不確実性も考慮したサプライチェーンの類型化も考えられる。需要と供給の不確実性の高低によって，4つのタイプの製品が区別される。そして，需要と供給の不確実性がいずれも低い製品については，フィッシャーの効率重視型サプライチェーンが適合し，需要の不確実性のみが高い製品は市場応答型サプライチェーン，供給の不確実性のみが高い製品はリスク分散型サプライチェーンがそれぞれ適合的である。需要と供給の不確実性がともに高い製品については，俊敏なサプライチェーンが必要となってくる。

需要の不確実性

供給の不確実性	低（機能性製品）	高（革新的製品）
低 （安定したプロセス）	効率重視型サプライチェーン 日用雑貨, 基本アパレル, 食料品, 石油, ガス	市場応答型サプライチェーン ファッション・アパレル, PC, ポピュラー音楽
高 （進化するプロセス）	リスク分散型サプライチェーン 水力発電, 一部の食料品	俊敏なサプライチェーン 電気通信, 半導体, スーパーコンピュータ

図1-3　不確実性とサプライチェーン

効率重視型サプライチェーンに適合的な日用品小売の分野において，フランチャイズ制，ドミナント戦略，POSシステムによる売れ筋商品の把握と絞り込みなどの新たなビジネスモデルを導入して，破壊的イノベーションを実現したコンビニエンス・ストアの事例を第12章で取り上げる。

また，市場応答型サプライチェーンの例として，第13章でアパレル商品を取り上げ，アキュレート・レスポンス，オーバーマイヤー需要予測法，SPA，ZARAを代表とするファスト・ファッション，eコマースなど，市場ニーズに対していかにスピーディーに応えるか，その仕組みについて説明している。

（2）サプライチェーンにおける関係性マネジメント

革新的製品については新製品開発が必要になる。顧客やサプライヤーとの長期的協力関係を築き，コンカレント・エンジニアリングを用いて，いかに迅速に新製品を開発し，市場導入できるか，競合するサプライチェーンはしのぎを削っている。このサプライチェーンを挙げた新製品開発体制について第3章で取り上げる。

革新的製品に加えて機能性製品についても，製品の品質の問題は永遠の課題であり，品質マネジメントの主要な対象である。ここでも，顧客のニーズに応えるため，サプライヤーとの協力関係によって，資材や部品，コンポーメントの品質の向上と組立作業の質向上を不断に続け，競争優位を確保する地味で粘り強い努力が肝要になる。現在の品質水準に満足した瞬間に，新たな品質問題が発生しているということになる。このような品質問題に対するサプライヤーとの関係性について第4章，品質改善のためのツールについて第5章で取り上げる。

（3）サプライチェーンのシステム・ダイナミクス

サプライチェーンのシステム特性を把握するために注目されるべきものが在庫であり，それを管理するための様々な方式や情報システムが開発されてきた。在庫に加えて，スループットやリードタイムの概念もサプライチェーンの成果を把握する上で，極めて重要である。これらはリトルの法則と呼ばれる関係によって規定されている。この詳細については，第6章を参照。

サプライチェーンは高度に相互作用的なシステムであり，サプライチェーン内の各企業の意思決定が他の企業に影響する。その中でも最もよく知られているのが，川下の最終消費者から川上の原材料に向かって需要の波が増幅していくブルウィップ効果である。これが起きると，素材産業は需要変動の大きな波に直面することになり，過剰在庫や在庫切れの可能性も増大する。ブルウィップ効果の主たる原因は，最終消費者の需要に関する情報が川上の企業に共有されないという情報劣化にあるが，仮に完全情報があったとしても，補充リードタイムが長い遅れを伴うシステムがブルウィップ効果を生むことも知られている。サプライチェーンを改善する最良の方法は，総補充リードタイムを短縮し，実際の需要情報をすべてのパートナーにフィードバックすることである。しかしながら，サプライチェーンは売買関係を基礎とする企業間の連鎖であるため，個々の企業の立場からは共有できない情報，共有したくない情報が出てくる。最終消費者に直接，接触する小売業者は最終消費者の需要に関する情報を戦略的に利用したいと考えるかもしれない。サプライチェーンを通した整合性を確保することは極めて重要であるが，いかにして情報共有を図るかはパートナー間の関係性に大きく依存する。これらのブルウィップ効果を巡る検討を行うのが第7章である。

在庫は販売計画と生産計画のずれをダイナミックに調整する役割を持

つ。この機能を最も分かりやすく論理的に説明できるのが MRP システムである。サプライチェーンの成果指標である在庫水準が販売計画と生産計画とどのように連動しているかについて MRP モデルを用いて解説するのが第 8 章である。

　MRP システムは第11章の自動車のサプライチェーンで詳述するリーン生産システムと対比をなすものでもある。いずれも原材料や部品，コンポーネントなどの生産計画と在庫管理のためのシステムであり，必要な時に必要なモノを必要な量だけ生産するという目的を共有している。しかし，そのシステム特性は大きく異なっており，MRP は情報システムベースの計画主導プッシュ型であるのに対し，リーン生産システムは需要主導のプル型であり，日米企業のアプローチの違いを鮮やかに対照させる事例と言える。

（4）サプライチェーン・マネジメントの基盤としてのロジスティクス

　サプライチェーンにおいては企業間でモノの移動が不可欠であり，グローバル化とともに国際間の物流がますます重要になっている。どのような輸送モードや物流センター，輸送経路を利用して効率的なロジスティクス・ネットワークを構築したらよいのか，通関手続きをいかに簡略化して短時間で済ませることができるのか，どの3PL 事業者と組むのがよいのか，物流に起因するCO_2排出をいかにして削減できるのか，等々，ロジスティクスの効率化を巡って熾烈な競争が展開されている。

　さらに，物流の問題はひとつの企業やサプライチェーンだけの問題に留まらない。スペインのサラゴサ（Zaragoza）は欧州最大の物流センターである。北からガジェゴ川が合流する辺りのエブロ川中流域の中心地であり，スペインの基礎を作ったアラゴン王国の古都としても知られている。マドリード，バルセロナ，バレンシア，ビルバオ，フランスの

図1−4　エブロ川から見たサラゴサ
©Alamy/PPS通信社

トゥールーズの各主要都市とは300km以内の距離にあり，昔からの交通の要所である。

　ここにZARAの物流拠点があり，世界中の小売店に多種少量のアパレル製品を出荷している。スペインと欧州内への出荷はトラック輸送を用いている。同じ物流拠点を利用している他の荷主とも協力してトラック・ロード（トラック1台分）の貨物を積み合せる。その他の地域には航空貨物を用いて2週間のリードタイムで小売店までアパレル製品を届けている。帰りの便では食品輸入業者がスペインで需要の高い水産物を詰めて持ち帰る。このような貨物の積み合せを実現するためには，物流拠点の構築が有効である。

　これらのロジスティクスに関わる諸問題は第9章で取り扱われる。

（5）循環型サプライチェーン：省資源と温暖化への対応

　地球温暖化や絶滅危惧種など地球の自然環境や生態系の問題に対する関心が高まる中，ビジネスの目的も経済成果だけではなく，環境や社会への貢献が重要視されるようになっている。いわゆるトリプル・ボトム

24

ラインと言われる経済と環境，社会の3つの持続可能性を同時に追求することが企業のみならず，サプライチェーンにも強く求められている。使用の終わった最終製品を消費者から回収し，製造業者に戻すリバース・ロジスティクスが拡大し，回収した製品を再利用したり，製品や部品を使って再製造ないし再製（remanufacturing）を行ったり，あるいはリサイクルして素材として活用したりする動きが活発化している。これにより地球の希少な資源の枯渇問題にも貢献することができる。経済，環境，社会の持続可能性の間のトレードオフ関係をいかに解消するかという問題から，近年では，持続可能な開発目標（SDGs）への対応へと受け継がれている。持続可能なサプライチェーンについては，再製造に対する富士ゼロックス株式会社と株式会社リコーの取り組みの対比を含めて第10章で取り上げる。

（6）人道支援のサプライチェーンとレジリエンス

　サプライチェーンの問題は自然災害や事故，疫病などとも深い関わりを持つ。大規模な災害が生じた場合，被災地域での救援活動のためのオペレーションを展開するために人道支援サプライチェーンをいかに早く立ち上げるかが極めて重要となる。避難場所や避難経路の確保，生活必需品や救助物資の備蓄等，地域インフラを活用した防災対策の基盤の上に，少なくとも，被災地域へのアクセスとロジスティクスの確保，捜索・救助活動，安全の確保，水と食糧援助，救急医療と衛生サービスの提供，避難所設置と各種必需品の確保等が必須となる。とりわけ，希少な支援物資，搬送手段，医薬品，医療スタッフ，避難所等をいかに配分，配置するかという問題に速やかに対処しなければならない。採算性はほとんど考慮の対象とはされず，人命最優先の下，緊急性や公平性などが重要な判断基準となるサプライチェーンである。第14章では，大型

の災害時における人道支援サプライチェーンの効果的な運用方法と救援
物資の供給のあり方について概説する。

　また，自然災害や事故，疫病などによって，サプライチェーンが寸断
されてしまった際にいかにいち早く立ち直ることができるのかというレ
ジリエンスの問題や将来の同様な危機にいかに備えるかという事業継続
計画の問題も同様に重要である。これらの問題については，最後の第15
章のグローバル・サプライチェーンの枠組みにおいて言及する。

（7）グローバル・サプライチェーン

　現在のサプライチェーンはほとんどが国境を越えるグローバル・サプ
ライチェーンである。財やサービスが国境を越える際に，いろいろな課
題が出てくる。どこでどのような製品を生産すべきなのか，異なる国の
間でどのようにしてパートナーを見つけるのか，異なる言語を用いてい
かに意思疎通を図るのか，国や地域ごとに製品をカスタマイズすべき
か，等。

　第15章では，グローバル・サプライチェーンの出現を日本企業の立場
から捉え，グローバル・サプライチェーンの中での日本企業の立ち位置
や取り組むべき課題について取り上げている。

参考文献

Fisher, Marshall (1997), What Is the Right Supply Chain for Your Product?, *Harvard Business Review*, March-April 1997

マーシャル・フィッシャー（1998）「商品特性に合わせた戦略的サプライチェーン
　設計」ダイヤモンド・ハーバード・ビジネス1998年11月号

Lee, Hau L. (2004), The Triple-A Supply Chain, *Harvard Business Review*, October

2004 Issue, https : //hbr.org/2004/10/the-triple-a-supply-chain

ハウ L. リー（2005）「トリプルAのサプライチェーン」ダイヤモンド・ハーバー
　ド・ビジネス2005年6月号

Schroeder, Roger, and Goldstein, Susan Meyer (2018), *Operations Management in the
　Supply Chain : Decisions and Cases*, McGraw-Hill Education

青山護，井上正，松井美樹編著（1999）『制度経営学入門』中央経済社

ダイヤモンド・ハーバード・ビジネス編集部（1998）『サプライチェーン　理論と
　戦略―部分最適から「全体最適」の追求へ―』ダイヤモンド社

【学習課題】

1．効率性と有効性の違いについて復習しておこう。

2．みなさんが普段，使用しているモノについて，図1－3の中の4類
　型のサプライチェーンのいずれによって提供されているかを考えてみ
　よう。

3．ガソリンのサプライチェーンを図式化してみよう。

2 サプライチェーン戦略

富田純一

《**目標＆ポイント**》 本章の目的は，効果的なサプライチェーン戦略のあり方を理解することにある。具体的にはまず，サプライチェーン戦略の経営戦略論における位置づけを示す。次に，サプライチェーン・プロセスが，本章で焦点を当てる企業内部のプロセスと企業間プロセスの入れ子構造になっていることを取り上げる。それらを踏まえた上で，望ましいサプライチェーン戦略は，製品の特性，需要の不確実性に応じて変わりうることを示す。すなわち，需要の不確実性が低い製品の場合にはプッシュ戦略，需要の不確実性が高い製品の場合にはプル戦略が適していることを述べる。最後に，両者を組み合わせるプッシュ・プル戦略やその一例としてマス・カスタマイゼーションが挙げられることを述べる。

《**キーワード**》 需要の不確実性，プッシュ戦略，プル戦略，プッシュ・プル戦略，マス・カスタマイゼーション

1. 経営戦略論におけるサプライチェーン戦略の位置づけ

「サプライチェーン戦略（supply chain strategy）」とは経営戦略の一部である。経営戦略には様々な定義があるが，一例を挙げると，「企業が実現したいと考える目標と，それを実現させるための道筋を，外部環境と内部資源とを関連づけて描いた，将来にわたる見取り図」（網倉・新宅，2011）のことである。この定義に従えば，経営戦略は1つの決断や行動ではなく，目標実現を図る様々な計画・活動を整合させるための見取り図であると言うことができる。

　経営戦略は，全社，事業，機能といった3つの階層で把握されるのが一般的である。全社レベルの戦略は，「全社戦略（corporate strategy）」または「企業戦略」と呼ばれる。これは，新規事業への進出や既存事業の撤退など複数の事業展開に関わり，企業全体の活動領域を決定する戦略である。事業レベルの戦略は，「事業戦略（business strategy）」または「競争戦略（competitive strategy）」と呼ばれる。これは，特定の事業においてどのように競争していくかに関わる戦略である。機能レベルの戦略は，「機能戦略（functional strategy）」と呼ばれる。これは，製品開発・購買・生産・販売・物流・マーケティング・財務といった各機能部門における戦略である。例えば，生産戦略では，高品質で効率的な生産を行うための計画を立案し，物流戦略では，積載率を高めて無駄のない配送計画を立案するといった具合である。企業では，これら3階層の戦略を連動させながら競争優位の獲得を図っている。すなわち，競合企業に比べて，競争を有利に進め，高収益を実現するポテンシャルを高めようとしている（網倉・新宅，2011；Barney，2002）。

　サプライチェーン戦略は，特定の製品に関する戦略であるので，上記3階層の戦略で言えば，事業戦略に属する。また，前章でもみたように，サプライチェーンとは購買から生産，販売，物流に至る供給連鎖のことなので，サプライチェーン戦略はこれらの機能部門を横断し，供給業者や顧客までをも含めた戦略，機能横断的な戦略であるとも言える（中野，2016）。このことから，サプライチェーン戦略は，企業の事業戦略上，競争優位を獲得するために重要な役割を担っていると考えられる。

　経営戦略論では，企業の競争優位の源泉として企業の外側，すなわち環境要因を重視する考え方と，企業の内側，すなわち内部要因を重視する考え方があるとされる（網倉・新宅，2011）。前者は，ポジショニン

グ・アプローチと呼ばれ，業界の構造分析を行うアプローチである（Porter, 1980）。業界の構造分析では，5つの競争要因，すなわち，既存企業間の競争の激しさ，新規参入の脅威，代替的な製品・サービスの脅威，供給業者の交渉力，買い手（顧客）の交渉力といった，業界の構造要因が企業の収益ポテンシャルを規定するとみなす。すなわち，既存企業間の競争が激しくないほど，新規参入や代替品の脅威が小さいほど，供給業者や買い手の交渉力が弱いほど，収益ポテンシャルが高まる。したがって，企業がどの業界に属するか（ポジショニングするか）が重要となる。

　後者は，資源アプローチと呼ばれ，企業独自の経営資源や組織能力に注目するアプローチである（Barney, 1996）。これらの資源・能力には，ヒト，モノ，カネの他，他社にない技術やノウハウ，ブランドなどが含まれ，企業はそれらを保有するが故に，採りうる戦略・行動が異なり，収益ポテンシャルに差が生じると考えられている。とりわけ，顧客価値があり，希少性が高く，他社が模倣困難な資源・能力を有しているほど，当該企業の競争優位の持続性が高まると言える。

　以上2つのアプローチは，互いに矛盾するものではないが，本章で取り上げるサプライチェーン戦略は，企業独自の資源・能力に焦点を当てたいと考えているので，資源アプローチの立場から議論を進めていきたい。また，本章では議論を進めるにあたって，サプライチェーンを構成する経済主体の中でも，完成品を手がけるメーカーの戦略に焦点を当てる。

2．サプライチェーンのプロセスと組織

　前章でみたように，サプライチェーンは，原材料から完成品に至るま

での供給連鎖である。これを完成品メーカーの立場からみると，供給業者から完成品メーカー，流通業者，顧客に至るまでの企業間プロセスと，メーカー内部における購買から生産，販売，物流に至る企業内プロセスの入れ子構造になっている（図2－1）。

　ここで，サプライチェーン・プロセスとは，「サプライチェーンのメンバーが，投入された資源を製品やサービスに変換し，結果として最終顧客に対する特定の成果をもたらす，構造化された一連の活動」（中野，2016）のことを言う。例えば，食品メーカーにとってのサプライチェーン・プロセスは，投入資源である原材料を供給業者から調達し，自社工場等で一連の加工工程を経て製品を生産し，販売・物流を経て流通業者に納品し，店頭で顧客に購入してもらう，といった流れになる。

　完成品メーカー内部において，サプライチェーン・プロセスを担う基本的な組織は，次の通りである。すなわち，原材料や部品を調達する購買部門，それらをもとに製品を製造する生産部門，製造した製品を販売する販売部門，製品を保管・配送する物流部門などである。

　これらの部門が相互に連携・調整を図りながら，企業内部のサプライ

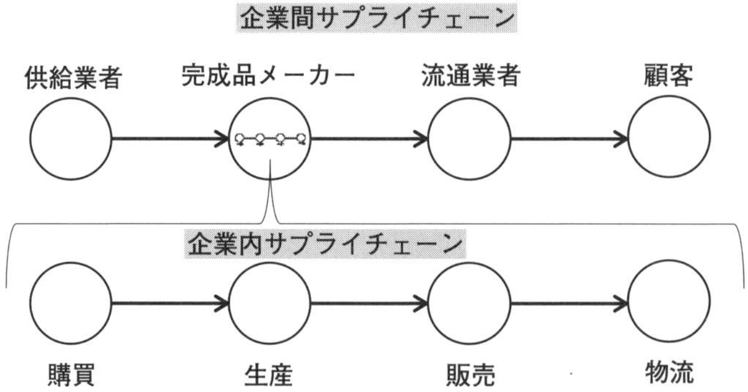

出所：富田・糸久（2015）p.164 図表8.1を一部修正。

図2－1　サプライチェーン・プロセスの入れ子構造

チェーンをコントロールしていく。同時に，共にサプライチェーンを構成する供給業者や流通業者とも連携・調整を図りながら企業間のサプライチェーンもコントロールする必要がある。

　サプライチェーンをコントロールするにあたって目標とされるのが，サプライチェーンのパフォーマンスである。すなわち，「品質（Quality）」「コスト（Cost）」「納期（Delivery）」の 3 つである。完成品メーカーは独自の経営資源や組織能力を活用し，高品質，低コスト，短納期を実現することによって，持続的競争優位の獲得を図る。

3. 需要の不確実性からみたサプライチェーン戦略

　サプライチェーンの効果的な戦略を考えるにあたって，本章では，製品の特性，とりわけ「需要の不確実性（demand uncertainty）」（Fisher, 1997）に着目する。需要の不確実性とは，ある製品がどの程度売れるかどうかが事前に分からない程度のことを言う。これは，製品の特性や競合状況，経済・社会など外部環境の影響によっても左右される。

　例えば，夏場によく売れる製品としてアイスクリームが挙げられる。しかし，それがいつ頃からどのくらいの量が売れ始めて，ピークを迎えるのかといったことについては，正確に予測することは困難である。加えて，アイスクリームの量産にも時間を要するため，ピーク時を睨みながら徐々に生産量を増やし，在庫を積みまし，冷凍倉庫に保管しておく必要がある。需要予測が当たれば良いのだが，この予測が外れ，売れ行きが悪いと在庫過多に陥り，売れすぎると品切れに陥る。

　こうした需要の不確実性に対応しつつ利益創出を図るのがサプライチェーン戦略である。では具体的にどのようにサプライチェーン戦略を立てていけば良いのだろうか。すべての製品や市場に対して万能なサプ

ライチェーン戦略は存在しない。望ましいサプライチェーン戦略のあり方は，当該製品の需要の不確実性の程度に依存する。不確実性が低い状況とは，ある製品がどの程度売れるかどうかが事前におおよそ分かっている状況であり，不確実性が高い状況とは，それが事前にほとんど分からない状況のことを指す。不確実性が低い製品として新規性の低い製品，不確実性が高い製品として新規性の高い製品が挙げられる（表2－1）。

前者は，例えばホチキスのような文具や石鹸のような日用品などが該当する。需要が安定しており，予測もしやすく，製品ライフサイクルも長い製品である。いわゆる定番製品である。製品バラエティは少なく，需要予測と生産実績の誤差が小さい。平均在庫欠品率は小さく，生産リードタイムは長い。しかしその反面，競争も激しく利益率（価格マージン比率）が低いといった製品である。

後者の例としては，今までなかったようなハイテク製品やアパレル製品などが挙げられる。革新性が高いため，競合が少なく，高い利益率（価格マージン比率）が期待できる製品である。その反面，需要は移ろいやすく，予測困難で，製品ライフサイクルも短い。製品バラエティは

表2－1　新規性の高い製品と低い製品の特徴

	新規性の低い製品	新規性の高い製品
需要予測	予測しやすい	予測しづらい
製品ライフサイクル	2年以上	3か月～1年
価格マージン比率 （＝（価格－変動費）／価格）	5％～20％	20％～60％
製品バラエティ	低い （10～20種／1カテゴリー）	高い （数百万種／1カテゴリー）
需要予測と生産計画の平均誤差	10％	40％～100％
平均欠品率	1％～2％	10％～40％
シーズン価格下落率	0％	10％～25％
生産リードタイム	6か月～1年	1日～2週間

出所：Fisher（1997）p. 4をもとに作成。

豊富で，需要予測と生産実績の誤差が大きい。平均在庫欠品率は大きく，生産リードタイムは短い。

　以上 2 種類の特性を持つ製品に適合的なサプライチェーンの戦略はそれぞれ異なる。新規性の低い製品で，需要の不確実性が低い場合は，効率性を重視する「プッシュ戦略（push strategy）」が適しているとされる。一方，新規性の高い製品で，需要の不確実性が高い場合は，市場への応答性を重視する「プル戦略（pull strategy）」が適しているとされる。加えて，効率性と応答性の両方を重視する場合には，両者を組み合わせた「プッシュ・プル戦略（push-pull strategy）」が採用されることもある（Ex. Fisher（1997）; Simchi-Levi et al.（2000）；中野（2016））。

　以下，それぞれの戦略についてみていくことにしよう。

4．プッシュ戦略

　プッシュ戦略は，サプライチェーンの上流から下流，すなわち供給業者から完成品メーカー，流通業者，顧客へと供給すべき量の製品を押し出していく戦略である（図 2 - 2）。プッシュ戦略における典型的な生産方式は「見込み生産」である。見込み生産とは，需要を見込んで立てた生産計画に基づいて生産を行うことを指す。ある程度の需要を見込んで，一定量の製品を作り置きしておき，小売業者の店頭で在庫販売し，顧客は店頭で製品を購入する，といった流れである。もし品切れの場合，顧客は当該店舗で入荷待ちをするか，購入せずに別店舗で購入するといった判断になる。

　完成品メーカーにおける企業内のサプライチェーン・プロセスに着目して詳しくみていくと，次のようになる。まず，当該製品がどのくらい売れるのか，需要予測を行う。需要の不確実性が低い製品であれば，需

34

モノ　　　　　　モノ　　　　　　モノ

供給業者　　　完成品メーカー　　　流通業者　　　　顧客

出所：富田・糸久（2015）p.176 図表 8.4 を一部修正。

図 2-2　プッシュ戦略

要変動は小さい，もしくは変動のパターンが一定になりやすいので，基本的には過去の販売実績に基づいて予測を行う。需要予測の精度が低い場合には，欠品や在庫過多のリスクが発生する。そのような場合に対処するためには，販売実績の他，経済動向や市場のトレンド，競合の状況など様々な要因を加味しながら予測を行う必要がある。

　需要予測の次は，それに基づいて供給量を決める。供給量は在庫水準と生産計画によって決まる。在庫水準は，どのくらいの量の在庫を持つ必要があるかについての水準のことである。生産計画では在庫水準に応じて生産量を決める。生産量が決まれば，それに基づいて調達する原材料や部品の量が決められる。購買部門が供給業者に必要量を発注し，原材料等が納入されると，生産部門により製品が製造される。原材料の納入リードタイムが長い場合は，それを見越して早めに注文しておくか，原材料在庫を一定量保管しておくことも必要である。生産が完了すると，販売・物流部門によって，製品が販売され，卸売業者や小売業者の倉庫・店頭に配送される。

　プッシュ戦略の企業内プロセスにおける各機能部門の対応は以下の通りである。すなわち，購買部門は品質安定かつ低コストかつ納期遵守で，原材料・部品を調達するよう努力する。生産部門は品質向上とともに，労働生産性や設備稼働率を向上させるよう努力する。販売部門は顧客満足の向上を図るとともに販売量拡大を図る。物流部門は配送の最適

ルート探索，積載率向上を図るといった具合である。特に，生産部門と販売部門の連携，情報共有は重要である。これがうまくいかないと，需要予測と生産実績の誤差が大きくなり，欠品や在庫過多につながる。よって，機能部門それぞれの目的はあるが，うまく連携・調整を図りながら予測と実績の誤差を小さくしていく必要がある。

　企業間プロセスについては，完成品メーカーと供給業者との間の上流プロセスと，完成品メーカーと流通業者，顧客に至る下流プロセスに分かれる。前者については，完成品メーカーの生産計画に従い，供給業者が倉庫に作り置きしておいた原材料・部品在庫の供給を行う。後者については，流通業者の販売計画に従い，完成品メーカーが倉庫に作り置きしておいた製品在庫の供給を行い，流通業者は自らが保管する製品在庫を顧客に販売するといった流れになる。このほか，完成品メーカーが供給業者に対して，あるいは流通業者が完成品メーカーに対して提供する受注見込み情報がある。これは，サプライチェーンの買い手側が売り手側に対して，向こう2，3か月の受注予定量を予め伝えておくことで，需要予測の精度を高め，互いにより効率的な生産・物流体制を築こうというものである（中野，2016）。

　プッシュ戦略についてまとめると次のようになる。プッシュ戦略の主目的は，低コストかつ効率的な製品供給である。プッシュ戦略が適している製品は，新規性の低い，定番製品である。この戦略は，需要予測しやすい製品を対象とするので，生産計画を立てやすく，生産の平準化を行いやすく，高稼働率を維持しやすいというメリットがある。在庫管理に関しては，高い在庫回転率と在庫最小化を図る。原材料等供給業者は品質とコストを重視して選択し，コスト増にならないように生産リードタイム短縮を図る。一方で，デメリットとしては，急な市場変化への対応に遅れやすいということが挙げられる（Fisher，1997）。

5．プル戦略

　これに対して，プル戦略はサプライチェーンの下流から上流に注文情報を引っ張りあげてから生産・供給を行う戦略である（図2－3）。流通業者は実際の顧客からの注文に応じて，完成品メーカーは流通業者の注文に応じて，供給業者は完成品メーカーの注文に応じて生産や供給を行う。純粋なプル戦略の場合，サプライチェーン上の各企業は在庫を持たずに，注文が入った分だけ生産・供給を図る。この場合の生産方式を「受注生産」と言う。

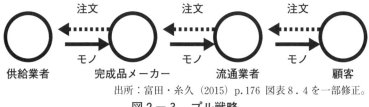

出所：富田・糸久（2015）p.176 図表8．4を一部修正。

図2－3　プル戦略

　しかし在庫がないので，生産・供給にかかる期間，顧客を待たせることになる。このため，納期が長いことが顧客に受け入れられない製品には不向きである。プル戦略は，需要の不確実性が高く，特注品や新規性が高い製品などに適している。

　プル戦略を完成品メーカーにおける企業内のサプライチェーン・プロセスとして詳しくみていくと，次のようになる。まず，特注品の場合，過去の販売実績から需要予測することは困難である。ただし，流通業者から完成品メーカーに伝えられる受注見込み情報があるので，そうした情報に基づいて原材料や部品の調達準備，生産準備を行っておく必要がある。そして，注文が入ったらすぐに生産し供給する。このとき，品質

はもちろんであるが，短納期で納品することが重要である。なぜなら，同一品質・同一価格・同一サービスであれば，納期の短い方を顧客は選択するからである。よって，市場への応答速度が重視される。

　新規性の高い製品（量産品）の場合においても，新製品であれば過去の販売実績がないため，需要予測は難しい。よって，流通業者からの受注見込み情報や過去の類似の新製品の販売実績等に基づいて供給量を決めることになる。このとき，多めに在庫水準を見積もってしまうと，在庫過多に陥るリスクが高い。よって，在庫を少し低めに見積もり，生産計画を立てて生産・供給し，売れ行きを見ながら欠品に陥りそうな場合はさらに追加生産するといったやり方をとる。つまり，厳密に言えば，この追加生産の部分がプル戦略に相当する。

　例えば，ファッション性の高いアパレル製品などでは，在庫過多を避けるために，シーズン前に生産しておく量を8割程度に抑えておき（厳密に言えば，この部分はプッシュ戦略），残りの2割は追加注文に応じて追加生産する（厳密に言えば，この部分がプル戦略）といった体制をとっている。しかし，想定以上に売れ行きが良い場合は，追加生産が追いつかないという欠品リスクも存在する。したがって，そのリスクを小さくするためには，追加生産のリードタイムが短く，短納期であることが求められる。

　追加生産以外のプロセスは，プッシュ戦略とほぼ同じである。生産量が決まれば，それに基づいて調達する原材料や部品の量が決められる。購買部門が供給業者に必要量を発注し，原材料等が納入されると，生産部門によって製品が製造される。原材料の納入リードタイムが長い場合は，それを見越して早めに注文しておくか，原材料在庫を一定量保管しておく。生産が完了すると，販売・物流部門によって，製品が販売され，卸売業者や小売業者の倉庫・店頭に配送される。

　プル戦略の組織体制としては，部門間の連携が必要なため，純粋な機能別組織では迅速な市場への応答を図るのは困難である。機能横断的なサプライチェーン・マネジメントを担う組織を設置するか，事業ごとに組織を編成する事業部制組織にして，事業部内に購買部門，生産部門，販売部門，物流部門など一連の機能部門を有し連携するかのいずれかの方が機動性が高く，市場への応答性に優れていると考えられる。

　企業間プロセスについては，特注品と新規性の高い製品とで少し異なる。特注品の場合，顧客，流通業者からの受注情報に基づいて，完成品メーカーが供給業者に対して原材料や部品の発注を行い，納入され次第，生産・供給を図るといった流れになる。新規性の高い製品の場合，ある程度見込み生産し，在庫として保管しておく製品と追加生産する製品とに分けられる。在庫として保管しておく製品はプッシュ戦略と類似の企業間プロセスを辿り，追加生産する製品は特注品と類似のプロセスを辿る。いずれの製品タイプにおいても，完成品メーカーは生産リードタイムを短縮することで，市場への応答性を高めておく必要がある（中野，2016）。

　プル戦略をまとめると次のようになる。プル戦略では，需要予測困難な製品を対象として，欠品や在庫劣化，価格下落を極力最小化するために迅速に対応することを主目的とする。生産段階は安全在庫を確保し，リードタイム短縮のための積極的な投資を図る。供給業者は品質だけでなく，スピードやフレキシビリティを重視して選択する（Fisher, 1997）。

6．プッシュ・プル戦略

　3番目の戦略は，プッシュ・プル戦略である。これは，サプライチェーンの上流はプッシュ戦略，下流はプル戦略を採用する戦略であ

る。需要の不確実性の高い製品で，効率性を重視しつつ，市場への応答性を高めたい場合に有効である。例えば，供給業者はプッシュ戦略で需要予測に基づいて原材料や部品を見込み生産しておき，完成品メーカーはプル戦略で，流通業者から得られる実際の顧客注文に基づいて製品を生産・供給するといったことが考えられる（図2－4）。

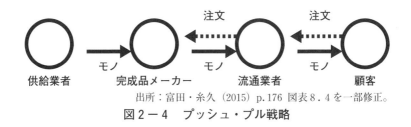

出所：富田・糸久（2015）p.176 図表8.4を一部修正。

図2－4　プッシュ・プル戦略

　完成品メーカーからみた企業内サプライチェーン・プロセスは，次の通りである。需要の不確実性の高い製品の場合，過去の販売実績に基づいて需要予測を行うことは困難である。しかし，流通業者から完成品メーカーに伝えられる受注見込み情報があるので，そうした情報に基づいて原材料や部品の調達準備，生産準備を行っておくことは可能である。また，一部の原材料や部品を共通化できるのであれば，それらを予め生産・供給してもらい，原材料（部品）在庫として保管しておくこともできる。あるいは，そこから生産を進めてさらに共通化できる場合は，原材料や部品を加工し，仕掛在庫（中間製品）として作り置きしておくことも可能である。この状態から顧客や流通業者の注文に応じて，製品をカスタマイズしたりバリエーションを増やしたりした後，納入するといった流れになる。

　このように，上流工程における共通とする原材料・部品や中間製品の見込み生産から，下流工程におけるカスタマイズ化やバリエーション化

を行う受注生産へと切り替わる工程のことを「ディカップリング・ポイント（受注引当ポイント）」（藤野，1999）という。在庫を最小限に抑えつつ，顧客の注文に対応するためには，どの工程をディカップリング・ポイントに設定するかが重要な判断となる。ディカップリング・ポイントを適切に設定することで，原材料や部品における規模の経済を追求しつつ，納期短縮を図ることが可能となる。

　組織体制としては，プル戦略同様，組織の機動性が求められるので，機能横断的なサプライチェーン・マネジメントを担う組織を設置するか，事業部制組織にして事業部内に各機能部門を有し連携するかのいずれかが望ましいと考えられる。

　企業間プロセスについては，上流のプッシュ戦略と下流のプル戦略の組み合わせとなる。すなわち，新規性の高い製品（量産品）の場合，原材料や部品をある程度見込み生産し在庫として保管しておき，完成品の生産段階でカスタマイズ化やバリエーション化し，流通業者へ供給を図る。このように，プッシュ・プル戦略を採用することで，効率性と市場への応答性の両立を図ることが可能である（中野，2016）。

　なお，プッシュ・プル戦略のうち，量産品に焦点を当て，カスタマイズした製品を大量生産することは，「マス・カスタマイゼーション」（Pine，1993）と呼ばれる。マス・カスタマイゼーションは，多品種生産の効率的な実現を図るもので，設計や製造の工夫とディカップリング・ポイントの適切な設定によって，それらを可能にする。

　プッシュ・プル戦略をまとめると次のようになる。プル戦略と同様，需要予測困難な製品を主な対象として，効率化と市場への応答性の両立を図ることを目的とする戦略である。ディカップリング・ポイントを適切に設定することで，欠品や在庫過多を極力防ぎつつ，適正在庫を保有し，納期短縮を図ることが可能となる。

◆ショートケース：HP のプリンタ事業におけるマス・カスタマイゼーション

　米国ヒューレット・パッカード社（以下，HP と略）では，消費者向けのインクジェット・プリンタ数モデルを開発・生産・販売している。しかし，それらを海外で販売するためには，製品モデル毎に各国の言語や電源に合わせて製品をカスタマイズする必要があった。具体的には，各地域の電圧や電源コードプラグの形状に合った電源モジュールを組み立ててプリンタに組み込み，各国言語の取扱説明書を同梱する。電源モジュールの組立は北米工場の最終組立工程でなされるので，そこで各国に合わせたカスタマイズが行われる。各モデルの生産リードタイムは約1週間である。そして，完成した製品は，北米，ヨーロッパ，アジア太平洋の3か所の物流拠点に配送され保管される。北米拠点への輸送は約1日であったが，ヨーロッパとアジア太平洋の拠点への輸送は4〜5週間を要した。

　また，インクジェット・プリンタ市場は競争が激しいため，小売等流通業者は自らの在庫を極小化しつつ，消費者への製品即納率を高めようとした。その結果，HP には各物流拠点に高い水準の製品在庫を保有することが求められた。よって，HP はプッシュ戦略，見込み生産により製品を生産・供給していた。

　しかし，同市場は需要の不確実性が高く，特にヨーロッパ市場では，一部の製品モデルは欠品に陥り，その他のモデルについては在庫過多に陥っていた。よって，HP 社内において，安全在庫の見直しを図った。しかし，過去の生産実績や経済動向，競合の販売状況などに基づく在庫水準の見直しだけでは十分ではない。そもそも，ヨーロッパやアジア太平洋の物流拠点までの輸送リードタイムが長すぎるので，対策として，輸送手段を船便から航空貨物便に切り替える，ヨーロッパに生産拠点を

設け，物流拠点も増やすなどの案が出された。

　しかし，これらの対策は時間もコストも要する。そこで，HPはプッシュ・プル戦略への切り替えを検討した。特に，ヨーロッパ市場に関しては，カスタマイズする前のプリンタ（電源モジュールを除くプリンタ）を出荷し，各国の需要動向に合わせて電源モジュールをカスタマイズすることにしたのである。つまり，ディカップリング・ポイントを北米工場の最終組立工程からヨーロッパの物流拠点にシフトさせることで，より効果的なマス・カスタマイゼーションの実現を図ったのである。これにより，HPはヨーロッパ市場向けの欠品と製品在庫の削減，関連コストの削減に成功し，収益性を向上させたのである（Simchi-Levi et al., 2000）。

7. まとめ

　本章では，完成品メーカーに焦点を当て，効果的なサプライチェーン戦略のあり方について解説した。まず，サプライチェーン戦略は，経営戦略論における事業戦略かつ機能横断的な戦略に位置づけられることを示した。そして，完成品メーカーが競争優位を獲得し，それを持続させていくためには，自社独自の経営資源や組織能力を活用し，供給業者や流通業者と連携・調整をうまく図りながらサプライチェーンをコントロールしていく必要があることを指摘した。

　次に，望ましいサプライチェーン戦略は，製品の特性，すなわち需要の不確実性に応じて変わりうることを示した。すなわち，需要の不確実性が低い製品の場合には，製品を計画通り生産し，サプライチェーンの下流に向かって製品を押し出していくプッシュ戦略が適しているとされる。一方，需要の不確実性が高い製品の場合には，いわばサプライ

チェーンの下流から上流に受注情報を引っ張りながら製品を生産・供給していくプル戦略が適しているとされる。他方，両者を組み合わせることによって，生産効率の高さと応答速度の速さを実現するプッシュ・プル戦略もあることを取り上げた。プッシュ・プル戦略では，消費者需要の多様化・洗練化，それに伴う製品ライフサイクルの短縮化などから，規模の経済性とカスタマイズを両立するマス・カスタマイゼーションの有効性についても検討した。

参考文献

網倉久永・新宅純二郎（2011）『経営戦略入門』日本経済新聞出版社

Barney, J. B. (1996) *Gaining and sustaining competitive advantage*. Addison-Wesley.

Fisher, M. L. (1997) "What is the right supply chain for your product?," *Harvard Business Review*, March/April, pp.105-116

藤野直明（1999）『サプライチェーン経営入門』日本経済新聞社

中野幹久（2016）『サプライチェーン・マネジメント論』中央経済社

Pine Ⅱ, B. J. (1993) *Mass customization*. Boston: Harvard Business School Press. (江夏健一・坂野友昭監訳)『マス・カスタマイゼーション革命』日本能率協会マネジメントセンター，1994年)

Porter, M. (1980) *Competitive strategy*. Free Press (土岐坤他訳『競争の戦略』ダイヤモンド社，1982年)

Simchi-Levi, Kaminsky & Simchi-Levi (2000) *Designing and managing the supply chain*. McGraw Hill/Irwin. (久保幹雄監修『サプライ・チェインの設計と管理』朝倉書店，2002年)

富田純一・糸久正人（2015）『コア・テキスト　生産管理』新世社

【学習課題】

1．プッシュ戦略に該当すると思われる製品を1つ挙げ，そのサプライチェーン戦略とプロセスについて説明してみよう。

2．プル戦略に該当すると思われる製品を1つ挙げ，そのサプライチェーン戦略とプロセスについて説明してみよう。

3．プッシュ・プル戦略に該当すると思われる製品を1つ挙げ，そのサプライチェーン戦略とプロセスについて説明してみよう。

3 | サプライチェーンにおける製品開発

富田純一

《**目標＆ポイント**》 本章の目的は，サプライチェーンにおける効果的な製品開発のあり方を理解することにある。具体的にはまず，サプライチェーンにおいて重視される製品開発のパフォーマンスの概要について述べる。次に，基本的な製品開発のプロセスを取り上げ，段階を追って製品が開発されていく過程を説明する。それらを踏まえ，製品開発における効果的なマネジメントとして，内部統合と外部統合のマネジメント，プロダクト・マネージャーによるリーダーシップを取り上げる。具体的には，自動車産業の製品開発に着目し，内部統合においては，コンカレント・エンジニアリングやフロントローディングなどの取り組みが，外部統合においては，企業外部，供給業者との連携・調整や顧客ニーズへの適合といった取り組みが，リーダーシップにおいては，優れたプロダクト・マネージャーによるリーダーシップがいずれも開発パフォーマンス向上に有効となりうることを解説する。
《**キーワード**》 製品開発プロセス，内部統合，外部統合，コンカレント・エンジニアリング，フロントローディング，デザイン・イン，重量級プロダクト・マネージャー

1. 製品開発のパフォーマンス

　前章のサプライチェーン戦略では，新規性の低い定番製品は需要が安定しており，製品ライフサイクルも長いので，効率性を重視するプッシュ戦略が適していると述べた。しかし，定番製品はその反面，競争も激しく利益率は低くなりやすい。企業のさらなる成長のためには新しい製品開発が必要である。新製品の需要予測は困難で，製品ライフサイク

ルも短いとされるが，競合に対して製品差別化できるので，高い利益率が期待できる。したがって，サプライチェーンの戦略やマネジメントにおいて，必要に応じて新製品を導入することも重要である。

製品開発の競争で重視されるパフォーマンスとして，「総合商品力」「開発生産性」「開発リードタイム」の3つが挙げられる（Clark&Fujimoto, 1991；藤本, 2001）。総合商品力は設計品質（デザイン性，機能性など）と適合品質（信頼性，耐久性など）から成るもので，顧客満足の度合いを表す。高い総合商品力は顧客ニーズの洗練化や複合化に応えるもので，新製品の成功確率に直接影響を及ぼす。野球に例えると，打率に影響する。

開発生産性と開発リードタイムは製品開発の基礎体力を表している。開発生産性は開発に関わる資源投入量を表す。つまり，資源投入量が少ないほど，開発生産性が高いとされる。開発生産性を向上させると，コスト競争力の向上と製品差別化が可能となる。前者が製品単価あたりの研究開発費用の低減を意味するのに対し，後者は所与の研究開発費で遂行できるプロジェクト数を増やすことを意味する。特に後者は，競争環境の不確実化・不安定化，顧客ニーズの抜本的多様化に対しても，モデルチェンジやモデルの多様性により対応可能なことを意味する。これは，野球のアナロジーで言えば，打席数を稼ぐことで細分化されたニーズに対応することを意味する。

開発リードタイムは開発の開始から製品発売までの経過期間を表す。短い開発リードタイムは競争環境の不確実化・不安定化に対して高い予測精度や迅速な対応を図るもので，野球で言えばスウィングの速さを表している。開発リードタイム短縮による効果は幾つか挙げられる。特注製品の場合，顧客獲得・顧客満足を目指した納期短縮につながる。量産品の場合，先手を打って新製品を市場投入することで先行者利益の獲得

を図ったり，ライバルの攻勢に対して素早い反撃を繰り出したりすることも可能である。加えて，開発リードタイム短縮は開発生産性向上を通じて開発コスト低減にもつながりやすいという効果も考えられる。

　製品開発競争では，各企業が上記3つのパフォーマンス向上を通じて，競争優位に立とうとして競い合う状況となる。以下では，サプライチェーンを構成する経済主体の中でも，完成品を手がけるメーカーの製品開発に焦点を当て，その効果的なマネジメントのあり方について解説する。

2．製品開発のプロセス

　完成品メーカーからみた場合，サプライチェーンは企業内プロセスと企業間プロセスの入れ子構造になっている（図2－1）。前章では，モノの流れに着目したサプライチェーンの入れ子構造を示したが，本章では製品開発のプロセス（活動）に着目した入れ子構造を取り上げる（図3－1）。すなわち，供給業者から完成品メーカー，流通業者，顧客に至るまでの企業間プロセスと，メーカー内部における製品コンセプト創出，製品プラニング，製品エンジニアリング，工程エンジニアリングといった企業内プロセスの入れ子構造になっている。基本的な製品開発プロセスは，この順序で進められていくが，製品開発は試行錯誤の作業であるので，必要に応じて行きつ戻りつしながら進められる。

　製品コンセプト創出とは，当該製品についてキーワードや文章，スケッチ，ラフな製品スペック等を通じて表現することである。製品コンセプトとは，その製品が何であるか，何をしてくれるか，何を意味しているか等を示すものである。そこには顧客ニーズ，顧客特性，技術的可能性，競合動向といった開発方針も含まれる。ちなみにマツダのユーノ

48

スロードスターは，顧客の潜在的なニーズを「人馬一体」という製品コンセプトに落とし込んで開発された。

　製品プランニングとは，製品コンセプトを製品仕様等へ翻訳し，製品の基本的な機能と構造を設計することである。そこには原価，性能，設備投資，スケジュールといった開発プランが含まれる。製品仕様への翻訳において，重視されるのは首尾一貫性の確保である。前述のユーノスロードスターの開発では「人馬一体」という製品コンセプトを崩さないように，「タイト感」や「シート寸法」といった仕様に落とし込んでいる。その際，顧客の要求品質と品質特性の関係をマトリクスで表した品質機能展開（QFD）を活用する，あるいは仕様の各項目間にトレードオフがある場合，優先順位を明確にするなどして翻訳作業が行われる。

　製品プランニングの後は，製品企画会議で承認されたプロジェクトのみ製品エンジニアリング段階へと進めることができる。ここでは設計（Design），試作（Build），評価（Test）のDBTサイクルを繰り返すことで，目標とする機能・性能を実現していく。工程エンジニアリングは，量産準備段階のことであり，生産工程，設計，治具・工具の開発などを行う。

　製品コンセプト創出を担当するのは主として企画部門，設計部門，生産技術部門，マーケティング部門などである。製品プランニングを担当す

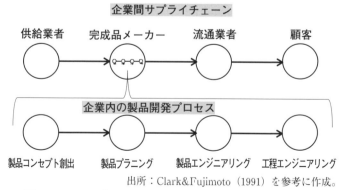

出所：Clark&Fujimoto（1991）を参考に作成。

図3−1　サプライチェーンにおける製品開発プロセス

るのは，主として企画部門，設計部門などである。製品エンジニアリングを担当するのは主として，設計部門，実験部門などである。工程エンジニアリングを担当するのは，主として生産技術部門である。

3．製品開発の組織

　完成品メーカーの製品開発における組織構造は，一般に，機能別組織，プロジェクト組織，マトリクス組織の3つのいずれかであるとされる（図3－2）。機能別組織では，各機能部門はそれぞれの専門分野の業務・役割に専念する。特定の製品開発について責任と権限を持つ「プロダクト・マネージャー（Product Manager）」（以下，PMと略）は存在しない。よって，実質的にはすべての新製品の開発に責任を負う開発本部長などが責任者となる傾向がある。もし各機能部門間で調整が必要であれば，ミーティングの機会を設けたり，連絡担当者を配置したりするなどして対応する。機能別組織のメリットとして各部門内での技術・ノウハウ等を蓄積しやすい，技術開発の重複投資を回避しやすいということが挙げられる。一方，デメリットとしては機能部門間の調整が必要な場合は，機動性・柔軟性に劣るので対応に遅れが生じやすいということが挙げられる。

　一方，プロジェクト組織では，特定の製品開発を目的として，様々な機能部門から必要な人材を集めてきて，機能横断的な開発プロジェクトを作る。開発プロジェクトには，リーダーとしてPMが任命され，そこに関わるすべての責任と権限を持つ。開発メンバーは一定の期間，機能部門から離れて，特定の開発プロジェクトの専属メンバーとなる。ただし，プロジェクト組織は恒久的に存在するわけではない。プロジェクトが終了すると，開発メンバーは機能部門へ戻るケースが多いとされてい

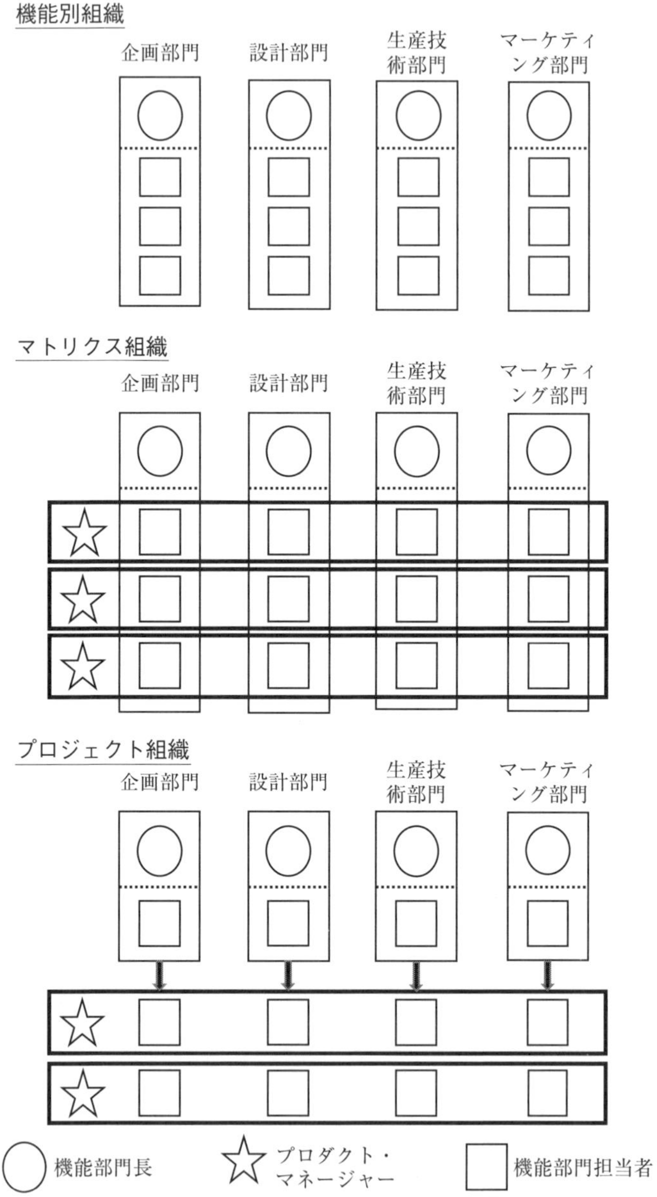

機能別組織

マトリクス組織

プロジェクト組織

出所：延岡（2006）p.190 図7.7を一部修正。

図3-2 製品開発における組織構造

る。プロジェクト組織のメリットとして，プロジェクト内でメンバーが
コミュニケーションをとりやすいので，機動性・柔軟性を生かして，製
品の統合性（総合商品力）を高めやすいということが挙げられる。ただ
し，PM の力量が問われる。一方，デメリットとしてはプロジェクト終
了後に解散してしまうので，開発した技術やノウハウの蓄積や再利用が
困難であるという点が挙げられる。

　マトリクス組織は，機能別組織とプロジェクト組織の中間にある組織
形態である。すなわち，機能別組織の中に機能横断的な開発プロジェク
トを編成した組織である。マトリクス組織では，各機能部門の責任・権
限はそれぞれの機能部門長が持つが，特定の開発プロジェクトの責任・
権限は PM が持つ。こうすることによって，両社のいいとこ取りをす
る，技術・ノウハウを蓄積しつつ，開発の機動性・柔軟性を生かして製
品の統合性を高める，というのがこの組織のメリットである。しかし，
デメリットとして，機能部門長と PM の責任・権限を明確にしておかな
いと，プロジェクトのメンバーはどちらの指示・命令を優先すべきか分
からなくなってしまうという，いわゆる「ツーボスシステムの弊害」が
起こりうる（Clark&Fujimoto，1991；延岡，2006；近能・高井，2010）。

　以上のように，完成品メーカーの製品開発における組織構造には 3 つ
のパターンがあり，それぞれの特徴，メリット，デメリットがあるとさ
れる。この中で，多くの日本企業に採用されているのは，マトリクス組
織である。

4．内部統合のマネジメント

　サプライチェーンにおける効果的な製品開発のマネジメントとして，
内部統合と外部統合のマネジメントが挙げられる。内部統合のマネジメ

ントは，開発パフォーマンス向上のため，一連の製品開発のプロセスに
おいて企業内部で組織的工夫をしながら問題を解決していくというもの
である。外部統合のマネジメントでも，内部統合と同様，開発パフォー
マンス向上を目指し，企業外部との連携・調整を図りながら問題を解決
する。以下では，過去の自動車（ガソリン自動車）の製品開発の事例を
用いながら，本節ではまず内部統合のマネジメントについて解説する。

　自動車は，およそ3万点の部品から成ると言われており，それらの部
品が複雑に連結しており，新車開発ではそれらすべてを一台の車にまと
め上げることが必要とされる。このように，製品構造が複雑であるが故
に，製品の統合性がより重要視される製品である。また，開発人員も非
常に多く，一台あたりの新車の開発人員も数百名に上ると言われてい
る。

　内部統合のマネジメントでは，自動車メーカーはこうした複雑かつ大
規模な製品開発プロジェクトを運営しなければならず，様々な組織的工
夫によって開発パフォーマンスを高めようと努力する。開発の組織構造
は，メーカーによって異なるが，ここでは前述のマトリクス組織におけ
る製品開発を想定して議論を進めることにしよう。

　開発パフォーマンス向上の中でも，とりわけ開発リードタイム短縮の
ための取り組みとして着目されるのが「コンカレント・エンジニアリン
グ（Concurrent Engineering）」（以下，CE と略）である。通常の製品
開発・プロセスでは，製品コンセプトから工程エンジニアリングに至る
一連のプロセスを，前のフェーズAが終了したら次のフェーズBに進む
といった逐次的な流れを想定している（図3－3上）。これに対して，CE
では前のステージが終了する前に，次のステージをフライング・スター
トさせ，同時並行的に進めるというものである。その結果，製品開発プ
ロセス全体の開発リードタイムが短縮される（図3－3下）。

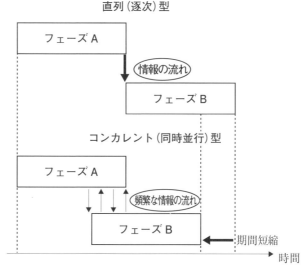

出所：桑嶋（2006）p.139 図4－3を一部修正。

図3－3　コンカレント・エンジニアリング

　ただし，このケースでは，フェーズAが未完了の状態で，フェーズB
をスタートさせることになるので，仮にフェーズAで大きな設計変更を
行うと，フェーズBで手がけてきた活動が無駄になることがある。この
ような状況に陥ると，混乱が生じ，却って開発リードタイムが長引く恐
れが出てきてしまう。したがって，それぞれの担当者（部門）の間で信
頼関係の構築と緊密なコミュニケーションを図る必要がある。1980年代
の実証研究では，日本の自動車メーカーはCEに長けていて，開発リー
ドタイム短縮に成功していたという報告がなされている（Clark&Fuji-
moto，1991）。

　CEはまた，開発生産性や総合商品力の向上にも寄与する。逐次的な
製品開発プロセスでは，製品エンジニアリングが終了し，新車の設計図
面ができた後に，生産工程開発や設備開発といった工程エンジニアリン

グをスタートさせることになる。このやり方は確実性は高いものの，それぞれのフェーズに人員と時間を費やす必要が生じる。一方の CE は，製品エンジニアリングと工程エンジニアリングを同時並行的に進め，それぞれの担当者がコミュニケーションをとることで，例えば製品エンジニアリングの早い段階から設備改良・開発しやすい設計図面を採用するといったことを検討できるので，工程エンジニアリングにおける活動を進めやすくなる。その結果，製品開発プロセス全体の開発生産性の向上につながる可能性もある。

　また同様に，CE を通じて，製品コンセプト創出と製品プラニング，製品プラニングと製品エンジニアリング，製品エンジニアリングと工程エンジニアリングのそれぞれの段階がオーバーラップし，それぞれの担当者がコミュニケーションをすることで，商品力の作り込みもしやすくなる，つまり総合商品力向上にもつながりやすいと考えられる。

　このように，起こりうる問題を開発の早いフェーズから洗い出し，可能な限り早期解決していくやり方は「フロントローディング」（藤本, 2001）とも呼ばれる。製品開発のプロセスは，後の段階になるほど，設計変更に伴うやり直しの無駄が生じてしまう。よって，問題解決を前倒しすることで，時間とコストを節約することが可能となる。

　図3−4は，フロントローディングの効果を図示したものである。図中，縦軸は1日あたりの投入人数と時間を掛け合わせた開発工数（人・時），横軸は開発開始からの日数である開発リードタイムを表している。上図はフロントローディングを実施する前の状況を表している。開発開始直後から1日あたりの投入開発工数が増加していってピークを迎え，徐々に減少していき，工数が0（ゼロ）になるところで，開発が完了する。網掛けの面積の部分は開発プロジェクト全体の所要工数を表しており，この面積が小さいほど開発生産性が高いことを意味する。

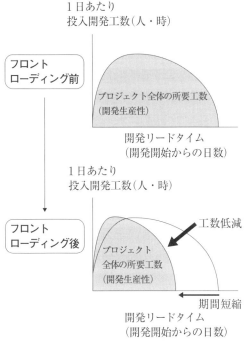

出所：藤本（2001）p.232　図15.2を一部修正。

図3－4　フロントローディング

　下図はフロントローディング実施後の状況を表している。上図との違いは，網掛けの面積の部分が前倒しされて，面積自体が小さくなっていることが見て取れる。つまり，開発開始直後から1日あたりの投入開発工数が急勾配で増加し，開発完了のタイミングも大幅に前倒しされている。その結果，開発リードタイムが劇的に短くなり，開発プロジェクト全体の所要工数も大幅に低減している（Clark&Fujimoto, 1991；藤本, 2001；桑嶋, 2006；近能・高井, 2010）。

　このように，CE，フロントローディングは製品開発の内部統合において開発パフォーマンスを向上させる可能性がある。

5. 外部統合のマネジメント

　前述のように，サプライチェーンの製品開発における外部統合では，企業外部との連携・調整を図りながら問題解決を行う。完成品メーカーからみた場合，企業外部には，供給業者や流通業者，顧客などが含まれる（図3－1）。その中で，完成品メーカーの製品開発に大きく関わると思われるのは，供給業者と顧客であるので，以下では彼らとの統合マネジメントを中心に取り上げる。

　まず，供給業者との関わりについて見ていくことにしよう。自動車メーカーの新車開発では，部品開発の一部を供給業者に任せることで，開発工数の低減を図ることが可能である。もちろん，供給業者の開発工数が必要以上に膨らんでしまっては長続きしない。そこで，日本の自動車産業では，自動車メーカーの開発方針や基本仕様に従って供給業者が部品の詳細設計・試作・評価を分担する「デザイン・イン」が行われてきた。デザイン・インでは，自動車メーカー社内に供給業者のエンジニアを常駐させる「ゲスト・エンジニア」の仕組みも採用され，協働による開発が行われてきた。

　これによって，自動車メーカー内部の開発負荷を軽減するとともに，供給業者が部品の詳細設計と製造を一括で担うことで，「製造しやすい設計（Design for Manufacturing）」を行うことが容易となり，部品コストの低減にもつながる。

　次に，顧客との関わりについてみていく。自動車メーカーの製品開発において，供給業者のように，顧客が開発活動に直接参画するということはほとんどない。しかし前述のように，顧客ニーズ，中でも潜在的なニーズを把握し，製品コンセプトを創出する，ということは商品力に直結するので，極めて重要である。

　ターゲットとする顧客ニーズの把握のためには，定量把握に適した市場調査，個人顧客を対象としたインタビュー，少人数の集団を対象としたフォーカス・グループ，開発者のイマジネーションが試される徹底的な観察などが挙げられる。近年では，インターネットを介して不特定多数の消費者から新製品に対するアイデアや評価を募る「クラウド・ソーシング」なども製品開発に活用されている。ターゲット顧客に合わせて，これらの手法を活用し，顧客ニーズの把握に努める。

　顧客ニーズを把握したら，その結果を踏まえ，製品コンセプトへの翻訳を行う。そのようにして，顧客の潜在的なニーズを「人馬一体」という製品コンセプトに落とし込んで開発されたのが，前述のユーノスロードスターである。そして，その後の製品プラニングの段階でも，製品コンセプトを崩さないように，「タイト感」や「シート寸法」といった仕様に落とし込んでいったのである。このように，顧客ニーズから製品コンセプト，製品プラニング…へと首尾一貫性を確保していくことが重要である（Clark&Fujimoto，1991；藤本，2001）。

　以上をまとめると，デザイン・インやゲスト・エンジニアの仕組みを活用した供給業者との外部統合は主に開発生産性向上，様々なマーケティング手法を活用した顧客との外部統合は主に総合商品力向上に寄与していると考えられる。

6．製品開発のリーダーシップ

　1980年代の自動車産業の実証研究では，開発リードタイム短縮や開発生産性向上に寄与していた組織は部門間調整の程度，すなわち内部統合度が高く，総合商品力の向上に寄与していた組織は，製品コンセプトを通じた顧客とのつながり，すなわち外部統合度が高い組織であることが

　明らかとなった。加えて，内部統合度と外部統合度が両方とも高い組織には優れたリーダー，PM が存在していたことも分かっている（Clark&Fujimoto, 1991）。

　そうした PM がいる企業は，主としてマトリクス組織かプロジェクト組織を採用している。そして，彼らに共通してみられる責任・権限と役割は次の通りである。まず責任・権限についてみると，マトリクス組織の場合，PM は設計部長等の機能部門長と同等か，それ以上の役職であり，責任・権限を持っている。そして，製品開発のプロセス全体において，新製品の実現のための牽引役と責任を負う。こうした PM は，「重量級 PM（Heavy Weight Product Manager）」（Clark&Fujimoto, 1991）と呼ばれる。

　重量級 PM の役割についてみると，大きく分けて，内部統合を担う「プロジェクト・コーディネーター」と，外部統合を担う「コンセプト・チャンピオン」の 2 つの役割を兼ね備えていることが分かる（Clark&Fujimoto, 1991；藤本, 2001）。

　まず，プロジェクト・コーディネーターについては，製品コンセプトから上市までのプロジェクト全期間の調整に責任を負い，製品コンセプトが正確かつ確実に基本設計，詳細設計へと翻訳されるように責任を負う。PM に求められる技術・知識は，自動車開発に必要な製品技術，生産技術はもちろんのこと，販売・マーケティング，生産管理，原価管理など，幅広い専門知識である。そして，製品開発プロセスの重要な局面，例えば先進的な要素技術の選択や製品スペックの決定などに直面した場合に，幅広い知識を生かし，各機能部門と調整を図る。部門間で対立が生じた場合は，製品コンセプトにずれが生じないよう配慮しながら，より高次の解決策を提案し，当該部門を説得するといったことも求められる。

　次に，コンセプト・チャンピオンについては，PM はマーケティング部門が実施する市場調査を鵜呑みにするのではなく，自らの足で稼いだ独自の調査情報も活用する。例えば，ショッピングモールや博物館，テーマパークなどへも足を運び，人々のファッションや行動，会話などを観察することで，イマジネーションを働かせ，ターゲット顧客の潜在ニーズを探り当てようとする。それによって，製品コンセプトを創出し，コンセプトを具現化することに責任を負う。そして，幅広い知識を生かして，デザイナー，設計エンジニア，実験エンジニア，生産現場管理者，営業担当者など様々な機能部門担当者とコミュニケーションをとることが求められる。その際，自らが考える製品コンセプトをプロジェクトの参加メンバー全員に齟齬がないように伝える必要がある。そのためには相手の専門分野に応じて，伝わりやすい表現で翻訳する能力が求められる。例えば，デザイナーに対しては感性に訴えるような表現，設計エンジニアに対してはスペックを数値化して伝えるといった具合である。このように，ある種の多言語を操ることで，各機能部門担当者とコミュニケーションを促進し，首尾一貫したコンセプトを守り通す役割も担っている（Clark&Fujimoto，1991；延岡，2006；近能・高井，2010）。

　以上のように，製品開発における PM の役割は極めて大きく，とりわけ重量級 PM のいる組織は効果的な内部統合と外部統合を実現し，開発パフォーマンスを向上させていると考えられる。

7．まとめ

　本章では，サプライチェーンにおける効果的な製品開発マネジメントのあり方について述べた。まず，新しい製品開発は，需要の不確実性を

高める一方で，競合に対して差別化を図り，先行者利益を享受しうることを指摘した。そして，重視される製品開発のパフォーマンスとして，総合商品力，開発生産性，開発リードタイムの3つを取り上げた。製品開発のプロセスは，製品コンセプト創出，製品基本計画，製品エンジニアリング，工程エンジニアリングといった基本プロセスから成ること，そのプロセスを辿ることで，新しい製品が作られていくことを述べた。

　また，自動車メーカーを対象として，効果的な製品開発マネジメントとして，企業の内部統合と外部統合が挙げられること，プロダクト・マネージャーによるリーダーシップが重要であることを取り上げた。内部統合においては，コンカレント・エンジニアリングやフロントローディングなどの開発リードタイム短縮の取り組みが重要であること，外部統合においては，供給業者や顧客との統合を図る取り組みが重要であることを解説した。最後に，リーダーシップに関しては，プロジェクト・コーディネーターとコンセプト・チャンピオンの両方を兼ね備えた重量級 PM によるリーダーシップが開発パフォーマンス向上に有効であることを示した。

参考文献 |

Clark, K. B. & Fujimoto, T. (1991) *Product development performance*, Boston, MA : Harvard Business School Press.（田村明比古訳『製品開発力』ダイヤモンド社）
藤本隆宏（2001）『生産マネジメント入門Ⅱ』日本経済新聞社
近能善範・高井文子（2010）『コア・テキスト　イノベーション・マネジメント』新世社
桑嶋健一（2006）『不確実性のマネジメント』日経 BP 社
延岡健太郎（2006）『MOT［技術経営］入門』日本経済新聞社

【**学習課題**】

1．製品開発プロジェクトの内部統合における効果的なマネジメントの
　　あり方について考えてみよう。

2．製品開発プロジェクトの外部統合における効果的なマネジメントの
　　あり方について考えてみよう。

3．製品開発プロジェクトにおける効果的なリーダーシップのあり方に
　　ついて考えてみよう。

4 | サプライチェーン品質マネジメント

松井美樹

《**目標＆ポイント**》 品質マネジメントの概念を整理し，サプライチェーンが最終顧客に提供する価値を高めるための品質マネジメントへの取り組みについて概説する。その際に，マーケティング部門，設計部門，オペレーション部門の連携や協力関係をいかに引き出し，さらに，サプライヤーとの信頼関係の構築へと繋げていくことができるかが鍵となる。
《**キーワード**》 品質マネジメント，品質マネジメントのための内部統合，顧客重視，サプライヤーとの関係性

1. 品質マネジメント入門

　品質マネジメント（Quality Management）は，製品やサービスの品質を保証したり，改善したりするだけではなく，ひとつのマネジメント手法となっている。そのルーツは第二次大戦後，米国から導入された品質管理（Quality Control）に求められる。日本の製造企業は品質管理とその基礎を成す統計的方法を学び，受入検査や管理図を用いた工程管理を製造事業所に導入して製品の品質の確保と向上に努め，その国際競争力を高めていった。一方で，品質管理の概念を拡張し，検査による品質の確保から予防による品質の確保と継続的改善という考え方を創造し，それを製造現場だけではなく全社的な活動に展開して，いわゆるTQC（Total Quality Control）あるいは全社的品質管理と呼ばれる取り組みに発展した。この取り組みは世界中のオペレーションズ・マネジメント研究者からの注目を集め，TQM（Total Quality Management）という

ひとつのマネジメント手法として概念化されるに至った。

　TQM は製品やサービスの品質の問題に取り組むだけではなく，品質によるマネジメントあるいは品質を中心としたマネジメントのためのシステムあるいはプロセスを構築することに主眼が置かれている。現在では，Total は当然のこととして，単に品質マネジメントと呼ばれるようになっている。国際規格 ISO9000シリーズにもこの考え方が強く反映されており，品質管理の国際規格から品質マネジメントの国際規格へと進化を遂げている。

（1）品質の概念

　品質という用語は日常生活でも一般的に良く使われており，いろいろな意味に用いられている。最も基本的な意味は，顧客の要求にいかに対応するかに関わっており，例えば，シュローダーとゴールドスタインは「現在の顧客と未来の顧客の要求を満たすこと，あるいはそれを凌ぐこと」と定義している。すなわち，企業が提供する製品やサービスは，それを使用する顧客のニーズに適合していなくてはならないという基本的な考え方である。これから，品質を認知し，評価するのは，企業ではなく，顧客ということになる。企業ができることは，顧客の声に注意深く耳を傾け，自らの製品やサービスがどの程度，顧客の要求を満たしているかを推測することである。サービス業ではサービスの生産と消費が店舗内で同時に行われ，優れたスタッフであれば，接客時に顧客の要求を聴きながら，それに適合するサービスを臨機応変に提供することも比較的容易である。他方，製造業では機能分化が進んでおり，顧客と直接の接点を持つのは販売部門あるいは品質保証部門であり，製品の設計部門や製造事業所が顧客とコンタクトすることはほとんどない。顧客の要求に合わせて製品の設計を変え，異なる製品を製造することは難しい。

（2）品質の諸次元

　顧客の要求が具体的に表現される品質の次元・属性にはどのようなものがあるのか。一般的には，次のような項目が取り上げられることが多い。

1）設計品質（デザイン品質）

　これは製品やサービスが生産段階に移行する前の設計段階で確定する仕様に関する次元であり，顧客の持つ“ニーズ”や“望み”が製品やサービスの仕様にどのように翻訳され，反映されているかという問題である。例えば，PC であれば，処理速度，メモリ容量，画面の解像度とサイズ，インストール済みソフトウェアなどの技術仕様があり，これが顧客の求めるものを満たしていれば，品質が良いと評価される。この設計段階での品質を確保するためには，顧客の声と技術特性を結びつける品質機能展開などの手法を用いて，マーケティング部門と設計部門の協働を促進するコンカレント設計が必要となる。マーケティング部門が主導する市場調査，設計部門が主導して決定する仕様，その間で両部門が協力して構築する製品コンセプト，この3つの品質が問われることになる。

2）適合品質

　これは実際に生産される製品やサービスが設計段階で確定した仕様を満たしているかどうかという生産段階での品質次元である。仕様を満たす製品やサービスが確実に生産されていれば，品質が良いと評価される。設計品質とは独立な次元であり，設計品質が高くても適合品質は低いというケースはよくある。あるいは，設計品質はあまり高くはないが，適合品質は極めて高いというケースもある。適合品質に対しては，製造技術の改良や従業員に対する教育訓練，さらにはオペレーションズ・マネジメントの品質が問われることになる。

３）アビリティ

　アビリティ（ability）がつく製品やサービスが持つ特定の能力を表す時間的属性によって品質が評価されることもある。最もよく用いられるのは，以下の3つである。

①利用可能性（Availability）：顧客に対してサービスが利用可能な時間が同程度あるかを割合で示したもの

②信頼性（Reliability）：ある製品やサービスが故障して使えなくなるまでの経過時間－MTBF

③保全性（Maintainability）：故障した後，その製品やサービスが利用可能になるまでの経過時間－MTTR

　これらの3つのアビリティには以下の関係がある

$$Availability = \frac{MTBF}{MTBF+MTTR}$$

　保全性を高めるためには，次のフィールド・サービスの充実の他，補修部品の物流支援も有効である。

４）フィールド・サービス

　製品販売の後の保証や修理，交換等のサービスが製品の品質次元のひとつになることも多い。顧客サービス，販売サービス，アフターサービスあるいは単にサービスと呼ばれることもある。特に重要な次元は，サービスの迅速さ，技術スタッフの能力や態度などである。

５）サービスの品質

　一般にサービスの品質尺度は顧客の知覚による主観的なものであり，それを測定する尺度としてSERVQUALが最もよく知られている。これは以下の5つの次元から構成される。

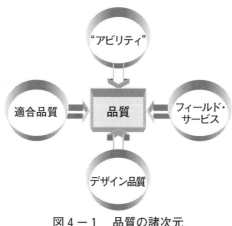

図4－1　品質の諸次元

①有形部分の品質：建物や設備，サービスの際の提供物，サービス提供
　者の外見

　　レストランが汚くて，食べ物が美味しそうには見えなくて，ウェイ
　ターがだらしない格好ならば，有形部分の品質は低く評価される。

②信頼性：約束したサービスをサービス企業が間違いなく提供できるか
　どうか

　　レストランで6時半の予約をしたにもかかわらず，その時間にテー
　ブルが準備できていなかったり，ウェイターが間違ったメニューを運
　んできたりしたら，信頼性は低く評価される。

③応答性：迅速かつ顧客にとって有益なサービスをサービス企業が提供
　できるかどうか

　　メニューに関する顧客からの質問にすぐに答え，食事が適切なタイ
　ミングで運ばれるなら，応答性は高く評価される。

④確信性：サービス企業の従業員が示す知識や自信，丁寧さなど

　　ウェイターがメニューを熟知していて，丁寧なサービスを提供する

なら，確信性は高く評価される。

⑤共感性：サービス企業が個々の顧客に対して示す気遣いや個別の世話
など

　ウェイターが個々の顧客に対して個別の配慮を示し，特別な要求に
応えるなら，共感性は高く評価される。

　SERVQUAL では，これらの次元について顧客が事前に期待していた
水準と実際に提供されたと感じる水準を評価してもらい，その間の
ギャップをもってサービス品質を測定しようとするものである。例え
ば，有形部分の品質に関してはほとんど何も期待していないような場
合，実際の有形部分の評価がそれほど高くなくても，この次元の品質は
案外高いと知覚されることになる。これに対して，提供されたサービス
を顧客が知覚する水準をもってサービス品質の尺度とすべきとの考えも
ある。

2. 品質マネジメントのための内部統合

　前節で議論した品質の諸次元は品質マネジメントのプロセス，すなわ
ち，品質の計画，統制，改善のプロセスの一要素であり，顧客と企業と
の間の継続的な相互作用が必要となる。

(1) 品質サイクル

　この顧客と企業の相互作用を図示したものが，図4－2である。まさ
に品質の定義から，このサイクルは顧客のニーズから始まる。顧客がど
ういったニーズを持っているかという情報は通常，マーケティング部門
を通じて企業に取り込まれる。顧客の声を直接聞くこともあるし，市場
調査を通じて顧客自身も意識していないニーズが見つかることもある。

68

これらのニーズを満たすためにエンジニアリング部門が中心となって製品やサービスの設計を行う。この際，新製品開発でよく用いられる品質機能展開が顧客のニーズや声を技術仕様に繋げていく上で有用であろう。

　設計コンセプトと技術仕様が固まれば，設計品質が決まり，その仕様に合わせて，オペレーション部門が製品やサービスを生産することになる。オペレーション部門は適合品質を追求し，仕様通りの製品やサービスの継続的な生産を確実なものにしなければならない。そのために教育訓練プログラム，適切な監督体制，設備保全，オペレータによる検査などが制度化されるのが通常である。この品質サイクルは最新の顧客ニーズを把握し，それを満たす製品やサービスを設計し生産することを不断に繰り返していく終わりのないプロセスである。このようにして，継続的改善が繰り返されることになる。

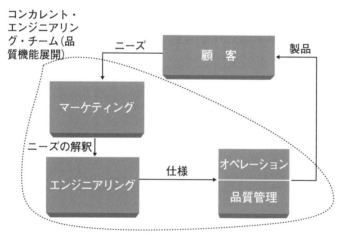

図4－2　品質サイクル

（2）品質サイクルを利用した品質改善のステップ

　品質サイクルを基礎として継続的に品質を改善するためのステップ
は，おおよそ以下のようなものである。

①顧客ニーズをベースとして品質属性を定義する。

②各属性をいかに測定するかを決定する。

③品質標準を設定する。

④各品質標準の適切な検定方法を確立する。

⑤不良の原因を発見し，それを修正する。

⑥このような改善を継続する。

　品質の計画は焦点を当てるべき製品属性を決めるところから始まる。
この計画立案者は顧客満足に重要な影響を及ぼす品質属性としてどのよ
うなものがあるかを決定する。通常は，複数の属性が選ばれる。次に，
それら製品属性を検査し，測定するための方法を確立されなければなら
ない。測定方法が決まれば，次は必要な品質水準を示す標準値およびそ
の前後の許容範囲を設定する。許容範囲については，例えば±3mmと
記述されることもあるし，許容範囲の上限値と下限値の2つを示す形式
もある。そして，適切な検定方法が選択されることになるが，大量生産
されるものについては，抜き取り検査が基本となる。

　このような検査により不良品であるか否かを判定するだけでは十分と
は言えない。不良品が見つかった場合，作業者はその根源的原因を追究
し，それを取り除く必要がある。いわゆる品質のつくり込みである。不
良の原因としては，原料の問題，教育訓練不足，不明確な作業手順，設
備不良など，いろいろと考えられる。真の原因が明らかとなり，それが
取り除かれたならば，生産システムは管理の状態に至る。この継続的改
善のサイクルを何度も回すことにより，不良品率を徐々に下げていくこ
とができる。

（3） ポカヨケ

　継続的な品質改善の究極は，そもそもエラーが発生しえない状況を作り出すことである。そのためには，間違いが起こりえない製品やサービス，社内の業務標準を設計し，サプライヤーと協力してエラーを防止し，従業員教育を徹底し，設備の予防保全を実施するといった様々な努力が必要になる。そのような努力を続けていても，エラーが発生してしまうこともある。その場合には，エラーを迅速に取り除くとともに，同じエラーが再発しないようにシステムを更新する必要がある。

　このような取り組みの中から，トヨタ自動車株式会社の IE エンジニア新郷重夫は「ポカヨケ」というコンセプトを構想した。それは，製品やサービスを生産し，配送し，使用する際に，人間が過ちを犯すことができないように，あるいは何か間違いが起こった際に人間がすぐにそれを察知できるように，製品や工程を設計することを意味する。例えば，車の運転で，ブレーキペダルを足で踏んでいないと，エンジンを始動できないといった仕組みである。あるいは，部品を組付けた後にその部品が誤って脱落することがないように部品を設計するといったことも行われている。エラーを完全に取り除くことがどうしてもできないならば，エラーが起こっていることを簡単かつ確実に人間に知らせる仕組みを工夫することも一種のポカヨケである。

（4） ISO9000品質基準

　ISO（International Organization for Standardization）は，製品やサービスの国際規格を制定することを目的とする非政府の国際機関で，スイスのジュネーブに本部を置いている。現在，世界164か国がメンバーとなっており，様々な国際規格の制定や改訂について協議し，投票によって決定を行っている。非常口のマークやカードのサイズなどが ISO 規格

の一例である。さらに，製品やサービス自体ではなく，組織における品質や環境，情報セキュリティなどに関わる活動を対象とするマネジメントシステムについても ISO が国際規格を制定している。品質マネジメントシステムに関する国際標準 ISO9000 シリーズは1987年に制定され，その後，1994年，2000年，2008年，2015年に改訂されている。なお，要求事項を規定している ISO9001 は日本語に翻訳され，技術的内容および構成を変更することなく，日本工業規格の JIS Q 9001 となっている。

　1987年に制定された ISO9000 シリーズは，専ら適合品質に焦点を当てており，顧客ニーズについての記述はなかったが，その後の改訂で，顧客の要求，継続的改善，顧客ニーズを確実に満たすための経営者のリーダシップなども追加され，企業が品質システムをいかに構築すべきかの基準を示すものとなっている。最新の2015年版では，品質マネジメントの原則として以下の7項目が挙げられている。

原則1　顧客重視（Customer focus）

原則2　リーダシップ（Leadership）

原則3　人々の積極的参画（Engagement of people）

原則4　プロセス・アプローチ（Process approach）

原則5　改善（Improvement）

原則6　客観的事実に基づく意思決定（evidence-based decision making）

原則7　関係性マネジメント（Relationship management）

　また，外部から提供されるプロセスや製品・サービスの管理に関して，組織は，

①　外部から提供されるプロセスや製品・サービスが要求事項に適合していることを確実にしなければならない

②　要求事項に従ってプロセスや製品・サービスを提供する外部提供者の能力に基づいて，外部提供者の評価，選択，パフォーマンスの監

視，および再評価を行うための基準を決定し，適用しなければならない

③　これらの活動およびその評価によって生じる必要な処置について，文書化した情報を保持しなければならない

と規定されている。

　その上で，管理の方式とその程度に関して，外部から提供されるプロセスや製品・サービスが組織の能力に与える潜在的な影響，あるいは要求事項を満たすことを確実にするために必要な検証またはその他の活動を明確にすることを要求している。また，外部提供者に対する情報として，組織は，次の事項に関する要求事項を，外部提供者に伝達することを求めている。

①提供されるプロセス，製品，サービス

②次の事項についての承認

　１）製品，サービス

　２）方法，プロセス，設備

　３）製品とサービスのリリース

③人々の力量（これには必要な適格性を含む）

④組織と外部提供者との相互作用

⑤組織が適用する，外部提供者のパフォーマンスの管理と監視

⑥組織またはその顧客が外部提供者先での実施を意図している検証あるいは妥当性確認活動

　ISO9000品質規格が求める要求事項に対して，ある事業所がどのような対応をしているのかを詳細に文書化した上で，認証登録機関の監査を受け，実際に使われてシステムが文書に記載されているものと齟齬がないことが確認されれば，その事業所に対して認証が与えられることになる。特に欧州の顧客と取引を行うには，ISO9000の認証取得済であるこ

とが求められることが多い。

（5）品質に関する賞

　前節のISO9000の認証取得は，事業所レベルで一定水準の品質マネジメントへの取り組みをしていることを証明するものであるが，特に優れた品質マネジメントを展開している企業あるいは個人を表彰する賞も各国で贈られている。古くは日本科学技術連盟によって1951年に創設されたデミング賞があったが，米国連邦議会が1987年に創設したマルコム・ボルドリッジ国家品質賞以降，各国で類似の品質賞が立ち上がり，1996年に日本経営品質賞が創設された。

　マルコム・ボルドリッジ賞については，米国商務省が以下の評価基準を公表している。括弧内の数字が各項目の最高ポイントで，合計は1,000ポイントとなっている。
リーダシップ（120），戦略（85），顧客（85），測定・分析・知識マネジメント（90），従業員（85），オペレーション（85），成果（450）

3．サプライチェーンを通じた品質マネジメント

　前節の図4－2で示した品質システムは，ある企業と顧客との間の関係性を示したものであるが，顧客のニーズを満たすためには，ひとつの企業だけではなく，サプライチェーン全体で対応することが必要であり，有効である。すなわち，サプライヤーを入れた図式を考える必要がある。多くの製品やサービスについて，インプットの半分以上をサプライヤーから購入しているという実態がある。例えば，アップル社のiPhoneの生産は100％アウトソースされている。

　非常に複雑な製品になると，サプライヤーから供給される個々の部品

74

の品質レベルが非常に高くないと，最終製品の品質を保証することができなくなってしまう。例えば，ある製品が100個の部品から構成されていて，各部品の歩留まりが99%，不良品率が1%であるとすると，その製品の歩留まりは，$(0.99)^{100} = 0.366$となり，不良品率は63.4%になってしまう。各部品の品質が一桁高く，歩留まりが99.9%，不良品率が0.1%になると，その最終製品の歩留まりは，$(0.999)^{100} = 0.9048$となり，不良品率を10%未満に抑えることが可能となる。このように，サプライヤーから届く部品の品質は，最終製品の品質に決定的な影響を及ぼすため，品質マネジメントはサプライヤーを考慮せずに済ますことはできない。

（1）サプライヤーを含めた品質システム

　サプライヤーを含めた品質システムを図示したものが次の図4−3である。2節（1）に示した図4−2に新たに追加されたサプライヤーとの関わりが特に強い破線枠内の企業の部門はエンジニアリングとオペレーションである。製品あるいはサービスにとって重要なコンポーネントや

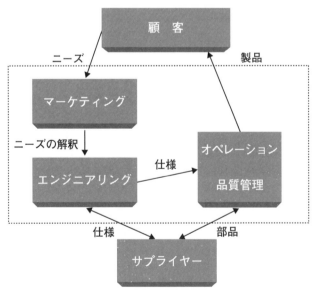

図4−3　サプライヤーを含めた品質システム

部品の場合，その製品あるいはサービスの開発・設計の最初の段階から
そのサプライヤーに関与してもらい，設計不良が可能な限り起こらない
ようにすべきであろう。自工程における品質改善あるいは不良防止に資
する重要な素材や活動の採用をサプライヤーが提案できることもしばし
ばある。そのため，製品やサービスの設計段階で，エンジニアリング部
門はこのようなサプライヤーと頻繁にコミュニケーションを取り，製品
や部品などの仕様を固めていく。また，生産段階では，主として，オペ
レーション（品質管理）部門が品質や納期の評価や改善に関して相互作
用を持つことになる。

　このようなサプライヤーとの関係性のマネジメントでは，サプライ
ヤーを選び，その品質レベルを測定するだけではなく，リスク・マネジ
メントに留意して，サプライヤーによる継続的な工程管理を確実なもの
にしなければならない。製品リコールは，サプライヤーの提供した部品
やサービスの品質不良が原因であることが多い。2007年に米国で起こっ
た Mattel のおもちゃのリコールがその一例である。ブリキのおもちゃ
の塗料に鉛が含まれていたことが判明し，Mattel はリコールを宣言し
たが，これを製造したのは中国のサプライヤーであった。しかし，リ
コール費用は販売会社である Mattel が負担しなければならなかった。
サプライヤーをいかに管理し，あるいは支援して，品質意識と品質改善
を根づかせるかが重要な課題となる。アウトソースした工程をしばしば
訪問して視察することも一案であるが，トヨタ自動車やボーイング社が
取り入れているサプライヤー認証評価制度が特に有効であろう。マニュ
アル化された標準手順，教育訓練，統計的工程管理，不良品率などで
ISO9000認証を上回る水準で品質システムが構築されていることを証明
できなければ，サプライヤーとして認めてもらえない。また，ボーイン
グ社では，１万社以上のサプライヤーを抱えており，それらを品質，納

期，その他のパフォーマンスで毎月5段階評価をして，サプライヤーにフィードバックしている。サプライヤーはこの評価を踏まえて，パフォーマンスの改善に取り組むとともに，ボーイング社は優れたサプライヤーを選抜して連携関係を深める材料としている。特に優れたパフォーマンスを示したサプライヤーには，Supplier of the Year賞がボーイング社から贈られている。2018年のSupplier of the Yearとして13社が選ばれているが，そのうち日系のGS Yuasa Lithium Power and GS Yuasa Technology-Roswell, Ga., USA に Innovation Award が贈られている。

（2）トレーサビリティの確保

　サプライチェーンの品質マネジメントに関して難しい問題に，追跡可能性ないしトレーサビリティの問題がある。製品やサービスに欠陥や品質不良が見つかった場合，品質マネジメントの基本はその根源的原因を解明することである。しかしながら，サプライチェーンがグローバル化し，グローバル調達が当たり前になってくると，その欠陥や不良の原因となった場所を特定することさえ困難になってくる。特に，加工組立型製品の場合，川上のサプライヤーをどこまで遡れるのかが大きな疑問で，原因解明の大きなネックとなりつつある。

　例えば，Mattelのおもちゃのケースでは，香港ベースの商社の先は中国本土のメーカーになり，さらに遡っていくと，塗料に使われた顔料の調達の際に，online調達が利用されていて，それよりも川上は不明で，結局はどこで鉛が混入したかについて正確な場所を突き止めることはできなかったようである。

　このような問題に対処するため，サプライチェーンを構成する企業は全体でトレーサビリティを確保するための技術の導入を検討すると同時

に，個々に自社の立証責任を果たすための工夫などもしている。トレーサビリティを高めるために，現在，最も普及している技術はバーコード，QR コード，あるいは RFID などで，物流や卸，小売などで普及している。また，ブロックチェーン技術の適用も検討されている。さらに，物流企業などでは，荷物を受け取ってから配送先に届けるまでの間に，荷物に大きなダメージが加わらなかったことを示せる小さなデバイスを荷物に取り付けるといった工夫がされている。この問題については今後ますます重要性が高まっていくと思われ，進展するデジタル革命によって新しい解決方法が提案されることが望まれている。

　イーサリアムや仮想通貨のビットコインなどのブロックチェーンは，「ブロック」と呼ばれるデータの単位を生成し，チェーン状に連結してデータを保管する一種のデータベース，分散型台帳である。各々のブロックは，そのひとつ前のブロックのハッシュ値を持っており，そのハッシュ値を遡ることで，ブロックがどのように繋がっているかを辿ることができる。ブロックチェーンに参加する者のうち，計算に時間のかかる値を最初に計算した者（プルーフ・オブ・ワーク（PoW）と呼ばれる）のみが，次のブロックを生成することができる。あるブロックの内容は，そのブロックのハッシュ値が直後のブロックに記載されることで証明される。そのため，いったんチェーンに追加されたブロックを改ざんするには，それ以降のブロックをすべて破棄し，それまでに時間をかけて行われてきた各ブロックのプルーフ・オブ・ワークの計算をすべてやり直さなくてはならない。そのため，実際には改ざんはできないとされる。ブロックチェーンの記録は変更不可能ではないが，このような設計上，安全性の高い分散型コンピューティングシステムの例とされている。イーサリアムにより，多方面の応用が期待されている。

参考文献

Boeing Suppliers <http://www.boeingsuppliers.com/>

Crosby, Philip B. (1984) *Quality Without Tears*, McGraw-Hill, Inc.

Deming, W. Edwards (1986) *Out of the Crisis*, Massachusetts Institute of Technology, Center for Advanced Engineering Study

Schroeder, Roger, and Goldstein, Susan Meyer (2018) *Operations Management in the Supply Chain*, McGraw-Hill

日本規格協会（2019）『JIS ハンドブック　品質管理2019』

【学習課題】

1．以下の3つのものについてどのように品質を測定したらよいか考えてみよう。

　　　ボールペン　　　　自動車修理　　　スマートフォン

2．昨今，いくつかの企業で品質に関わる不祥事が摘発されている。そのような行為が発生する原因について考えてみよう。

3．2019年11月6日(水)に開催された2019年度デミング賞受賞報告講演会の要旨を読んで，どのような取り組みが行われていたかを確認してみよう。

　　http://www.juse.or.jp/deming/download/1285.html

5 | 品質マネジメントのためのツールとその活用法

開沼泰隆

《目標＆ポイント》 最終顧客からサプライヤーまでの組織のサプライチェーンにおける品質問題は製品の品質（Quality）ばかりではなく，価格やコスト（Cost），量または納期（Delivery）および提供されるサービスまでの広範囲にわたる。これらの問題を解決する便利な道具として7種類の手法が考案されている。これらはQC七つ道具という名前で呼ばれ，様々な分野で使用されてきた。本章では，七つ道具について具体的に解説し，その活用方法について説明する。
《キーワード》 品質マネジメント，品質（Q）・価格/コスト（C）・量/納期（D），QC七つ道具

1. サプライチェーンにおける品質マネジメント

　サプライチェーン・マネジメント（SCM）とは，「顧客や利害関係者に対して付加価値を創出する重要な機能横断的ビジネスプロセスを使用して，最終顧客からサプライヤーまでの組織のネットワークにおける関係をマネジメントすることである」と定義されている。このように最終顧客からサプライヤーまでの組織のネットワークにおける品質問題は製品やサービスの品質（Quality）ばかりではなく，価格やコスト（Cost），量または納期（Delivery）および提供されるサービスまでの広範囲にわたる。QCの実践において，問題解決の方法として簡便で役立つ道具があり，これらの道具を弁慶の七つ道具になぞらえて，通称 "QC七つ道

具"と呼んでいる。

　QCを実践する上で用いる手法は他にもたくさんあるが，日常発生するほとんどの問題はこの七つ道具を用いることによって解決できるといっても過言ではない。この七つ道具によって，データを単なる数値の集まりから問題解決に必要な情報に変換し，問題解決の糸口を導き出すことができる。また，七つ道具は簡単なようであるが，使ってみようとするとなかなかうまく行かないことがあり，何回も使ってみることによって使いこなすことができるようになる。

2．品質マネジメントのためのツール；QC 七つ道具

　QC七つ道具には，パレート図，特性要因図，チェックシート，ヒストグラム，散布図，管理図・グラフ，層別がある。七つ道具のそれぞれの特徴を表5－1に示す。

表5－1　QC七つ道具とそれらの特徴

七つ道具	特　徴
パレート図	問題点（重点）を見いだす
特性要因図	因果（原因と結果）関係の整理をする
チェックシート	計数値の全体の姿を知る
ヒストグラム	計量値の全体の姿（分布）を知る
散　布　図	対になったデータの関係を知る
管理図・グラフ	データの時間的変化をみる
層　　別	データを要因別にグループ分けする

（1）パレート図

　問題がどこにあるかを突き止め，不良，欠点の原因を調査し，対策の

効果を確認することができる。

➤**パレート図の目的と使い方**

　パレート図は多くの項目の中から重要な項目を選び出す方法としてよく用いられている。パレート図は，イタリアの経済学者パレートに由来していて，パレートの法則 "vital few, trivial many；重要なものはごくわずかで，とるに足りないものは多い" を基本にしたものである。

　パレート図の利用方法には次のようなものがある。

①問題の絞り込み

　多くの問題点があっても，大きな影響を与えているものは 2，3 項目である（パレートの法則）。まず初めにこの 2，3 項目を取り上げて改善する必要がある（重点指向）。

②改善効果の確認

　ただデータを数値的にみるより，パレート図で表現した方がみやすくかつ情報量の多いものになる。特に対策の前後を並べて書くと対策の効果が明確になる。図 5 - 1 にパレート図を示す。

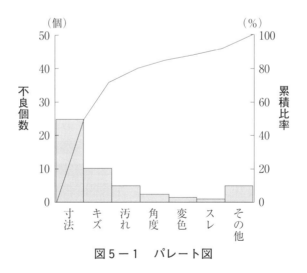

図 5 - 1　パレート図

➤活用のポイント

　パレート図をうまく活用するためのポイントとしては，次のようなものがある。

①パレート図を書いたら，“各項目ごとの大きさや順序は，どの項目を減らしたら，効果はいくらになるか”など，できるだけ多くの情報を獲得するようにすること。

②改善の手段と結びつくように，現象別ではなく原因別のパレート図を書くこと。

③真の問題を見失わないために，タテ軸はなるべく金額で表すこと。

④いろいろな角度から不具合を眺め，分類方法を変えてみること。

⑤“その他”の項目が多すぎる場合には，層別や分類方法を再検討してみること。

⑥重点項目をみつけたり，改善効果を予測するため，累積曲線および累積比率を記入しておくこと。

⑦改善前，改善後のパレート図は，改善効果がチェックできるように，タテ軸の目盛を合わせておくこと。

⑧順位は低くても，手の打てるものはすぐ取り上げること。

⑨パレート図の形は縦長でも，横長でもなく，ほぼ正方形になっていること。

⑩成果報告や後で解析結果を検討する際に役立つようパレート図の履歴を明記しておくこと。

（2）特性要因図

　特性（結果）に要因（原因）がどのような関係で影響しているかを一目で分かるように整理する図で，あらゆる部門で使用することができる。特性要因図の形状が魚の骨に似ているので“魚の骨”とも呼ばれて

いる。

➤特性要因図の目的と使い方

　特性要因図とは，問題とする特性（結果）と，それに影響を及ぼしている思われる要因（原因）との関係を整理して書き表したものである。この特性要因図から悪い結果を起こした原因の候補を知ることができる。特性要因図の1例を図5－2に示す。

①クレームや不良が発生したとき，その原因を整理し，原因の候補を知ることができる。

②品質向上，能力向上，コストダウンなどの目的で，あるテーマを取り上げたとき，そのテーマ（特性）に関する要因を知ることができる。

➤活用のポイント

　特性要因図は，製造部門は言うまでもなく，事務部門，販売部門，開発部門などあらゆる部門で問題の原因追究に使用することができる。活用のポイントを以下に示す。

①職場に貼るなどして，職場全員のコンセンサスを得るようにする。

②書き方には固定したものはないので，自由に書いて，どんどん使うよ

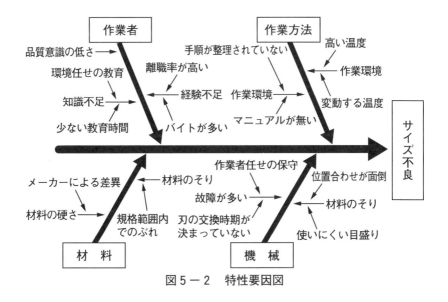

図5－2　特性要因図

うにすることが重要である。

➤**書き方のポイント**

　良い特性要因図を作るコツは「細大もらさず要因を拾いあげる」ことにある。このためにはブレーン・ストーミングやブレーン・ライティングが活用される。また，つまらないと思われる要因を含め，要因はたくさん挙げておく。

　改善のための原因追究に特性要因図を利用する場合は，悪さ加減を具体的に表現することが重要である。特性要因図は一度完成したらそのままにしないで，新しい意見が出るたびにどんどん書き直して更新することが大切である。

（3）チェックシート

　データがどこに集中しているかを見やすく表した図表がチェックシートである。

➤**チェックシートの目的と使い方**

　チェックシートとは，不良数，欠点数を数えたり，現場の作業管理や検査点検をしやすく表した図表のことをいう。工夫したチェックシートを用いることによって，面倒な手間をかけることなく簡便に要領よくデータが集めることができ，不良や欠点についての情報を得ることができる。

　チェックシートの使い方を以下に示す。

　チェックシートをどのように作成し，チェックした結果をどのように活用していくかということは，その目的に合わせて工夫しなければならないことであり，チェックシートの使い方として固定したものはない。

　以下にチェックシートの使い方の例を挙げる。

①不良項目調査用

　過去の実績や経験から分類された不良項目を用紙に記入しておき，不良が発生するたびにその内容に該当する不良項目チェック欄にチェックマークを入れる。

②工程分布調査用

　製品の寸法や重量を測定する工程では，データをいちいち数値で記入する代わりに，予めヒストグラムの用紙に出現する範囲の数値を記入しておき，データが得られたら該当欄にマークしていく。測定が終わったときには，平均値やバラツキが得られる。

③欠点位置調査用

　製品のスケッチがチェックシートに書かれ，これに欠点位置をチェックすれば，欠点の発生位置が一目瞭然に分かる。このチェックシートの1例を図5－3に示す。

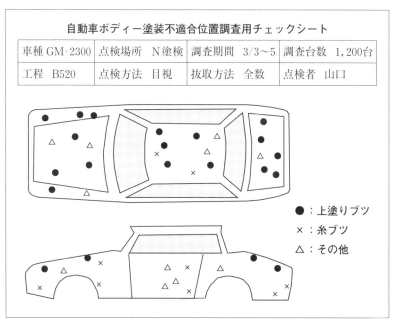

図5－3　欠点位置調査用チェックシート

表5－2　チェックシート記載項目

チェックする目的	チェックシートのタイトル・表題
チェックする対象と項目	何の，どこをチェックするか
チェックする方法	何を用いて，どのようなやり方でチェックするか
チェックする日時・期間	いつチェックするか
どのくらいの間隔でチェックするか	どのくらいの間隔でチェックするか
いつからいつまでの期間チェックするか	いつからいつまでの期間チェックするか
チェックする人	誰がチェックするか
チェックする場所・工程	どこでチェックするか
チェックした結果のまとめ	合計，平均，割合などの集計と計算式
チェックシートの回覧ルート	チェック結果をどこへ知らせるか

④不良要因調査用

　各不良項目の発生状況を，機械，作業者，時間別などに層別して，不良発生状況を調査すれば，不良発生の原因が追究しやすく，改善の方法が把握しやすくなる。

　また，チェックした結果をグラフ，管理図などと組み合わせて使うと解析がしやすくなる。

➤**書き方のポイント**

　チェックリストは特に決められた様式はないので，各自工夫してデータを簡単に要領よくとれるようにすることが大切になってくる。また，チェックシートに必要な記載項目は表5－2のようになる。

（4）ヒストグラム

　収集した多数のデータ（計量値）がどのように分布しているかを棒グラフで整理した図がヒストグラムである。

➤ヒストグラムの目的と使い方

　ヒストグラムとは，長さ，重さ，時間，強度などの計るデータ（計量値）がどのようなバラツキ方（分布）をしているかを見やすく表した棒グラフ（棒柱図）をいう。ヒストグラムの1例を図5－4に示す。

　ヒストグラムの使い方を以下に示す。

1）分布の姿をながめて工程の異常をつかむ

　ヒストグラムは，データ一つ一つや柱の高さの差異をみることにより，全体としての姿をつかむことが大切である。それによって，工程にどんな異常が起きているのかを推測することができる。

　　・分布の中心

　　・データのバラツキ具合

　　・分布の型

(i)正常な型：工程が安定していれば，中央に山が一つあって，左右にすそが引くようななめらかな形になる。

(ii)異常な型：この異常な型には次のようなものがある。

　①離れ小島型：原料の変化や工程の変化などにより起こる型で，特に工程に異常があったり，工程の調節を間違えたときなどに起こる。

　②ふた山型：分布に山が二つある分布で，例えば2台の異なった機械で作られたものの製品が混じっているときなどに起こる。

　③歯抜け型またはくしの歯型：測定器にくせがあったり，度数表を作るときの級分け，特に級の幅が測定データきざみの整数倍になっていないときに起こる。

　④すそ引き型：ヒストグラムの平均値が分布の中心よりいずれかの側に寄って，寄っている方のすそはいくぶん急で，反対側は，なだらかなすそになっている左右非対称の分布である。

　⑤絶壁型：分布の片側が切れたような形をした左右非対称の分布であ

る。
⑥高原型：各クラスに含まれる度数がほとんど同じで，高原状態に
なっている分布である。
2）規格に入っているかどうかを調べる
図5－5に示すようにヒストグラムに規格やねらい値を入れると，ど
の程度の不良品を出しているかが分かる。また，平均値が問題なのか，
バラツキが問題なのかをつかむことができる。
3）バラツキやカタヨリの原因を調べる
機械，原材料，作業者，作業法方などにより層別したヒストグラムを
書き，その違いを調べると，バラツキやカタヨリの原因を調べることが
できる。
4）改善前・後に層別して改善効果を調べる
改善前と改善後に層別することにより，改善の効果をつかむことがで
きる。

➤書き方のポイント

ヒストグラムは，計量値（連続量）の分布を表すので，棒と棒の間を
あけて書かないように気をつけることが必要である。

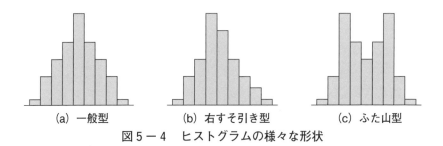

(a) 一般型　　　(b) 右すそ引き型　　　(c) ふた山型

図5－4　ヒストグラムの様々な形状

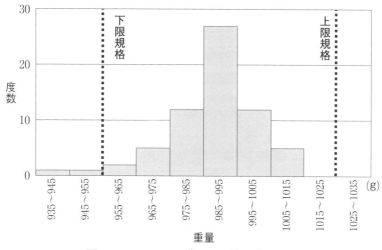

図 5 － 5　ヒストグラムの使い方の 1 例

（5）散布図

　2 つの対になったデータをグラフ上に点で表したもので，データの相関関係を調べるものである。

➤散布図の目的と使い方

　散布図とは，2 種類のデータをグラフ上に点で表した図をいう。または，相関図というときもある。図 5 － 6 に散布図の 1 例を示す。

　散布図は，データの関係の有無を検討するために非常に便利なものである。したがって，①特性と要因，②特性と特性，③要因と要因など特性要因図から候補に挙げられた上記①〜③の関連を表すために使われる。

➤活用のポイント

①散布図の見方

1 ）正の相関がある

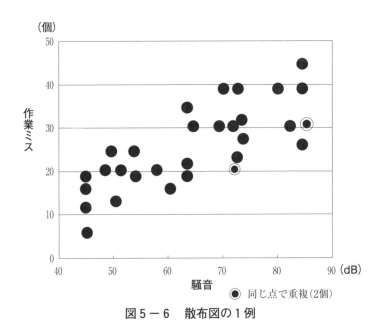

図5－6　散布図の1例

ヨコ軸のxの値が増えるとタテ軸のyの値も増えていく傾向にある場合，"正の相関がある"と言う。このような場合には，xをyの代用特性として用いることができる。

2）負の相関がある

ヨコ軸のxの値が増えるとタテ軸のyの値は減る傾向にある場合，"負の相関がある"と言う。この場合，正の相関がある場合と同様に，xをyの代用特性として用いることができる。

3）弱い正の相関がある

ヨコ軸のxの値が増えるとタテ軸のyの値も大体増えていきそうな傾向があるとき，"弱い正の相関がある"と言う。この場合，ここで取り上げたx以外にyに影響を与えている特性が考えられる。このx以外の

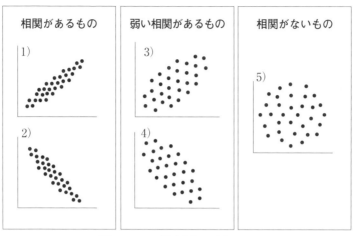

図 5 － 7 散布図のパターン

y に影響を与えている特性を探すことが必要である。

4 ） 弱い負の相関がある

ヨコ軸の x の値が増えるとタテ軸の y の値は大体減っていきそうな傾向あるとき，"弱い負の相関がある" と言う。3 ）と同様に x 以外の y に影響を与えている特性を探すことが必要である。

5 ） 相関なし

ヨコ軸の x の値が増えてもタテ軸の y の値に何も影響がない場合 "相関がない" と言う。

1 ）〜 5 ） に対応する散布図を図 5 － 7 に示す。

②注意事項

1 ） 異常な点はないかを検討する

全体の点の並び方から飛び離れた点（外れ値）があれば，まずその原因を調べてみる必要がある。原因が判明すればその点を除いて判断し，もし原因が不明のときはその点も含めて判断する。多くの場合外れ値

は，測定の誤りとか不良品の混入など特別な原因によることが多いようである。

2）層別の必要はないかを検討する

全体としてみると相関がなさそうであるが，層別してみると相関がはっきり見られる場合がある。逆に，全体として相関があるように見えても層別してみると相関がない場合もある。

3）偽相関ではないかを検討する

技術的には"相関がない"と考えられるものでも，散布図を書いてみるとたまたま"相関がある"と言う状態になることがある。このような状態を"偽相関がある"と言う。

散布図は，xとyの関係を表すだけで，"なぜ相関があるのか"については教えてくれない。散布図の結果をそのまま信用するのではなく，2つの関係を技術的に検討することが必要である。

（6）管理図・グラフ

データを見やすくまとめたものがグラフである。特に時間的変化をみる折れ線グラフに管理限界線を入れたものが管理図である。図5−8に管理図の1例を示す。

➤管理図の目的と使い方

折れ線グラフの一種で，点の動きが異常かどうかを判断する基準として，中心線や管理限界線を記入したものを管理図と言う。

データの時間的変化がよく分かり，工程の状態がつかめる。

●管理図の種類

1）用途別

管理図を使っていく目的として，解析用，管理用という区別をするこ

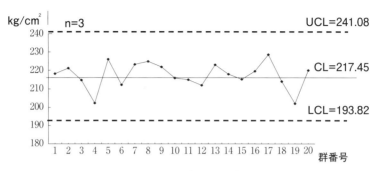

図 5 － 8　　管理図の例

とがある。どちらも管理図の働きは同じであるが，次のような分類があ
る。

・解析用　解析用工程の状態とその原因が比較的つかめていない場合，
　　　　　それを調査する段階で使用する。

・管理用　ある程度解析が進み，工程の状態がつかめ，改善が進んで管
　　　　　理のやり方も定まってきた段階，さらにその後の管理のため
　　　　　に使用する。

2）データの種類別

　管理図は，データの種類によって次のように分けられる。

・計量値　長さ，重さ，時間，純度のように，計測器で測定されるもの
　　　　　で，連続的な数値。いくらでも細かく区分測定できる。

・計数値　不良個数，欠点数，件数，人数などのように，1，2，3……
　　　　　と数えられる不連続な値。1以下に細かく分けられない。

➤**管理図の見方**

　管理図は，工程の状況についていろいろの情報を示す。それを早く的
確に読み取り，判断を下さなければならない。管理図がせっかく信号・
警報を出してくれているのに，それを読み取らなければ工程の管理はで

きない。そのためには，管理図の見方についてよく理解して，的確な判断ができるようにしておく必要がある。

　一般に，工程の統計的管理状態を判定する管理図に現れる異常は，管理アウト（管理はずれ）と点の動きの異常なパターンに分けられる。このような場合には，もはや統計的管理状態とみなすことができない。したがって原因究明をする必要があると判断しなければならない。管理図での点の動きのパターンを解釈するために用いる8つの判定ルールを図5－9に示す。

　管理図では，上方管理限界線（UCL）と下方管理限界線（LCL）は中心線（CL）から3σ（シグマ）の距離にある。そこで，管理限界線内を1σ間隔で六つの領域に等分割し，中心線に近い方から順に両側をC，B，Aの領域とする。ルールは以下に示す通りである。

　ルール①：管理アウトがある。

　ルール②：中心線と UCL または LCL の間に9点の連がある。

　ルール③：6点が増加，または減少している。

　ルール④：14の点が交互に増減している。

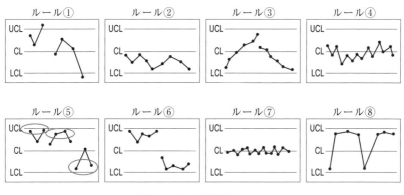

図5－9　判断のルール

ルール⑤：連続する 3 点中，2 点が限界線と 2σ の間またはそれを超えた領域にある。

ルール⑥：連続する 5 点中，4 点が限界線と 1σ の間またはそれを超えた領域にある。

ルール⑦：連続する15点が中心線の ± 1σ の間にある。

ルール⑧：連続する 8 点が中心線から 1σ の外にある。

●管理図を用いた管理の手順

　管理図を用いる場合には，原則として以下の手順に従う。

①管理する対象を決める。

②使用する管理図の種類を決める。

③解析のための管理図を書く。

　　期間を決めてデータをとるか，過去のデータを用いて管理図を書く。異常な点がある場合には原因を調べて，群の取り方，組の分け方を変えたり，工程の要因 4 M（人，機械，材料，作業法）や不良項目に層別した管理図を書き，要因の影響を調べることが必要になる。時には，実験によって要因の影響を調べる。このような検討は何回でも繰り返していくことが大切で，これが管理図を用いる場合の重要なポイントになる。

④異常の要因に対して処置をとる。

⑤作業を標準化する。

　　工程の変動要因について処置がとられて，工程が安定したら，その状態で規格を満足するかどうかを調べる。問題がない場合には標準化する。

⑥管理用の管理図を書く。

　　工程が安定した状態で，解析用管理限界線を延長し，日々のデータをプロットする。異常が認められた場合には③にもどる。原因不明の

ときもあるが，できる限り丹念に原因を追究していくことが大切である。

⑦管理限界線を再計算する。

　工程の安定状態が続けば，定期的に限界線の見直しと再計算を行う。人，材料，機械，作業方法が変わった場合も，その後の点の状態をみて再計算する。以上の繰り返しを行ってレベルアップをしていく。なお，再計算する場合には，

◇異常を示した点について，原因が分かり処置を行ったものは除く。

◇原因不明，あるいは処置のとれないものについては，そのまま含めて再計算する。

➤グラフ

　管理図の作成方法，活用方法は上記の通りであるが，管理図ほど統計的方法論の援用もなく使用するものとしてグラフがある。

　グラフは私たちの日常でよく使われている。本，雑誌，レポートなどには必ずグラフが載っている。このようにグラフにまとめたものをみると，内容が非常に分かりやすく，印象が強くなる。したがって，専門的なものでもグラフ化することで，よく理解できるようになる場合が多くある。このようにグラフは非常に利用価値の高いものである。

　グラフを使用目的別に分類してみると次のようなものがある。

1）説明用グラフ

　生産量や需要量などの推移を表すグラフ，仕事の流れを表す流れ線図，工程図などがこの分類に入る。一目瞭然に内容が把握できる。

2）解析用グラフ

　問題点を発見したり，その原因を明らかにするために，過去のデータや現状を分析するのに使用される。工程分析図の他に，前述したパレート図，ヒストグラム，散布図，管理図などはこの分類に入る。

3）管理用グラフ

目標によって管理する場合，目標値を明確にしたグラフの上に実績をプロットするようなものは，この分類に入る。

4）計算用グラフ

同じ計算を何回も繰り返すような場合，いちいち計算をしなくとも良いように作成した計算図表などがこの分類に入る。

次に日常よく使われるグラフを以下に示す（図5-10）。

1）折れ線グラフ

横軸に時間を，縦軸に特性値の目盛りをつけたもので，特性値の時間的変化がよく分かる。

2）棒グラフ

ヒストグラムやパレート図などのように，棒を並べたグラフである。全体としての分布の形をみたり，全体の中で主要な部分を見いだすときに用いると便利である。

3）円グラフ

円の中心の角度を各項目の大きさの割合に分けて，構成比率を分かりやすくしたグラフである。

4）帯グラフ

帯の長さで内訳の割合を表したグラフが帯グラフである。帯を年度ごとに何本か並べて書くと変化の割合がよく分かる。

5）Zグラフ

生産計画とそれに対する実績を日々対比してみるのに便利なグラフである。計画と実績をそれぞれの累積で比較して管理するために，アルファベットのZのような形になるのでこのような名前がついている。

6）ガントチャート

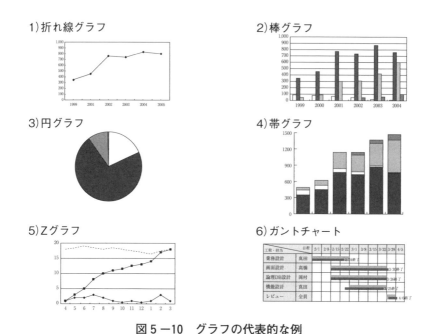

図5－10　グラフの代表的な例

　日程管理用に用いられるグラフで，日程の計画と実績を横棒線で表したグラフである。

（7）層別

　層別とは，ある目的を持ってデータに対してグループ分けをすることである。

➤層別とは

　層別とは，クレームや不良品の発生原因や，部品寸法のバラツキを検討する場合，機械によってクレームの発生状況に差がないか，原材料によって不良品の出方に差がないか，作業者によって部品寸法に差がない

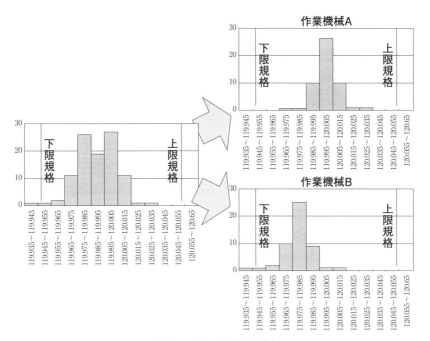

図 5 −11　層別の 1 例

　かなどと考え，機械別に，原材料別に，作業方法別に，作業者別にデータをグループ分けして比較することをいう。層別の 1 例を図 5 −11に示す。

　データを層別することによって，データ全体では漠然としていたことがはっきりしたり，層別したグループ間の違いがはっきりする場合がある。この層別を有効に使うことによって，大きな情報を得ることができる。

> **➤ 層別の方法**

　層別は，データのグループ分けをすることであるから，どの要因に注目して層別するかが重要である。概要を図 5 −12に示す。

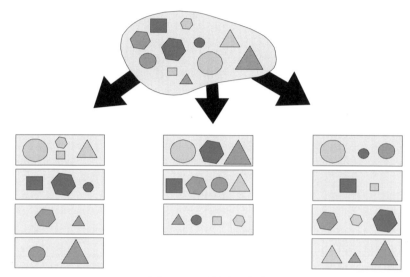

図5－12　層別の方法

どの要因を挙げるかは，管理または解析の目的に応じて決める。例えば工程の4M（人，機械，材料，作業法）を用いて，層別を行ったりする。

次のような要因層別を行う。

◆機　　械　　別：機種，号数，形式，性能，新・旧
◆作　業　者　別：個人，年齢，経験年数，男・女，組，新・旧
◆作業条件別：工法，温度，湿度，天候
◆材　　料　　別：メーカー，購入先，産地，成分
◆時　　間　　別：時間，午前，午後，日，曜日，週，月，季節

➢活用のポイント

データをとるときには，層別することを考慮に入れて，データの履歴をはっきりさせておく。層別は，他のQC七つ道具と組み合わせて活用すると，思いがけない大きな情報を得ることがある。

参考文献

Kaoru Ishikawa (1982) Guide to Quality Control, Asian Productivity Organization.

石原勝吉，広瀬一夫，細谷克也，吉間英宜（1994）『やさしい QC 7 つ道具』日本規格協会

鐡健司編，大滝厚，千葉力男，谷津進（2000）『新版 QC 入門講座 5 』「データのまとめ方と活用Ⅰ」日本規格協会

鐡健司編，大滝厚，千葉力男，谷津進（2000）『新版 QC 入門講座 6 』「データのまとめ方と活用Ⅱ」日本規格協会

日本規格協会（2019）『JIS ハンドブック57　品質管理』

【学習課題】

1．QC 七つ道具の「層別」の特徴および活用のポイントを説明してみよう。

2．チェックシートはどのような問題解決に役立つのかを説明してみよう。

3．ヒストグラムを作成することにより，分布のどのような特徴を把握できるかを説明してみよう。

6 | サプライチェーンのプロセス分析と設計

佐藤 亮

《目標＆ポイント》 サプライチェーンを通じて商品とサービスを提供するためには，モノの供給と設備の提供が必要である。手際よく供給するために，在庫管理の方式や理論，さらには情報システムが発展した。サプライチェーン全体の性能を表す指標として，スループット，在庫量，リードタイムの3つを理解する。それぞれの性能指標を独立に設計することはできず，リトルの法則と呼ばれる関係に支配される。サプライチェーンの性能の分析や設計において基本となる仕組みである。コンテナ船による物流プロセスを例にとってリトルの法則を学習することで，サプライチェーンにおける性能達成の勘所を学習する。
《キーワード》 サプライチェーンの性能指標，在庫管理，コンテナ船定期航路，リトルの法則

1. サプライチェーンの在庫管理

（1） サプライチェーンの2つの目標を在庫管理で実現する

　サプライチェーンは，企業や個人の顧客にモノやサービスを提供するための多くの企業で構成される。これまでサプライチェーンについて学んできたが，あらためて実例としてコンビニの場合を思い起こしてみる。コンビニの弁当やサンドイッチは，配送を担うトラックによって店舗に運ばれる。その際の種類や数量を指示する情報はコンピュータ・ネットワークとデータベースから成る情報システムと人間によって計算

されている。1つの弁当にはいろいろな食材がある。魚，肉，野菜はそれぞれ異なった生産者から提供されている。また，プラスチックの弁当容器は，大地から取り出した原油から石油精製工場において液体原料になり，プラスチックを巻き取ったシートから容器製造企業において型に圧着させて作られる。そうした各種容器が問屋によって流通している。弁当を作る工場では生産計画に基づく生産指図によって，調理された食材が組み合わされておいしそうな弁当がいろいろと作られ，プラスチックフィルムで包装され，弁当名・価格・消費期限などのデータ印字紙が貼りつけられる。製造実績のデータが記録され，また，弁当をまとめて配送ケースに入れて，配送データが付けられる。さらにまた，弁当がまとめられて配送のケースに入れられ配送情報が付けられる。製造工場では，この先に作る弁当の食材をサプライヤーに発注する。弁当のサプライチェーンではチェーンを流れていく物品として弁当があり，弁当の食材やその流通を担う生産者と仲介業者がいる。さらには，原油ばかりでなく，肉や野菜等の加工品も輸入されていて，自動車や船，飛行機が使われている。輸出入の関税を扱う通関業務も行われる。配送には自動車が使われ自動車メーカーや販売会社が関わっている。

　これらの企業間の関わりをサプライチェーンとしての大くくりの活動レベルでみると，図6-1のようになる。1つの企業内の調達，生産，販売，物流，設計という活動とそれらのつながり，また，流通企業と物流企業，そして，種々の材料や部品を提供するサプライヤー各社からできている。企業間のつながりはいろいろなものがあるが，簡略化して矢

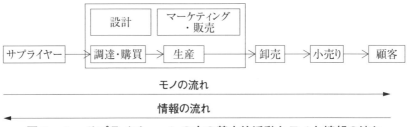

図6-1　サプライチェーンの中の基本的活動とモノと情報の流れ

印でモノが顧客に届くまでの流れを表している。

　ビジネスを運転しうまく管理している結果として，組織の内部にさまざまなモノや要求データの在庫が蓄積し，サプライチェーンのコストとサービスレベルが決まっていく。

　サプライチェーンは企業どうしの取引情報やモノの移動で構成されている。企業間の発注と納品，その後の請求と支払いが伝票によって行われる。伝票はモノの要求や納品，支払いといった事実を表す情報を記載している。伝票は，紙を使うだけでなく，メール，ファクス，コンピュータ間の通信でも行われる。

　サプライチェーンの管理の目的は，第1章で学習した。スミチ・レビらは次のように定義している（『サプライ・チェインの設計と管理』朝倉書店）。

　　　SCMとは，サプライヤ，生産者，倉庫や小売を効果的に統合した管理を行うことである。SCMでの統合によって，商品の生産と物流が，適切な量が適切な場所に適切な時刻になされるようになり，さらに，(1)チェーン全体のコストを最小にしつつ(2)充分なサービスレベル（納期遵守と数量の確実さの程度）を実現する。

　この目的を達成するため在庫管理が発展し，さらにその性能を上げていく取り組みが継続している。1913年にハリス（F. Harris）による経済的最適発注量の考え方が提唱された。在庫量は年間を通じた仕入れと販売のバランスによって変動するが，在庫を持つことの費用を2種類にまとめる考え方だった。つまり，在庫数に関わらない仕入などの発注費用と，保有する在庫の金額に相当する金利負担とに分けた。後者は在庫数から決まる在庫維持費用としてとらえた。そして在庫に関する費用としてこの2種類の費用の合計を総在庫費用として考慮することで，年間の

コストが最小になるように 1 回あたりの発注個数を決めればよいという考え方であった。ハリスが提唱したこの考え方は経済的最適発注量（EOQ）と呼ばれ，計算するためには自社の操業記録があれば実施できるものだった。年間販売量などのデータから，年間の在庫コストが最小になるような仕入れ発注回数と 1 回あたりの発注個数を求めることができる。年間需要が比較的安定している品目についての重要な目安を与える便利な考え方だった。需要が安定的であるということは，誰でもが日常的に消費しているということであり，乾電池，蛍光灯，電球といったものに適用できる。

（2）　在庫管理でモノと情報の流れを整える

　在庫管理に関する理論や実践は，特に，1900年代（20世紀）に大量生産・大量消費の仕組みとともに発展した。在庫管理は，在庫の目標個数を管理するというより，在庫削減やリードタイム削減等によってビジネスを改善・改革する時の方向の重大トピックである。

　物流だけでなく在庫管理をも請け負うサードパーティー型の物流会社（3PL）や，情報システムとコンサルティングを販売している企業では，「在庫を30％削減」とか，「リードタイムを短縮」などのうたい文句でアピールすることがよく行われている。それだけ，在庫やリードタイムがビジネスで重要視され，また，現在でも経営課題として取り組まれ続けていることが分かる。

　18世紀後半の産業革命以降，現在に至ってなお工業製品やその材料の生産は盛んである。一方で，GDP の中のサービスの生産は高所得国のOECD 加盟国の平均で75％程度と大きい（経済産業省，通商白書2016第 3 章）。こうした状況は経済のサービス化とか産業のサービス化と呼ばれる。その原因としては，対人サービスを行う仕事が増えているとい

うことや，製造業における作業が効率化や大規模化の発展で労働者が減って高効率になっているということもある。サービスとしては，外食店，病院，理美容，ホテル，交通運輸などの対人サービス以外に，小売りや卸売業，物流，コンピュータ応用や情報通信，教育，金融や保険，不動産などの事業所向けサービスが多くある。さらに，製造企業においても，直接に物質材料を変形したり変換したりする作業は機械設備によって行われていて，人間作業者は，生産の計画や管理，製品の販売やマーケティングなどの情報の分析といった製造作業ではないが重要性の高い計画と管理の業務を行っている。実際に製鉄工場を見学すると，作業現場には人はまばらで，機械が黙々と高速で蒸気を出しながら動いているのを目にする。パワーショベルなどの建設機械のエンジンを製造する工場では，最終の組み立てラインには一つ一つ異なる製品が流れていて作業者が組付けや検査を行っているが，その前工程の部品の鋳造や機械加工にはあまり人がおらず，やはり機械設備が高速で動いている。1900年代中頃までの大量生産・大量消費の時代に比べると，近年の製造業では，その工場でさえも，物質的な変換や加工の多くは機械が行い，人間が行う仕事の多くは機械以外の仕事とか，計画や調整になっているのである。モノづくりの水準が高度化して，ほとんどのモノについてどの企業でも一定以上の機能と品質で作れるようになってモノづくりの技術や管理の仕組みが地球規模で偏在化し，そのため人件費の安い国で生産されるモノは価格だけが重視されるコモディティ品になってしまう。その結果，単なるモノづくりの高度化を超えた，デザインの能力やビジネスの仕組みを進化させて成長させていけるようなイノベーションの組織能力が求められるようになってきている。

　実際，自分の回りをみれば，外食とかコンビニの弁当を利用する機会が増え，高齢者向けの施設や家庭訪問のヘルパーさんの事務所を見かけ

ることが多くなり，また，ネット通販の利用など，多くのサービス化が起こっていることを観察できる。また，デジタルカメラやテレビなどの家電製品では新製品が発売されても 1 年間もたたないうちに大幅に価格が下落するということも，モノ製造の技術と知識が普遍化しているためにモノの貴重さが減ってモノ自体の価値が薄れてきていることを感じさせる。

　経済のサービス化というと，モノの生産が重要でなくなる響きを持つが，そうではない。GDP をみてもモノの生産が減ることはなく，また，多様な多くの仕事でサービスを提供する際には，大小の機械装置や設備，プラスチックや金属製品，情報機器，使いやすく加工された食材などを，情報システムを利用しながら無駄なく使うという世の中になっていることを思えば，モノはますます使われ生産され続けていることを納得できる。それにつれていろいろなサプライチェーンは拡大しているのである。

　サプライチェーンの在庫を適切に管理することは，単にモノの在庫数とその変化に注目することでは達成できない。また，サプライチェーンの個別の企業が直面している市場の需要変動に目を奪われていてはチェーン全体の一貫した有効な管理はおぼつかない。もし，チェーン全体の目的とは独立に自社だけが生産を増やし購買を増やすなら，過剰な在庫を持つことにつながってしまい，それがたびたび起こる場合には，購買や運転にかかる資金が不足して深刻な状況に陥るかもしれないのである。

　サプライチェーン管理の 2 つの目的は，需要の変動への対応だけでなく，「商品の生産と物流が」個数と場所とタイミングについて適切に実行できるような，プロセスの構成と仕組みがまず必要とされることを含んでいると理解することができる。本章では，サプライチェーンの構成

の設計方針を与えるような，サプライチェーンの性能を決める3つの要因があることと，リトルの法則とかリトルの公式と呼ばれる関係式によってそれらの要因が相互に関係することを説明する。つまり，モノでもサービスでもそれらを提供するためのサプライチェーンについて，その性能をいかにしてとらえるかについて学習する。同時に，適切な在庫，不要な在庫の意味も明らかとなる。

2．動作を支配する法則を調べる

　サプライチェーンのプロセスの中を流れるモノの流れのようすを調べる方法を知るととともに，生産やサービス提供のプロセス動作の性能を決める関係を調べるために，リトルの法則として知られる関係を学習する。日本を含む多くの国で，12メートル余りの規格の長さのコンテナを載せた大型トラックが幹線道路を走り，サプライチェーンの物流ネットワークとしての役割を果たしている。それらのコンテナを運ぶコンテナ船にはいろいろな大きさのものがあり，1隻で1千本〜5千本程度を運んでいる。9千本ほどを積載できる世界最大級のコンテナ船もある。本節では，コンテナ船を例にしてリトルの法則を説明する。

（1）コンテナ船による定期航路
　日本の定期航路のほとんどがコンテナ船である。コンテナ船とコンテナ港が発明され広範に使われる以前は，多くの荷主からの荷物を港の倉庫に集め，船が積める量になったらそれらの積み荷を船倉に個別に運び入れていた。荷姿がばらばらで標準化されていなかったので，船倉への積み込みや船倉内での固定も熟練が必要で時間がかかった。コンテナが発明されて荷姿がそろったために，大幅に時間や作業内容が標準化さ

れ，さらにはコンテナ用のトラックも作られて，全体に輸送コストが下がった。

　コンテナ船で行う定期航路を考え，コンテナ船の数（隻数）と，航路で実現できる速度を分析する。それによって，コンテナ船定期航路におけるリトルの公式を理解できる。航路は次のようになっているとしよう。

　この定期航路では，横浜港でのコンテナの積み下ろしに10日間かかり，Ｊ港への航海は5日間かかるものとする。そのほかの航海やＴ港についても，それぞれの日数が必要だとする。

　これから図6-2の定期航路の運航のようすを観察するが，その前に，定期航路の性能をとらえるための3つの言葉，つまり，3つの概念を用意する。スループット，WIP（ダブリュー・アイ・ピー），リードタイムである。定義は『経営情報学入門』[1]と同じものであるが，コンテナ船定期航路の場合の意味を説明する。

　港から出ていくコンテナ船の隻数をスループットという。（長時間の

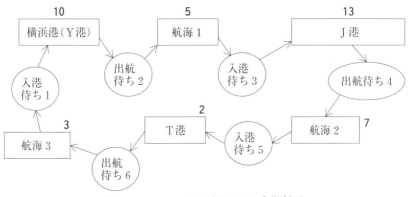

図6-2　コンテナ船による定期航路

1）「経営情報システムの基礎」（木嶋，岸編『経営情報学入門』第7章）

平均値をとった）単位時間あたりの隻数個数のことで，単位は［隻/日］
である。いわば，港のコンテナ船出港速度である。コンテナ船積み荷完
成速度を船単位で計測しているともいえる。スループットの英語は
throughput なので生産速度を TH と書くことにする。なお，スループッ
トという処理速度の概念は広く使われている。生産の場合には単位期間
あたりの生産数であり，単位期間として時間や週や年などをとりうるの
で，１時間あたりの生産個数や，１年間あたりの製造量といった生産速
度である。

　コンテナ船定期航路の場合，定期航路にあるコンテナ船の総隻数を
WIP（ダブリュー・アイ・ピー）と呼ぶ。WIP は英語の work-in-process
の略称だったものがそのまま使われている。この場合の work は，生産
工程の途中にある部品のことである。WIP は製品としての完成の途中
にあるという意味での仕掛品の在庫であり，仕掛品在庫とも呼ばれるこ
とがある。定期航路のプロセスの場合は，コンテナ船は目的地まで行く
ことで物流の要求が完成されるので，航海中は物流航海という工程で物
流加工を行っているという物流の「仕掛品」という意味づけが可能であ
る。平均スループットと同様，長時間の平均値である平均 WIP を考え
る。

　３つめの重要な性能指標はリードタイム［時間］であり，その意味
は，投入してから完成するまでの時間である。定期航路の場合，どれか
の２つの港に注目した場合には，出発港に船が着いてから準備を終えて
到着港に入港するまでの日数が，その２つの港の間で物流の航海をする
ために要するリードタイムである。混雑の具合でリードタイムは異なる
値となるが，長期間の平均値である平均リードタイムを考える。リード
タイムは非常によく使われる言葉である。生産プロセスの場合に特定の
リードタイムにはそれぞれの名前がある。顧客から見て，顧客がわが社

に発注してから顧客の手元に品物が届くまでの時間は，顧客リードタイムという。また，わが社からサプライヤーに発注してから，わが社に届くまでの時間を購買リードタイムとか納入リードタイムという。製造プロセスでは，そのプロセスに部材を投入してから完成するまでの時間を，製造リードタイムという。

　コンテナの個数は無視して，コンテナ船の数とコンテナ船が定期航路で巡行する「速度」を分析する。コンテナ船が増えれば，多くの荷物を扱えるような気がするが，果たしてそうだろうか。コンテナ船の隻数を「（コンテナ船の）在庫」とみなし，コンテナ船が出港してしてから帰港するまでのリードタイムを短縮するには何が必要だろうか。コンテナ船の隻数とリードタイムはどのように関係するだろうか。上で定めた3つの量のうちのどの1つについても，一般には平均をとる期間の長さによって，異なる平均値となる。しかし，長期的な平均値が一定の値となる場合を，プロセスが定常な状態にあるという。たとえば，周期的な動きをしている場合は定常状態となる例である。また，サプライチェーンを通じて扱う取引の結果定まる3つの性能指標が毎年ほぼ同じなら，そのサプライチェーンは定常状態を達成するような管理が行われていることになる。

　以下の定期航路の分析は，すべて周期的な動きをしており，したがって，定常な状態となっている。この場合の3つの性能指標の分析を行う。

　図Aは初日（d = 0）から40日までの（d =40までの）様子を示している。また，その後は，40日ごとに同じことが繰り返し行われる。Y港からY港まで戻ってくる所要日数（リードタイム）に着目すると，40日間である。また，スループット［隻/日］は，40日間の間に1隻が出港しているので，また，定常的にその出港が起こるので，1/40［隻/日］である。WIP は，常に定期航路上に1隻の船が存在するので，WIP = 1

所要日数	10日間		5 日間		13日間		7 日間		2 日間		3 日間
活動	Y 港		航路 1		J 港		航路 2		T 港		航路 3
日数 d											
d ＝ 0											
d ＝10											
d ＝15											
d ＝28											
d ＝35											
d ＝37											
d ＝40											
d ＝50											

図Ａ　コンテナ船の定期航路巡行のようす

［隻］である。

　さて，港へのコンテナ船の寄港数つまり出港数を増やし，輸送力を上げることになったとする。そのため，定期運航する船の数を増やしていくと，定期航路の中のプロセスの中のコンテナ船の数が増えていくようすが見て取れる（図Ｂ，図Ｃ）。

　図ＢもＣも，40日目に０日目と全く同じ状況になっているので，１周期を40日とする周期を持った動きとなっていて，スループット（TH），WIP，リードタイム（LT）の長期平均値が決まる。たとえば，もし増加傾向がずっと続く場合だと，長期的平均値は定まらない。

所要日数	10日間	5日間	13日間	7日間	2日間	3日間
活動	Y 港	航路 1	J 港	航路 2	T 港	航路 3
観察経過日数 d						
d＝0	10		1			
d＝1	9			7		
d＝8	2				2	
d＝10		5				3
d＝13	10	2				
d＝15	8		13			
d＝23		5	5			
d＝28			13	7		
d＝35			6		2	
d＝37			4			3
d＝40	10		1			

図 B　コンテナ船を 2 隻に増加した時

所要日数	10日間	5日間	13日間	7日間	2日間	3日間
活動	Y港	航路1	J港	航路2	T港	航路3
観察経過日数 d						
d＝0	10	1	1			
d＝1	9		13	7		
d＝8	2		6		2	
d＝10		5	4			3
d＝13	10	1	1			
d＝14	9	1		7		
d＝15	8		13	6		
d＝21	2				2	
d＝23		5	5			3
d＝26	10	2	2			
d＝28	8		13	7		
d＝35	1		6		2	
d＝36		5	5		1	
d＝37		4	4			3
d＝40	10	1	1			

図C　コンテナ船が3隻の時

　図を見て平均スループットを次のように計算する。

〈図Bの場合〉

　40日ごとに 2 隻ずつY港から出港する。実際図Bでは，10日目と23日目においてそれぞれ出港する。なので，TH＝2/40＝1/20［隻/日］という廻船の速度（船が航路をめぐる速度）である。なお，定常な状況なので，ほかの港もそれぞれ同じ廻船速度である。

〈図Cの場合〉

　40日ごとに 3 隻ずつY港から出港する（10日目，23日目，36日目に出港）。なので，廻船速度は TH＝3/40［隻/日］である。

　このように，定期航路をめぐる船の数を増やすと，廻船速度が増える。同時に，図から分かるのは，廻船速度が増えるほど航路が混雑してくること，つまり船の隻数である WIP が増えてくることだ。
　ここで，さらに船の数を増やすと，どうなるか。図Dのようになる。図から判断すると，航路を巡回する途中の船の数は増えているが，THは増えていない。

116

所要日数	10日間	5日間		13日間	7日間	2日間	3日間
活動	Y港	航路1		J港	航路2	T港	航路3
観察経過日数 d		入港待					
d＝0	10	2		1			
d＝1	9	1		13	7		
d＝2	8			12	6		
d＝8	2			6		2	
d＝10		5		4			3
d＝13	10	2		1			

図D　さらにコンテナ船を増加した時（4隻）

所要日数	10日間	5日間		13日間	7日間	2日間	3日間
活動	Y港	航路1		J港	航路2	T港	航路3
観察経過日数 d		入港待					
d＝0	10	2		1			
d＝1	9	1		13	7		
d＝2	8			12	6		
d＝8	2			6		2	
d＝10		5		4			3
d＝13	10	2		1			

図E　さらに多くのコンテナ船を投入した航路のようす（5隻）

　これらの関係をグラフに表示すると，TH が頭打ちになっているのが分かる。表 6 − 1 と図 6 − 3 にそれを示す。

表 6 − 1　WIP と TH

WIP	TH	TH
1	1/40	0.025
2	2/40	0.05
3	3/40	0.075
4	1/13	0.0769
5	1/13	0.0769

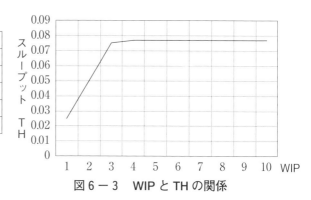

図 6 − 3　WIP と TH の関係

　表 6 − 1 に見えるように，船の数を増やすとはじめのうちは，TH（巡回速度）も向上する。しかし，4 隻以上に増やしても TH は増えず，WIP だけが増加している。

　これまでに説明したコンテナ船の回航プロセスにあてはめて，リードタイム（LT），WIP，スループット（TH）の 3 つの性能関係量を表示すると次の表 6 − 2 のようになっている。WIP の値に対応する図がないところは（WIP が 6 から10の場合）図 D，E を参考にして考えることができる。

表 6 − 2　WIP，TH，LT の関係

	WIP［隻］	TH［隻/日］	LT［日］
図 A	1	1/40 = 0.025	40
図 B	2	2/40 = 0.05	40
図 C	3	3/40 = 0.075	40
図 D	4	1/13	52
図 E	5	1/13	65
	6	1/13	78
	7	1/13	91
	8	1/13	114
	9	1/13	127
	10	1/13	140

　表6-2において，平均WIP，平均TH，平均LTをそれぞれ単に
WIP，TH，LTと表記している。表6-1のすべての行において次の
関係が成立し，その関係が成立することをリトルの法則と呼ぶ。リトル
の公式とも呼ばれる。

　　　　平均LT＝平均WIP／平均TH

　法則とか公式という名称ではあるが，コンテナ船の定期航路が周期的
に運行されている場合，式の意味するところは明らかである。図Aのよ
うな船が1隻だけの場合は，Y港で出港準備を始めてからY港に帰って
くるまでの総時間は，全部の港で使う時間と港の間の航海日数の総和な
ので，10＋5＋13＋7＋2＋3＝40日である。この場合に，廻船速度は，
40日に1回だけコンテナ船が来るのだから，1周期間の平均をとると
1/40［隻／日］のコンテナ物流サービス生産速度を実現しているという
ことになる。コンテナ船の隻数を増やしたとき，たとえば表6-2の
WIP＝6の場合などでは，リードタイムが図表に示された値になること
を確かめるには，図Dや図Eのような周期的に状態が変化するようすを
示すテーブルを作る必要があるが，ここでは省略している。図6-3の
通り，コンテナ船を5隻，6隻と増やしてもスループットは1/13［隻／
日］で一定となっている。つまり，コンテナ船を増やしても，廻船速度
は増えないのである！
　では，もっと廻船頻度を上げる（廻船速度を上げる）ことを目的にし
て，横浜港の荷物積み下ろしの速度を上げて，これまで10日間かかって
いたものをがんばって6日間にできるように改善するとどうなるか。結
論は，次の表6-3と図6-4のようになる。Y港を改善しても廻船速
度は増えないのである！

表6－3　WIP と TH
（横浜スピード
アップ）

WIP	TH	TH
1	1/36	0.0278
2	2/36	0.0556
3	1/13	0.0769
4	1/13	0.0769
5	1/13	0.0769

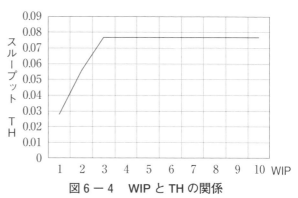

図6－4　WIP と TH の関係

　ビジネスプロセスは，もし需要が一定であっても，直感に反するような複雑な動きをする。需要が変動するともっと複雑になる。需要安定時でも直感が効かない世界を分析することで，経営管理のためのヒントを得るとともに，単純ではないことを観察できる。

3．サプライチェーンの3つの重要指標

　サプライチェーンの性能を決める生産性の指標であるスループット，リードタイム，在庫量について，それらの意義を考える。本章ではそれぞれを TH，LT，WIP と略記した。スループットはサプライチェーンが顧客に提供する速さであり，その単位は，たとえば1日あたりの平均的提供数として［個/日］や1時間あたりの平均配達数としての［個/時間］であるとか，コンテナ船定期航路の1週間あたりの平均寄港頻度である［隻/週］などがある。その際，在庫を数える単位は一般的には個数であり，コンテナ船定期航路では船の数である隻となる。リードタイムは，注目する開始点から終了点までにかかる時間である。途中に在庫

がいろいろなところや場所にあるために，リードタイムは開始点から終了点までにある諸活動の合計時間ではなく，在庫として順番を待っている時間も含まれる。

　これらの3つの特性指標はサプライチェーンだけでなく，病院などの対人サービス業であるとか種々の製造業を含むすべてのビジネスにおいて重要である。流通企業や物流企業においてはビジネスとサプライチェーンのプロセスを磨き上げて，スループットを向上しつつ，在庫を削減し，かつまた，リードタイムを短縮し続けて，サプライチェーンの性能と品質を上げている。リトルの公式（LT＝WIP/TH）は，定常状態において，これら3つの特性に必ず成立する関係を表現している。定常状態は，コンテナ船の寄港数や寄港頻度はかなり変動しているとしても，長期間の平均をとるとほぼ一定の平均値となっている状態であり，3つの性能指標の平均スループット，平均リードタイム，平均在庫の値が安定的に定まる場合である。長期的に在庫数が変動しながら増加を続けている状況では長期間の平均値も増加し続けるので，定常ではない。

　定常性を保つようにサプライチェーンの基本的なビジネスプロセス構造を設計することは重要である。その理由は以下のように指摘できる。

・定常でないと，真のボトルネックが分からない。そのため，サービス率を上げることが困難である。ボトルネックは最も遅い活動であり，コンテナ船定期航路の例では，最も日数を要する港（J港）である。

・定常でないと，どこかの在庫が無制限に増加し，しかも，それがボトルネックとは限らない。そのため，コスト削減もサービス率向上も困難となる。コンテナ船定期航路の例では，ボトルネックでない港の仕事のスピードアップを行っても，定期航路全体の生産性を表しているスループットは向上しない。

・定常であれば，ボトルネックがサプライチェーン全体のスループット

を決定していることと，同時に，そのスループットを実現するために必要な最低限の在庫が存在することが分かる。つまり，無駄な在庫，必要な在庫ということの意味が分かるのである。

・リトルの公式で表されるように，注目する活動始まりの点から別の活動終了までの必要な処理時間であるリードタイムも分かる。それらは，サプライチェーン改善のための示唆を与える。特に，目標とするスループットを達成するために，どこを改善すべきか，どうやってより少ない人員や資源で行うことを狙う際の示唆を与える。サプライチェーンのスピードアップを図るということは平均スループットを向上させることであり，そのためには，最も遅い港の作業を改善する必要がある。そして，そこを改善するとほかの港や航海の時間が最も遅いものが新たなボトルネックとなるので，次の改善では，新たなボトルネックをスピードアップする必要があることが分かる。

サプライチェーンの生産性が低くて，スピードアップを図りつつ欠品や納期遅れを減らしたい場合に，直感的には在庫を増やしがちである。しかし，リトルの公式で表現されるように，在庫を増やしても，リードタイムが延びて逆効果になる。さらには，提供の速度であるスループットは増えない。スループットは，ボトルネックを改善していく必要があるのである。なお，サプライチェーンだけに限らず一般のビジネスについて，目指すべき改善の方向は，現在の生産速度であるスループットをより少人数で行えるようにビジネスプロセスの運転と管理の仕組みを作っていくことである[2]。やみくもに現状の仕組みを肯定したまま作業の速さを上げて増産に向かうようなことがあってはならない。

2）大野耐一（1978）『トヨタ生産方式─脱規模の経営を目指して』ダイヤモンド社

参考文献

Harris, F. W. (1913) "How Many Parts to Make Once." *Factory : The Magazine of Management* 10(2), 135-136, 152.

Hopp, W. J. and M. L. Spearman (2008) *Factory Physics*, 3rd ed., McGraw-Hill/Irwin.

佐藤亮（2019）「経営情報システムの基礎」（木嶋恭一，岸真理子編『経営情報学入門』7章）放送大学教育振興会

マルク・レビンソン（2007）『コンテナ物語』（村井章子訳）日経BP社

【学習課題】

1．サプライチェーン全体を最適化していくということは，リトルの法則の3つの性能にどのように関わっているだろうか。

2．部分最適は必ずしも全体最適につながらないということは，よく言われることである。全体を見よ，とも言い換えられる。日用品のサプライチェーンの生産を行っている企業や販売している企業を例にとると，どのようなときに不要在庫が発生しているとか，適正な在庫を保持しているといえるだろうか。サプライチェーンの仕組みと部分最適や全体最適に関連して説明してみよう。

7 | サプライチェーン統合

松井美樹

《**目標＆ポイント**》 サプライチェーンの主要パートナー間の統合問題について，その課題と必要性を議論し，実際に活用されている統合モデルを紹介する。ブルウィップ効果と呼ばれるサプライチェーンにおける本質的なディレンマについてその原因を明らかにし，いかにそれを解消するかを考察する。
《**キーワード**》 ブルウィップ効果，垂直統合，バーチャル統合，顧客との関係性，需要予測

1. サプライチェーン・ダイナミクス

サプライチェーンでは，構成企業間の動態的な相互作用の結果として，特徴的なダイナミズムを生み出すことがある。その中で最もよく知られているのが，ブルウィップ効果ないし鞭効果である。

（1）ブルウィップ効果

ブルウィップ効果とは，僅かな消費需要の変化が，川下企業の発注と川上企業の受注を通じて，サプライチェーンの川上方向に向かえば向かうほどより増幅され，川下企業から川上企業への発注量の振れ幅が大きくなっていき，最上流では受注量の大きな変動の波が現れるという現象を捉えたものである。アクセラレータ効果あるいは加速度効果と呼ばれることもある。この受発注の動態的な伝播はサプライチェーン内の各企業の発注量や生産量の決定を通じて，在庫あるいは受注残の水準にも大

きな影響を及ぼすことになる。典型的には，上流の企業では，在庫と受注残の大きな積み上がりが交互に現れることになって，在庫費用や品切れ費用が収益を圧迫することになる。発注量や生産量の決定を誤ると過剰在庫を抱えてしまうか，逆に受注に全く応えられないといった状況に陥り，赤字が続いて倒産に追い込まれるような危険もある。これでは，サプライチェーン全体の存続も怪しくなってしまう。

このようなブルウィップ効果は，消費財，医薬品，エレクトロニクス製品など，いろいろなサプライチェーンで多かれ少なかれ見られる現象である。サプライチェーンを通じた赤ちゃん用紙おむつの受発注量を調べたプロクター＆ギャンブル社の経営陣が，消費者需要は非常に安定しているのに比べて，小売店，卸売業者，工場の発注量のばらつきが大きくなっていることを発見し，この受発注が伝播していく形状が，鞭の端を振るったときに鞭が描く軌跡に似ているということで，ブルウィップ効果と呼ばれるようになったと言われている。同様に，ヒューレット－パッカード社でも，同社プリンターについて，受発注量と在庫量の分散が上流に行くほど増大しているという現象が観察されていた。

このような現象は，フォレスター（1961）がシステム・ダイナミクスの概念を提唱し，その有用性を例証するためにすでに用いられており，なぜ景気循環の波が生まれるのか，あるいは構造不況業種が現れるのかをシミュレーションを用いて説明していた。この当時にはサプライチェーンという概念はまだ確立していなかったが，事実上，サプライチェーンに関する研究が行われており，サプライチェーンの上流に行けば行くほど，需要の変動が大きくなることは知られており，フォレスター効果と呼ばれていた。その後，MIT のスローン・スクールのシステム・ダイナミクスのグループは，この効果を疑似体験できるボードゲーム（盤上で行うゲーム）「ビール・ゲーム」を開発し，今でも多く

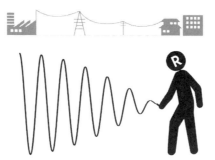

http : // cleantech.nikkeibp.co.jp / report / denryoku201412 / pdf / 85_86.pdf

図 7 − 1　ブルウィップ効果（新体操のリボンの形にも似ている）

のビジネス・スクールで利用されている。

（2）ブルウィップ効果の原因

　では，なぜこのようなブルウィップ効果が多くのサプライチェーンで見られるのであろうか。1つの原因は，サプライチェーン上流に位置する企業は最下流の小売市場の需要動向を知ることができない，あるいはその情報にアクセスすることができない場合，自らの需要予測に基づいて生産量や発注量を決め，後に実際の受注が届いてから生産量や発注量を調整するしかなくなる。需要予測が大きく外れた場合には，大量在庫か品切れが待っている。

　2つ目の原因は，各企業が注文を出してから実際にモノが届くまでのリードタイムの存在である。リードタイムが長くなればなるほど，予期せぬ大量受注に備えて安全在庫を積み増す必要が出てくる。発注に際して最小ロットが設定されているような場合には，さらに，発注量が増える可能性も出てくる。

　3つ目の原因は，サプライチェーンを通した情報共有ができない，あるいは適時にはできずに遅れてしまうといったことが考えられる。リー

ドタイムが長い場合には，仮に情報共有ができたとしても，すでに出された発注をベースに供給ないし生産の手配が行われているため，もはや手遅れとなってしまう場合もある。例えば，小売店である商品の大幅な需要増加を察知し，そのサプライチェーンを構成する流通業者や製造工場にこの情報を共有したとしても，当分の間は，以前に出した少量の注文が満たされるに過ぎず，工場の増産体制が整い，その後，製造リードタイムと流通業者のリードタイムを経て，大量の商品が小売店に届くことになる。その時点では，この商品の需要は大きく減少してしまっているかもしれず，不良在庫となってしまう。この場合，リードタイムの長さが決定的に重要になってくる。

さらに，情報共有がそもそも行われない場合も多い。それは，売り手と買い手の関係が連続的に繋がっているサプライチェーンが本来的に持つ困難性に起因する。一般に，売り手と買い手の関係は価格や情報を巡って相反関係にある。両者とも，自分のみが所有する情報を利用して，できるだけ有利な条件で取引を成立させようとする。売り手は高い値段で売りたいし，買い手はできるだけ安い値段で買いたい。そのために有利な情報は共有しようとするかもしれないが，不利な情報は隠そうとする。小売店はサプライチェーンのメンバーの中で唯一，消費者の需要動向に触れることができる存在であり，その貴重な情報を他のメンバーに共有したいと思うであろうか。製造工場はその原価情報を流通業者と共有したいとと思うであろうか。ブルウィップ効果に対応するためには情報共有が必要であることは分かっていても，実際に情報共有ができるかどうかは別問題になってしまう。

4つ目の原因は，受注量や在庫量の変化に対する人間の反応パターンに求められる。マネージャーの行動を観察すると，以下のような傾向がみられる。受注が増えるときには，在庫切れの可能性を恐れて，必要以

上の発注をし，安全在庫を積み増そうとする。その上流のサプライヤーはさらに高いレベルの発注をし，ついに上流では在庫切れを引き起こす。

　逆に，受注が減少するときには，過剰在庫になっていると考え，生産を控え，在庫を減少させようとする。その後，下流の需要が増加に転ずると，安全在庫を積み増すために必要以上の発注をする。在庫水準を低くしていた上流では，すぐに在庫切れとなり，しばらくの間は受注を満たすことができなくなってしまう。このような人間の行動が，需要の変動をさらに大きなものにする効果を持っている。

　以上の議論をまとめると，サプライチェーンの構成企業はモノと情報の流れを通じて相互作用関係を有しており，各企業の決定や行動がお互いに影響を及ぼし合い，ブルウィップ効果のようなダイナミズムを生み出すことになる。下流からのインフレ気味の注文を受けて，上流企業もさらに大量の発注をし，在庫を積み増す。このような過剰発注によって真の需要情報が歪められる。各構成企業が完全情報を持っていたとしても，リードタイムが長い場合や情報共有に遅れがある場合にはブルウィップ効果が現れる。ブルウィップ効果を小さくするためには，リードタイムを短縮し，実際の需要情報をできるだけ早くすべての構成企業にフィードバックすることが求められる。ただし，需要の増減に対して過剰反応する人間の行動によって，ブルウィップ効果を完全に消し去ることは難しい。

2．サプライチェーンにおける調整と統合

　ブルウィップ効果を抑え，品質，納期，コスト，柔軟性，時間などの次元のパフォーマンスを向上させるためには，企業内の主要部門間の調

整を図り，諸活動を統合していくとともに，サプライチェーンの構成企業間の意思決定を調整し，それぞれが担当するプロセスを統合することが必要になる。そのためには，サプライチェーンの物的構造あるいはマネジメント・システムを変革することが有効である。

（1）サプライチェーン構造の改善

サプライチェーンの構成企業間の調整を促進するためには，製品あるいはサービスの再設計，メンバー構成や配置などサプライチェーンの構造自体の見直しが必要となることが多い。主なものは以下の4つである。

1）垂直統合

2つの企業間の調整を図るためにはいろいろな方法が考えられるが，完全な調整を達成するには，統合してひとつの企業となることが究極の選択肢になる。例えば，製造業者が川下の卸売業者を買収して，すべての製品を直接，小売店に流すようにする場合は，前方統合あるいは川下統合と呼ばれ，反対に，川上のサプライヤーを買収する場合は，後方統合あるいは川上統合と呼ばれる。ひとつの企業がサプライチューン全体を担うようになれば，完全な垂直統合を果たしたことになる。

これまでにも，フォード社を始め，完全な垂直統合を戦略的に進めようとした企業もあるが，技術革新を促進する柔軟性がなくなるとか，規模の経済を追求できなくなるといったデメリットも指摘され，前方統合や後方統合よりも選択と集中の方がむしろ戦略論のキーワードになっているが，部分的な統合は調整能力を高めるための選択肢として考慮に値するものと言える。

最近の事例では，ファッションブランドZARAを世界展開するスペインのアルティショに本部を置くインディテクス社はデザイン，生産，

流通，小売を統合することにより，賃金の安い国に生産をすべてアウト
ソースする他のアパレル企業とは一線を画するビジネス・モデルを確立
している。新鮮な需要情報をサプライチェーン全体で共有するために情
報技術への投資を行いつつ，変化する市場トレンドに迅速に対応して，
新規アイテムのデザインから店舗投入までのサイクルタイムを 2 週間に
まで短縮させている。全アイテムの85％はシーズンに入ってから決定さ
れ，小ロットで生産するアイテムも多い。

2）工場，倉庫，小売店等の再構成

　次は，サプライヤー，工場，倉庫，小売店等の数と構成を変更すると
いう方法である。流通段階を完全になくして，工場から消費者に直接に
モノを届けるという直販モデルの採用がその一例である。あるいは，多
くの製造企業が，サプライヤーを少数の優れた業者に絞り込んで，密接
な連携を図ってきている。これにより，品質認証済みの供給源を確保で
き，そこからの JIT 納品を実現することができる。EU 統合により，欧
州企業は各国に配置していた工場や倉庫が過剰となり，生産拠点と物流
拠点を最適に再配置することになった。また，オフショアリングやアウ
トソーシング，あるいはそれらを同時に行うオフショア・アウトソーシ
ングなどもこの範疇に入るが，これらはコスト削減や特別仕様のコン
ポーネントや部品の調達などが主目的で，リードタイムが延びて企業間
の調整をむしろ困難にする面がある。リードタイムの短縮や情報技術な
どを駆使して，海外拠点やアウトソーシング先との統合を図ることが求
められる。

3）製品の再設計

　多様な顧客ニーズに応えていく中で，製品の型やモデルがどんどん増
えて管理限界を超えてしまうような場合，しかもそのほとんどの型やモ
デルの売り上げが僅かであるような場合，これらの多数の型やモデルに

ついて企業間で調整を図る負担が非常に大きくなってしまう。このような場合に，製品設計を見直し，モジュール型製品に変更することが必要になる。

4）プロセスの単純化

　プロセスが非常に複雑になってしまったり，時代遅れなものになってしまったりした場合には，大きなプロセスの変革が必要となる。既存のプロセスは完全に捨て去り，一からプロセスを設計することも多い。最新の情報技術を用いて，新しいビジネス・モデルが構想されることになる。例えば，顧客需要に基づくプル生産を取り入れ，毎日1回の部品補充，シングル段取り，日々の需要に合わせた応答的な生産スケジューリングを行うといった対応を取ることによって，ほぼ100％納期を守りつつ，在庫水準を大幅に引き下げることができた製造企業もある。

（2）サプライチェーンのシステム改善

　前項のようなサプライチェーンの構造的変化によって，サプライチェーンの構成企業間の調整や統合のレベルを高めていく取り組みに対して，特定の構造や構成企業を前提として，サプライチェーン内の様々な組織プロセス，生産システム，情報システムの改善を通じて調整と統合を図っていく道もある。これは，構造的変化と同様に，サプライチェーンのパフォーマンス改善に貢献しうるものである。

1）職能横断チーム

　まず，企業内での調整と統合度を高めるために最もよく使われている手段が職能横断チームである。特定の目的で調整が必要な複数の職能あるいは部署の代表から構成される。例えば，販売生産計画を立案する目的で，マーケティング／販売，生産，人事労務，会計／経理の代表が集まり，チームとして，将来の受注量を予測し，生産計画を立案し，生産

能力や在庫水準を確認しながら，最終の販売生産計画を固めていく。合意に達した販売生産計画の実施について各部門はコミットすることになる。もし，このような職能横断的チームがつくられなければ，マーケティング／販売が予測をし，生産はそれとは異なる独自の予測に基づいて生産計画を立案し，生産能力の確保もままならなくなってしまう。

2）パートナーシップ

　上記の職能横断チームのように，サプライチェーン構成企業の間で調整を図るために用いられるのがパートナーシップ（提携関係）である。通常は，2社の間で結ばれる。両社の間で何らかの事業関係を構築し，それがお互いにとって有益で長期的に関与することを約束することで，パートナーシップは生まれる。この関係が続くためには，お互いの信頼が不可欠である。そして，両社の社員から成るチームが構成され，重要な改善プロジェクトに共同して当たることになる。例えば，ある電機メーカーとその主要顧客から選ばれたエンジニアのチームが数か月にわたって協働し，その顧客向けの新製品を共同開発した。このチームが極めて効果的に協働して開発を終了し，両者の役員に対して新製品の発表を行った。両社の役員は顔を見合わせ，誰がうちの社員で，誰がおたくの社員なのか見分けがつかないとコメントした。このように両社の社員が統合的に新製品開発に当たり，あたかも同じ会社の社員のようにみえるということは，パートナーシップがうまく機能している証拠といえる。

3）リーン・システム

　サプライチェーン全体にわたるリードタイムやスループット・タイムを短縮するためには，段取り時間の短縮が有効であり，そのためには，リーン・システムの教義と手法を導入することが必要になる。また，段取り時間の短縮により，製品や部材のロット・サイズを下げることがで

きる。そうすると，これらの在庫水準が下がり，在庫回転が上がり，市場ニーズの変化により迅速に応えることができるようになる。また，5Sや平準化もサイクルタイムを短縮し，在庫水準を下げる効果がある。リーン・システムについては，11章を参照。

4）情報システム

サプライチェーンを通した情報システムも構成企業の間の調整と統合にとって極めて重要である。川下方向への情報は，使用説明書，在庫水準，請求書，出荷状況などであり，川上方向への情報は，需要予測や将来の計画注文であり，販売生産計画を促進し，ブルウィップ効果を抑制するために利用される。金銭の支払いと支払い状況も川上に向かう。さらに，顧客からの返品とリサイクル用に回収された製品もそれに関わる情報とともに川上に向かって流れる。このように，サプライチェーンの両方向に向かって流れる情報は，サプライチェーン・パートナーシップを有効なものにするために不可欠である。

3．情報技術の活用

サプライチェーンの構成企業の間の調整を促進するために，先進技術が様々に利用されている。特に，インターネットはまさに破壊的技術で，企業間あるいは企業と顧客との間の事業取引の方法を大きく変え，サプライチェーンをより効率的なものにする新たな方法を提供している。インターネットの普及により，eコマース（電子商取引）市場が大きく伸長した。企業間のインターネット取引はB2B（business to business）取引と総称され，e調達，電子受注，インターネット・オークションなどいろいろな形態が発展してきた。他方，企業と消費者とのインターネット取引，B2C（business to consumer）取引は，従来型の実店舗販売

をしてきた企業が，商品やサービスを提供する新たな流通チャネルを構築することを可能にした。yodobashi.com, biccamera.com, ec-club. panasonic.jp など。さらに，財やサービスを専らインターネット取引で提供するインターネット小売店あるいはオンライン・ショッピング・サイトも増えてきている。Amazon.com, eBay.com, Expedia.com など。

　サプライチェーンの構成企業は，インターネットを通じてお互いに連絡を取り合い，消費者にアクセスすることが容易になった。サプライチェーンを通してより迅速でより正確な情報交換が可能となり，構成企業間の統合と調整が促進されている。以前には容易に入手できなかった情報であっても，サプライチェーンの多くの構成企業がインターネットを通じて容易にアクセスできるようになってきている。インターネットの利用は，サプライチェーンの応答性と俊敏性を高めると同時に，コスト削減も達成できるという点で，サプライチェーン・マネジメントにとって重要な技術革新と言える。

（1）顧客との関係性

　インターネットがその利便性を発揮する基本的なプロセスが，受発注処理である。単に顧客からの注文をネットを通じて受けるだけではなく，注文の前に顧客が知りたいと思う情報，例えば，在庫状況や最短配送日等，をサプライヤー側がインターネットを通じて提供することができれば，顧客はより早く注文の決定を行うことができる。受発注のスピードアップに加えて，インターネットを利用することで，正確な注文情報を得ることもできる。例えば，提供できる商品の選択メニューを提示して，顧客が欲しいと思う商品を間違いなく選んでもらったり，未記入項目がないかどうかをチェックしたりすることも可能になる。また，顧客が特注品を注文する際には，インターネットを通じてその仕様をサ

プライヤーに提供してもらうと，納品に際してサプライヤーは特別仕様に合っているかどうかを容易に確認することができる。受注後は，インターネットを通じて，顧客に製造状況や出荷状況を知らせることもできる。このように，インターネットを利用することにより，受発注プロセスが短縮され，効率化されると同時に，受発注に伴う誤りも大きく減少させることができる。

　さらには，会員登録された顧客に対して，新製品情報やプロモーション情報を提供したり，過去の閲覧履歴から類似商品や関連商品を紹介したり，顧客がサプライヤーのサイトにアクセスした際に提示する情報をカスタマイズしたりするといったこともしばしば行われている。

（2）サプライヤーとの関係性

　インターネットを基盤とした ERP（Enterprise Resource Planning）ソフトウエア等を利用すれば，販売部門で受けた注文は，すぐに製造部門や調達部門に共有される。販売モジュールで受けたある製品の受注情報が，当該製品やその構成部品の在庫状況を勘案して，生産指図や購買指図に変換され，生産計画モジュールあるいは購買モジュールに転送される。さらに，購買指図に従って，購買モジュールはサプライヤーへの注文を自動的に発出することもできる。サプライヤーは現在の受注情報に加えて，将来の計画受注量も確認することができる。このようにして，サプライチェーンの構成企業は電子的に繋がることができる。

　コンビニエンス・ストアや大手スーパーマーケット，SPA（Specialty Store Retailer of Private Label Apparel）でも，その店舗と川上のサプライヤーを繋ぐためにインターネットを活用している。

（3）需要予測と販売生産計画

　上記の受発注のための取引情報システムで蓄積されたデータは，意思決定の精度を高めるための分析に用いることができる。まず，顧客からの受注データを分析することにより，将来の需要を予測することができる。この需要予測値を販売生産計画にインプットして，将来の生産計画，すなわち基準生産計画ないしマスター生産計画を策定することができ，資材所要量計画（MRP）を介して，サプライヤーへの発注に変換されていく。このようにして，顧客からの需要の予測値がサプライチェーンの構成企業への発注量や生産量に繋がっていく。また，生産計画の策定については，シミュレーション分析を行い，必要となる人員や設備を予測することもしばしば行われている。

　正確な情報と優れた分析手法を用いることにより，サプライチェーンの構成企業は顧客需要に応えるために必要な安全在庫の水準を低下させることができる。受注後速やかに出荷し，サイクルタイムを短縮することにより，在庫水準を低く抑えることが可能となる。情報のスピーディーな流れがサプライチェーン全体をより短くし，より俊敏にしていく。このように，正確な情報と優れた分析手法は，サプライチェーンが有効に機能し，在庫を低減させるために不可欠なものとなっている。さらには，IoT（Internet of Things），ビッグデータ分析，人工知能（AI）など最新の情報技術を駆使することにより，より精度の高い意思決定を行い，それらの間の調整と統合を高めていくことが今後の課題となっている。

4．デル・コンピュータ社の事例

　1984年に PC の保守サービスを提供する企業として設立されたデル・

コンピュータ社は，1986年頃からIBM互換機の製造を開始した。そして，1996年にインターネットを用いた直販ビジネスを開始し，以来，新たなビジネス・モデルを開拓してきた。

（1）直販モデル，モジュラー設計，マス・カスタマイゼーション

　まずは，卸売や小売など流通段階を飛び越えて，PCユーザーに直接販売する直販モデルである。これによって流通マージンを省き，価格競争力を高めることができる。ただし，小売店なしで，いかにPCユーザーと繋がることができるのか。その手段として，インターネットを使ってPCユーザーからの注文を受け付けるウェブサイトを立ち上げた。その際，販売するPCのメニューを提示して，その中から顧客に選んでもらうという小売店での販売とは異なるアプローチを採った。PCをCPU，主メモリ，マザーボード，グラフィックボード，補助記憶装置，DVDドライブ，無線LAN，電源ユニット，ソフトウエア，保守契約などの多数のモジュールから成る製品として設計し（モジュラー設計），モジュール毎に幾つかの選択肢を顧客に提供する。顧客は各モジュールを選択肢の中から選び，それらを組み合わせて自分だけのPCを設計し，注文する。モジュール毎に5つの選択肢があり，モジュールの数が12個あるとすると，その組み合わせの数は全部で244,140,625通りになる。このような形で個々の顧客のニーズに合った製品を効率よく提供することによって，マス・カスタマイゼーションを実現することができる。

（2）バーチャル統合

　この直販モデルへの転換とともに，デル・コンピュータ社は情報技術を利用して，顧客からの受注情報をPCのモジュールあるいはコンポー

ネントのサプライヤーに送信し，これらの調達リードタイムを短縮することによって，顧客ニーズに的確に対応しつつ，コストを削減し，在庫回転のスピードを上げることに成功した。これによって，在庫保管費用や管理費用も低減することもできる。すべてのコンポーネントが揃い次第，PC を組み立て，UPS や FedEx で顧客に届ける。このバーチャル統合を通じて，デル・コンピュータ社は顧客およびコンポーネントのサプライヤーとの強力な関係を構築していった。

　バーチャル統合により，デル・コンピュータ社は，情報技術を用いて，コンポーネントの生産や出荷などをすべてアウトソースし，ブランドと市場開発に焦点を当てて，サプライチェーンが提供する価値を高めることができるようになった。

（3）キャッシュ to キャッシュ・サイクル

　キャッシュ to キャッシュ・サイクルあるいはキャッシュ・コンバージョン・サイクル（現金循環化日数，現金変換サイクル）とは，仕入によって現金を支出し，その後売上による現金を回収するまでに要する日数のことで，運転資金要調達期間ということになる。サプライチェーンの資金効率を表す指標としてよく用いられている。式で表すと，

　　　キャッシュ to キャッシュ・サイクル＝在庫日数＋売掛日数
　　　　　　　　　　　　　　　　　　　　－買掛日数

となる。例えば，在庫日数が20日間，売掛日数（販売日から現金回収日まで）が15日，買掛日数（購入日から現金支払日まで）が30日の場合，キャッシュ to キャッシュ・サイクルはわずか 5 日間ということになる。通常はプラスの値であるが，マイナスの値になることもある。マイナスの場合は余裕資金が生まれていることになる。デル・コンピュータ社は

在庫日数と売掛日数を短縮することによって，マイナスのキャッシュ to キャッシュ・サイクルを実現させた。

　サプライチェーン全体のキャッシュ to キャッシュ・サイクルは，各構成企業の在庫日数の合計によって規定される。各企業の在庫を素早く動かすことによって，資金効率を高めることができる。

参考文献

Forrester, Jay Wright (1961) *Industrial Dynamics*, MIT Press

Lee, Hau L., Padmanabhan, V., and Whang, Seungjin (1997) "The Bullwhip Effect in Supply Chains," *Sloan Management Review* Vol. 38, No. 3, pp. 93-102

Nienhaus, J., Ziegenbein, Z., and Schoensleben, P. (2006) "How Human Behaviour Amplifies the Bullwhip Effect : A Study Based on the Beer Distribution Game Online," *Production Planning and Control*, Vol. 17, No. 6, pp. 547-557

森田道也（2007）『サプライチェーンの原理と経営』新世社

【学習課題】

1．伝言ゲームで正しいメッセージがなかなか伝わらないことを体験してみよう。

2．伝言ゲームをインターネットでやってみよう。

3．「情報技術を導入すればサプライチェーンを統合することができる」。これは正しい命題だろうか。

8 | サプライチェーンの情報システムとプラットフォーム化

佐藤　亮

《**目標＆ポイント**》　サプライチェーンを流れの仕組みとしてとらえて，サプライチェーンの性能を左右する販売と生産の計画の要点について，MRP モデルによって概説する。さらに，サプライチェーンのプラットフォーム化が情報技術の進化に伴って発展していることを MRP モデルの観点から理解し，将来のプラットフォームによるイノベーションの方向性を考える方法を学習する。
《**キーワード**》　MRP（エム・アール・ピー）モデル，物流センター，物流サービス製品，プラットフォーム

1. サプライチェーンというモノと情報の流れと蓄積の仕組み

　サプライチェーン全体の性能を向上させるためにリトルの法則を念頭におくことで，チェーン全体の3つの性能指標のバランスを考えることになる。その際に，サプライチェーンを定常化して長期的な安定的ふるまいをするような仕組みにすることがまず必要である。情報システムを用いることによって，変動する需要に対して定常的な供給や在庫量といった安定的なふるまいをすると同時に目標とする性能を実現するサプライチェーンの仕組みにできる可能性がある。

　サプライチェーンを通じて多くの製品や原材料が流通する。また，計画と作業指示，発注情報，請求と支払いなどの情報が流れている。サプ

ライチェーンの情報システムは，紙に書かれた伝票をコンピュータと
データ通信に置き換えることによって，サプライチェーンを構成してい
る卸，小売り，生産企業などの情報伝達を早める機能はある。しかしだ
からといって，チェーン全体の性能を自動的に保証するわけではない。
むしろ，部分最適な動きはブルウイップ効果となってしまい，サプライ
チェーンを構成するある企業では商品不足なのに別の企業では過剰な在
庫が発生し，目標とするリードタイムを実現できず，しかも安定しない
という事態に結びつきかねない。サプライチェーンの全体最適性は，
チェーン全体の性能についての目標を達成できることである。サプライ
チェーンは企業間のネットワークであり，ビジネスを実行する活動であ
る製造，購買，営業，物流，財務などから構成された全体として機能す
るので，サプライチェーン全体において原理的に１つの企業の全体最適
性の場合と同じ原理が働く。サプライチェーンのプロセス全体の性能
を，６章で学習したリトルの法則の言葉で言えば，目的の生産性・生産
速度を達成しつつ，適切な短さのリードタイム，そしてモノと情報の在
庫量を維持することである。その際に，生産速度，リードタイム，在庫
量は長期的な平均値が一定値をとるという性質である定常性を持つよう
な仕組みを持っている必要がある。定常性が意味するのは，需要と供給
をマッチングさせ変動に対して各企業がスムーズに対応できるような仕
組みを情報システムで実現することなので，それ自体が１つの重要なこ
とである。

　MRP（エム・アール・ピー）は，いくつもの部材で作られる工業製
品の生産プロセスを，需要に適応するように，かつ，適切な部材供給を
行うようにするために，計画によって管理しようとする考え方とそれに
基づく計算方法である。本章では生産管理の計画管理として知られる
MRP の考え方を MRP モデルとして一般化し，サプライチェーン管理

の物流と生産の統合に用いる方法を学習する。

　さらに，サプライチェーンのプラットフォーム化に MRP モデルを適用し，社外共通プロセスを使う構成の土台型プラットフォームや，異なる業界のビジネスや個人ユーザを結びつけることで著しい成長を見せている産業型プラットフォームが，サプライチェーンを進化させていることを説明する。

2．生産システムの在庫管理 : MRP（Material Requirements Planning）

（1）MRP 情報システム

　サプライチェーン管理に MRP の考え方を適用できる。その準備として，まず，生産の場合の MRP 情報システムを説明する。

　図 8 − 1 はある製造業の製品のビジネスプロセスである[1]。製品は 2 つの部品 A，B から組み立てられる。部品 A は原材料 Z を切断して加工した部品 C を，さらに穴あけなどの加工を行って作られている。製品 X の生産は，需要を見込んで作り置きしておく場合もあれば，より少数の製造が可能な加工のプロセスを作業者と機械で作り上げておいて，需要の変動に細かく適応して生産する場合もある。生産管理の分野では機械や設備や作業者を一般にワークセンターや作業区と呼ぶ。

　生産は計画を立てて行われ，計画は販売実績や市場の状況を判断して，たとえば毎月変更して需要に合わせるようにする。製品 X の売れ行きは市場が決めるので MRP では製品を独立需要品目と呼ぶ。一方，製品を構成する部品や部材である B，C，Z の必要数は製品の必要数から計算によって決まるので従属需要品目と呼ぶ。

　製品 X を 1 つ製造するのに A が 1 つ必要なことを A の構成数は 1 であ

1）佐藤亮「経営情報システムの進展」（木嶋・岸編『経営情報学入門』第 8 章）

142

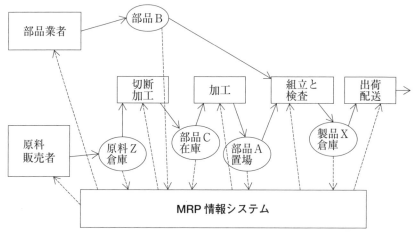

図8－1　MRP情報システムによる生産プロセスの管理

　るという。図8－2では部品Cの構成数は4である。一方，Cを1個製造するために原材料Zの半分が必要であることを図のように構成数が0.5と表現する。たとえばZが金属の板でありZを高温にして溶かして鋳造によって部品Cを作るが，1枚のZからCを2つ製造できる工程になっているといった場合である。

　MRPの計算手順と計算例を述べる。MRPでは，BOM（bill of materials―部品構成表または部品表）を使って，独立需要品目の需要から従属需要品目（部品）の必要量を計算する。図8－2のBOMは1個の製品Xは1個の部品Aと4個のBから作られることを表している。親部品1個のために必要な子部品（下位部品）の個数を構成数と呼ぶ。XはAやBの親部品（親製品）である。同様の関係がAとC，CとZについて表現されている。こうして，BOMは図8－1の生産プロセスに関して，部品間の親子関係と構成数を表す。さらに，BOMには表現されていないが，BOMに付随して，それぞれの親部品を子部品から製造するため

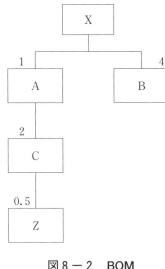

図 8 － 2　　BOM

の製造リードタイムが設定されている。BOM の末端に位置する B や Z は小部品を持たず, 外部から調達される。そのため, それぞれ購買リードタイムが設定されている。

　まず, それぞれの品目の製造や購買のリードタイムが一定であって個数に依存しないものとして生産計画を計算する MRP 計算を説明する。MRP 計算の際には, 1 つの期を週や月などに設定して, 各期の生産計画を計算する。この例では, 各週の生産計画を今後 8 週分計算するものとする。

　製品 X の MRP 計算結果は表 8 － 1 のようになる。初期データとして総所要量, 受領予定, 計算開始時の有効在庫数が所与であり, それ以外の数値を次の手順で計算し, 各期の生産指示を求める。計算手順は次の通りである。

1 ）総所要量計算

　X の総所要量は, 営業部門と製造部門が合意して決めた各期の販売予定数である。したがって, 計算を開始するときには初期条件として与えられる。

2 ）有効在庫の計算

　　有効在庫 (n) ＝有効在庫 (n − 1) ＋受け取り予定 (n) −総所要量 (n)

　受け取り予定には 2 つあって, 受領予定の分と生産計画の分を考慮する。

3）ロット編成（ロットまとめ）

　ロット（lot）とは，購買品については発注する単位（個数）であり，内作品については製造する単位個数である。都度ロット（lot for lot），固定数の倍数にする固定ロット，定期発注（2週分とか3週分とか）などがある。生産や購買の都合で，都度ロット以外の生産数が使われることがある。以降の計算例で説明する。

4）リードタイム分の先行着手

　リードタイム分だけ先行させて製造着手（あるいは購買発注）を行う。この結果，決めるべき生産計画（あるいは購買計画）を得る。

　以上でXについての計算は終わりである。表8−1のようになる。

表8−1　製品XのMRP計算による生産計画作成

期	1	2	3	4	5	6	7	8
総 所 要 量		15		30	35		20	20
受 領 予 定	30							
有 効 在 庫	4	34	19	19				
生 産 指 示			11	35		20	20	

リードタイム1，ロットサイズ＝都度ロット

　都度ロットとは必要とされる個数そのものを生産数量とする方法である。現実には最も利用されている方法といってよい。

　さて，製品Xの生産指示を実行するためには，BOMに示されている通りの子部品が必要である。AとBが必要な時期（生産開始時）に必要な個数だけ手元に用意する計画を作る必要がある。そこで，引き続いて子部品のMRP計算を行う。MRP計算の手順で，製品の場合とは総所要量の計算が異なり，親部品の各期の生産指示欄の値に構成部品表の数字をかけたものが1つ下位のレベルの品目のその期の総所要量となる。

次の式で計算される。

子部品の総所要量計算
　　（子部品の総所要量(n)＝親部品の正味所要量(n)×構成数）

　それ以降の MRP 計算の手順は製品の場合と同じである。なお，購買品目であるＢとＺについては，生産指示として計算される数値は購買発注である。つまり，MRP 計算の結果，製品・部品・購買品目の生産計画と購買計画が得られる。

　まず部品ＡとＢそれぞれの MRP 計算を行い，表 8 − 2 と 8 − 3 を得る。部品Ａの MRP 計算に引き続いて，部品Ｃの MRP 計算を以下の状況において実行し（表 8 − 4），さらにその後に，材料Ｚの MRP 計算を行う（表 8 − 5）。

表 8 − 2　品目Ａの MRP 計算結果

期	1	2	3	4	5	6	7	8
総 所 要 量			11	35		20	20	
受 領 予 定								
有 効 在 庫	3	3	3					
補 助 計 算			− 8	− 35		− 20	− 20	
生 産 指 示	43			40				

リードタイム＝ 2 ，ロットサイズ＝ 2 期まとめ

表 8 − 3　品目Ｂの MRP 計算結果

期	1	2	3	4	5	6	7	8
総 所 要 量			44	140		80	80	
受 領 予 定		30						
有 効 在 庫	0	0	30	16	26	26	4	14	14
補 助 計 算			− 14	− 124		− 54	− 76	
生 産 指 示	30	150		60	90			

リードタイム＝ 2 ，ロットサイズ＝固定ロット（30個）

表8－4　品目 C の MRP 計算結果

期		1	2	3	4	5	6	7	8
総 所 要 量		86			80				
受 領 予 定		70							
有 効 在 庫	80	64	64	64					
生 産 指 示		16							

リードタイム＝3，ロットサイズ＝2期まとめ

表8－5　品目 Z の MRP 計算結果

期		1	2	3	4	5	6	7	8
総 所 要 量		8							
受 領 予 定									
有 効 在 庫	50	42	42	42	42	42	42	42	42
生 産 指 示									

リードタイム＝2，ロットサイズ＝固定ロット（100個）

　子部品でも都度ロットが用いられるが，表では例示のために他の方法を示した。2期まとめとは，隣り合った2つの期の生産量をまとめて生産量とする方法である。また，固定ロットは，サプライヤーが販売にあたって段ボール1箱単位で取り扱うとか，製造設備の都合で一定数を一度に処理しないと品質にばらつきが出るなどの理由がある場合である。そうした固定数の倍数でのみ製造や購買がなされることになる。

　こうして作られる製品・部品・購買品の生産や購買の指示の計画はあくまでコンピュータ内部の名目的計画であり，実際の生産指示や購買指示は定めた分だけを，たとえば3期先までの分だけを現場に実際に指示し，それ以外は知らせない。将来の需要は必ず変動するが，顧客の購入によって所要量がプルされていくので，一定期間の経過後にその時点でのMRP計算を再び行って，販売の状況で総所要量を変化させ，また，在庫状況に応じた生産計画に更新していく。このような仕組みによっ

て，販売と生産のプロセス全体についての計画と更新を行うことで，需要に対して目標として設定した生産速度を実現し，また，変動に対して対応することができる。なお，予定以上に販売が進む場合に備えて安全在庫という個数を設定して多めに製造するが，上記の説明は簡単化のために基本事項に限定し，そうしたことを省略した。

　MRP は需要と計画の差に基づいて再計画を行い，必要な時点で必要な指示しか出さないことで，需要変動に対応する。情報を集中してから各活動にフィードバックするという特色を持つ管理の仕組みである。長期的に，一定的な生産能力を維持して，在庫が一定範囲に保たれ，全体的としての顧客に提供するリードタイムを実現する。

（2）MRP モデル

　前節では MRP による基本的な日程計画の作成法として，リードタイムが製造個数や購買数によらず，固定的な時間である場合の計算を学んだ。現在の MRP 計算の情報システムは能力計画と呼ばれる，次のような，より詳細な日程計画の計算方法も用意している。

　MRP において BOM は基本的な情報である。図 8 - 2 の BOM における親子階層があるということは，たとえば C から A を作るときに，図 8 - 1 の加工作業があることと，（図には描かれていないが）加工を行う特定の機械・設備・作業者・ソフトウエアといったワークセンターがあってそれを動かして加工を実施することを意味する。したがって，A を 1 個完成するために必要となるワークセンターの稼働時間が分かれば，たとえば A の所要量が 5 個である場合には 5 倍すれば所要稼働時間が分かる。これを MRP の計算段階の全体において実行することで，製品 X を生産するための，必要となる部品の個数と必要な時間，稼働しなければならないワークセンターの稼働時間と作業開始と終了の時刻を計

148

算できる。このような詳細な MRP 計算をリードタイム MRP 計算と呼ぶことができる。また同時に，MRP の計算期間における各ワークセンターの必要な稼働時間を能力計画という。能力計画を計算できる MRP 情報システムを統合基幹情報システム（ERP：enterprise resource planning システム）とも呼ぶ。

多品種変量生産を一定の期間行う場合，能力計画の計算を行うと，それらのすべての製品について，BOM，作業と作業順番，ワークセンターの日々の稼働時間が分かるので，残業が必要かどうか，短期の作業者の必要な人数，特に稼働時間が長い機械設備の存在といったことが，計画段階で検討することができて，有用である。BOM は，病院外来の仕事を，患者の状態を変換して，処置と投薬済みという患者完成品を生産するとみなして用いることができるので，その際の能力計画を行い，現在の仕事の仕組みを設計して，医師や看護師の残業がどれぐらいになるのかを設計するという働き方の改革に結びつけるといった使い方も可能である[2]。

本章では，BOM，作業，ワークセンターの組を，MRP モデルと呼ぶ。以下の第3節では MRP モデルを使えばサプライチェーンや企業のビジネスのプロセスを BOM でモデル化でき，日程計画や能力計画を得ることでき，その結果，プロセスを安定化して目標性能を追求できる可能性が開けることを説明する。第4節では MRP モデルという見方をとることにより，サプライチェーンのいろいろな業務や仕組みが，プラットフォームのイノベーションとして発展していることを理解する。

2）佐藤亮「経営情報システムの進展」（木嶋・岸編『経営情報学入門』第8章）

3. 物流プロセスへの MRP モデルの応用

（1）物流サービス BOM

　サプライチェーンの流通は 6 章の図 6 − 1 のような卸と小売業が担い，物流会社のトラックで運ばれていることが多い。流通の物流プロセスの典型例として，図 8 − 3 のような卸売りと小売りのそれぞれの物流センターが物流作業を行う仕組みを考える。

　図 8 − 3 で，卸売り企業の物流センターは工場からの種々の製品を大量に仕入れて保管し，地区ごとに小売店と結びついている小売業の物流センターに納品する。そこから各小売店向けに商品を細かく分けて小売店へと届けるのである。小売りの物流センターは在庫を持たずに小売店に配送するための小分けと物流情報を用意するような通過型物流センターが多く，図では TC（transfer center）と表している。リードタイム短

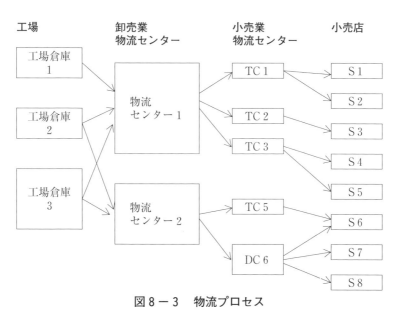

図 8 − 3　物流プロセス

縮のため商品を保管しているのが在庫型物流センター（DC: distribution center）であり，卸売りの物流センターや一部の小売業の物流センターがある。物流センターの作業には，入荷，商品検査，保管格納，ピッキング，出荷検査，納品先別仕分け，出荷がある。物流センターからの配送は効率が重要で，かつ，納品の間違いはあってはならないため，機械化と情報システムが進んでいる。一連の作業で必要な，たとえば納品先別のピッキングや納品物情報の用意とラベル印刷など，作業者を支援し管理するための倉庫管理システム（WMS: warehouse management system）が物流センターに導入されていることが多い[3]。

　流通の各企業は独立の企業なので，ただ1つの計画情報システムによって全体の活動を指示して最適化を図ることはすぐには望めない。しかし，個別企業が持つ情報だけで在庫管理を行うために，結果としてブルウィップ現象のような大きな変動を起こし，あるいは，チェーン全体として提供する量と速さを発揮するために，不要な在庫をいろいろな企業倉庫や店舗置き場に抱えることが起こる。全体的な管理を考えることは，サプライチェーンの定常化と目標性能の設定と改善を含めて，将来の情報共有の具体的なあり方を構想する上で大きな意味がある。

　本節では，田中『生産物流統合管理システム D/SNS』のアイデアをもとにして，MRP モデルによって流通プロセス全体の日程計画を行う方法を述べる。小売店からの注文を BOM によってモデル化できることで流通プロセスの日程計画を策定できることを示す。MRP モデルのBOM による日程計画が策定できれば，作業とワークセンターのデータを用意することで能力計画も可能となる。

　物流プロセスの顧客である多くの小売店はそれぞれは独自に注文を頻繁に出す。小売店の注文はいくつかの品物を届けるという要求である。つまり，注文は物流要求である。物流要求という「物流サービス製品」

3）臼井・田中『物流センターのしくみ』

を，物流プロセスが行う「物流変換作業」によって，顧客の手元にある
状態の物流製品として「生産する」とみなすことが可能である。より一
般的には「品物＋存在場所」のペアによって，物流サービス製品が定ま
るものと考える。すると，図8－4のように，品目Aを5個注文した顧
客の注文Sは，物流過程を通って完成されていく物流サービス製品Sと
して考えることができる。

　製造工程の作業の流れとの同様の変換があり，流通プロセスの作業に
よって物流変換が行われていく。物流も製造工程も組織の仕事の仕組み
であり，完成品を作るための部品と作業手順が使われるというプロセス
構造になっているのである。このように生産と同じ構成を想定して，図
8－5のような物流サービス製品のBOMである物流サービスBOMを
表現できる。

　物流サービスBOMは，受注時にBOMの構成が図8－5のように定
まる。製造の場合も同様の，受注時に決定するBOMがある。パソコン
のCPUや記憶容量を選択して特定顧客の仕様の注文が定まるとか，自

「顧客小売店の手元に在る10個の製品A」という物流サービス製品Sの完成状態
　　↑　物流変換作業：出荷から小売りの物流センターを経て小売店倉庫へ。
「物流センター1に在る製品A」という物流部品
　　↑　物流変換作業：出荷から物流センター1での保管までの作業。
「工場倉庫に在る製品A」という物流部品

図8－4　物流サービス製品の物流変換過程

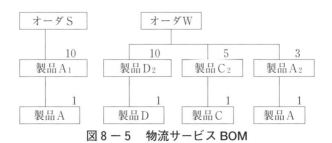

図8－5　物流サービスBOM

動車の色やカーナビや座席の選定によって顧客の仕様の注文が定まる場合である。製造の場合は，いろいろな組み合わせが可能なように，共通部品としてのモジュールを用意しておいて，受注時にBOMが定まり生産計画の詳細が定まる。選択可能品目と呼ばれる。物流計画システムの場合には，製品の個数が変わっても物流パターンは変化しないと考えてよいので，組み合わせパターンの数は非常に少ないものとなり，共通部品（モジュール部品）を設定しなくても，個別生産のように受注ごとに部品表を作るという図8－5のやり方で対応できることになる。

（2）物流計画

　顧客の注文を物流サービス製品とみなすことによって，物流サービスBOMごとの物流プロセスを使って物流段階ごとの日程計画を立てることができる。

　物流サービスBOMは物流サービス製品の構成を示している。生産計画のBOMと同様に，物流サービスBOMの各階層（親子関係）の間には，物流加工工程があり作業時間としてのリードタイムがかかる。この点も通常の生産のBOMと同じ構造である。したがって，生産計画の場合に，必要量と必要時期から日程をリードタイム分だけ逆算して生産開始計画を作成したMRP計算と同様に，物流サービスBOMを使って物流サービス製品の着手計画を作成することができる。

　物流工程の作業リードタイムを次のとおりとする。

　　　工場→卸の物流センター間＝2日間

　　　卸の物流センター→小売店間＝3日間

　注文Wの納期が計画計算日の6日後とするときを例として日程計画を表8－6に示す。

　この日程計算では1期が1日であり，簡単のため，在庫を持たず，ま

表 8 - 6　物流サービス BOM による日程計算

注文 W の D を卸の物流センター 2 から小売店へ

期	1	2	3	4	5	6
総 所 要 量						10
配 送 指 示			10			

注文 W の D を工場倉庫から卸の物流センター 2 へ

期	1	2	3	4	5	6
総 所 要 量			10			
配 送 指 示	10					

注文 W の C を卸の物流センター 2 から小売店へ

期	1	2	3	4	5	6
総 所 要 量						5
配 送 指 示			5			

注文 W の C を工場倉庫から卸の物流センター 2 へ

期	1	2	3	4	5	6
総 所 要 量			5			
配 送 指 示	5					

注文 W の A を卸の物流センター 2 から小売店へ

期	1	2	3	4	5	6
総 所 要 量						3
配 送 指 示			3			

注文 W の A を工場倉庫から卸の物流センター 2 へ

期	1	2	3	4	5	6
総 所 要 量			3			
配 送 指 示	3					

た，都度ロットとする。

　サプライチェーンも生産プロセスも，ビジネスプロセスを構成する活動と在庫のネットワークなので，MRP 的な管理の方法が適用可能なのである。

　扱っている品目を ABC 分析して重要管理品目とみなす A 品目については，在庫を切らさないという高サービス率を実現しながら，しかも，平均保有在庫を削減して低い在庫コストを最適化する方法としては，在庫と仕入と販売の変動を確率的にとらえて平均値を最適化しようとする伝統的手法として定期発注方式という方法がある。しかし，変動を平均値でとらえる発想ではなく，ビジネスプロセスを作業や情報の標準化によって練り上げて精度を良くすることで，必要なモノを必要な時に確実に用意してA品目の需要と在庫を管理しようとする場合に，MRP とかカンバンシステムを用いることができる。特に，高額の製品である自動車や種々の機械，部品の製造のために開発された管理方法である。

4．プラットフォーム化によるサプライチェーンのイノベーション

（1）サプライチェーンの中のサービスとプラットフォーム

　サプライチェーンを構成する企業それぞれは，多少の違いはあっても，基本的に，調達（購買），生産，販売，財務，物流という基幹業務から成る。どの業務も，物的な変換や物流などのサービスによる要求されたモノの状態の変換を行う。業務を実行するのは，人や機械設備だけではなく，伝票や集計表などの情報を人やコンピュータで書き込んだり，計算して記録することも含まれる。そうした生産やサービスを自社のビジネスプロセスに外注する形で取り入れたり，他社の専門サービス

を利用していくことで，自社の全体的な生産性を上げることができる可能性がある。

　こうした専門サービスはプラットフォームと呼ばれている。プラットフォームは製造業でもサービス業でも，従来の産業とは異なる成長メカニズムを持つため，多くのビジネスで注目され，試みられている。本節ではMRPモデルを手掛かりとして，プラットフォーム化によってサプライチェーン・マネジメントのサービス化というイノベーションを行った例を分析する。そうすることで，サプライチェーンが進化し，また，新たなプラットフォーム・ビジネスを構想したりする場面でのMRPモデルの役立ちを見ることができる。

（2）サプライチェーンの中のプラットフォーム

　サプライチェーンの中にはいろいろなプラットフォームが実現され，サプライチェーンの性能の高度化が進んでいる。まず，2つの事例を見た後に，プラットフォームの定義を述べる。

【例1】コンテナ

　海上コンテナの実質的な発明者であるマクリーン（McLean, M.）は，1956年にアイデアルX号によってニューアーク港からヒューストンへの58個のコンテナ輸送を行った[4]。輸送コストを劇的に下げるために，コンテナという金属の箱によって荷姿と取り扱いを標準化して効率よく運べるように，港，船，クレーン，倉庫，トラック，鉄道，情報システム，といった海上コンテナに関わる物流の設備のすべてを変える方向に発展させた。コンテナ輸送は，物流費をコンテナ使用前に比べて30分の1に下げたので，工場の立地が港近郊でなくてもよくなり，また，輸送期間が短縮されることにつながり，産業の発展に大きな影響を与えたイ

4）レビンソン『コンテナ物語』

図8－6　海上貨物の物流サービス BOM（右がコンテナを使う場合）

ノベーションであった。

　海上物流の BOM をコンテナが発明される前と後について図8－6の左右に示す。自治体から港の場所を借りてクレーンなどを使ってコンテナ積み下ろしを行う事業者は，コンテナヤードと呼ぶコンテナを集積しておく場所を用いる。図で CY と記している。

【例2】O2O プラットフォーム

　サプライチェーンの末端に位置する顧客側の市場プロセスにおいて，プラットフォームによる大きな変化が起こっている。料理配達アプリ，配車アプリ，調理サービスアプリ等のプラットフォームである。日本よ

りも中国などのアジア各国やアメリカなどでの進化が著しい。

　調理サービスアプリは調理を代行してくれるプラットフォームであり，食材の購買も代行できるしプロの料理人が自宅にきて料理を作ってくれる。SNS（ソーシャルネットワークサービス）と結びついており，予め料理に関することや価格と支払いが合意されているので，現場でのお金のやり取りもない。BOM として一般化して表現すると図 8 − 7 のようになる。下層の要因を上層の完成品に変換する際に，図の中の右や左のような作業を使うことができることを表している。

　配車アプリとか調理サービスアプリは，インターネット上の SNS の世界と実際の資源や設備を使う実世界を調整して結びつけるプラットフォームなので，O2O プラットフォーム（オンラインとオフラインとをつなぐプラットフォーム：online-to-offline プラットフォーム）と呼ぶ場合がある[5]。この例が示すのは，サプライチェーンの消費の場面での BOM の要素の状態を変更する活動を，プラットフォームがいろいろな形で消費者に代わって行うという普遍的ともいえる可能性である。したがって，上に述べた 2 つの例以外に，サプライチェーンの企業内の多くの活動が，外部の専門的知識に基づく効果的な活動で代替できる可能性

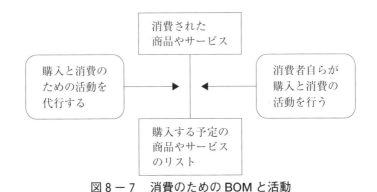

図 8 − 7　消費のための BOM と活動

---

5 ）マカフィー＆ブリニョルフソン『プラットフォームの経済学』

がある。さらに，プラットフォームは単なる効率的な代替ではなく，プラットフォームが持ついくつかの機能を他社が行うという，プラットフォームにとっての補完的企業と共同で顧客にとっての価値を提供するというビジネスエコシステムを形成しうる可能性がある。たとえば，調理サービスアプリのプラットフォームでは，いろいろな種類と技能の料理人が料理を提供するメンバーとして登録すればするほど，調理代行を頼む顧客が増え，それがさらに料理するメンバーを増やす結果になる。それがさらにまた料理代行を頼む人の数を増やし，中には，特別な高齢者向けパーティーに発展するかもしれない。

（3）プラットフォーム概念

　身の回りを見わたすと製品やサービスは多くの部品や部分的サービスから構成されている。テレビや洗濯機，スマホなどの電気製品とか，あるいはネット通販で買ったものを届けてくれる宅配サービス，また，バスやタクシーといった交通移動サービスなど，ほとんどのことにあてはまる。こうした状況を，特にビジネスの場合をとらえるときにプラットフォームという言葉が使われている。

　製品やサービスを，いくつかの部分からなる全体としてのシステムとしてとらえることができるが，部品や部分システムを変えることで別の製品やサービスをシステムとして構成できるときに，システムを構成する共通部品や共通的な部分システムがプラットフォームとして認識される。次のように定義できる。

【定義1】プラットフォーム

　プラットフォームとは，システムとしての製品やサービスにおける基本的・中心的な構成要素であり，その他の構成要素である補完的部品や

補完的製品，補完的サービとともに組み合わせたシステムとして，ユーザーにとっての価値を提供するものである。

　前節の海上コンテナ，O2O プラットフォームの企業はプラットフォームであるが，サプライチェーンの中の卸売，スーパーマーケット，小売店もこの定義にあてはまるプラットフォームである。モノやサービスがプラットフォームに対して補完的であるというのは，それら自体ではあまり価値がないがプラットフォームを合わせて使用することで価値を生むことである。商品の仕入先として卸だとか物流センターが補完的サービスを提供する事業者であり，買い物客にとっての必要で，かつ便利な購買という価値を提供している。補完的サービスや補完的な部品・製品を提供する事業者を補完事業者と呼ぶ。プラットフォームが提供するシステムのエンドユーザもいれば，プラットフォームを使う何種類かの補完事業者もいるが，いずれもプラットフォームを使っているといえるので，一般的に補完ユーザ・グループとも呼ぶ。SNS のソフトウエアもプラットフォームであり，多くの種類の補完事業者を持っていて，オンラインゲームを製造するゲームソフト企業，その SNS が利用できるハードウエアであるスマホメーカー，その SNS で動く広告ソフト企業などがある。さらにまた，パソコンの基本ソフトや，パソコンの中の MPU 部品（計算を中心的に行う IC 部品）もプラットフォームである。

　プラットフォームが注目される理由はその急速な成長力にある。そして成長は進化的になされる場合に強力になる。プラットフォームの成長メカニズムは 2 つのネットワーク効果による。次のように定義される直接ネットワーク効果と間接ネットワーク効果である。前者は同一サイドネットワーク効果，後者はサイド間ネットワーク効果とも呼ぶ。

【定義2】直接ネットワーク効果（同一サイドネットワーク効果）

　プラットフォームの補完ユーザ・グループのユーザ数が増えるほど，各ユーザの効用が増加することを直接ネットワーク効果という。

　電話というプラットフォームでは，電話のエンドユーザであるわれわれを人の集まりとしてとらえたのが補完ユーザ・グループである。直接ネットワーク効果があり，電話加入者が多ければ多いほど，それぞれ一人ひとりのユーザは，より多くの人に電話できるようになって便利になるという意味で，一人ひとりにとって電話サービスを持つことの効用が増す。このため，ある一定人数が集まると，それ以降は，電話会社が特に何もせずとも，加入者がその便利さを求めてどんどん増え始める。

【定義3】間接ネットワーク効果（サイド間ネットワーク効果）

　プラットフォームの異なるユーザ・グループがいて，双方にとって，一方のユーザ数が増えることが他方にとって魅力になって効用が高まるという効果があることを，間接ネットワーク効果があるという。

　プラットフォームがネットワーク効果を持つかどうかによって次の図8－8のように分類できる。

	直接N効果なし	直接N効果あり
間接N効果なし	モジュール型プラットフォーム：海上コンテナ，スーパーマーケットなどのサプライチェーンの中の流通業，半導体OEMメーカー	土台型プラットフォーム：電話，SNS，ネット通販
間接N効果あり	産業型単純プラットフォーム：クレジットカード	産業型複合プラットフォーム：キャッシュレス決済，オンラインゲーム，料理配達アプリ，タクシー配車アプリ，調理代行アプリ，MaaS

図8－8　プラットフォームの4分類

　図 8 − 8 の分類において，産業型単純プラットフォームと産業型複合プラットフォームは，間接ネットワーク効果によって，一定の規模を超えるとさらに著しい成長を示すことがあり，かつまた，そうしたプラットフォームが 1 社だけの方がより大きな効果を持つことから，複数のプラットフォームは大規模なポイント付与などの直接的手段で熾烈な競争を演じるため，社会的な注目を集めている。

　サプライチェーンにとってこうしたプラットフォームの影響は 2 つある。 1 つはサプライチェーンのプロセスの広がりへの影響であり，もう 1 つはサプライチェーン管理の深さである。

　サプライチェーンのプロセスの範囲は，典型的には，メーカーから卸，物流センター，小売りであり，さらにはメーカーの上流の設計や国際的な分業のあり方までである。情報システムとしても，メーカーが利用する生産管理システムと生産実行システム（MES），物流センターの倉庫管理システム（WMS）があり，小売店が POS システムで顧客への売り上げを記録し，仕入業務に用いたりする。サプライチェーンプロセスの下流は，個客への販売であった。しかし，調理サービスやアプリや料理デリバリーサービスは，モノの販売と調理や配達のサービス提供を結合しており，しかも，従来のビジネスが関係者だけで関係が閉じているモジュール型プラットフォームであったのに対して，サービスを提供する顧客も購入する顧客も間接ネットワーク効果が現れるようなオープンな SNS として機能している。つまり，サプライチェーンのプロセスが，需要プロセスにまで広がっている。さらに， 2 つ目の特徴として，そうしたマッチングを行っているプラットフォーム企業は，価格を含む購買履歴や配達記録の大量のデータを使い，混雑時の価格を上げ下げすることによって，価格の最適化や配達経路の最適化を行うことが可能となる。また，さらには購買履歴や検索のデータを利用した個人向け広告

やポイント付与などのマーケティングも行うことができる。

　これらのことを一般的にいえば，プラットフォーム化によって，これまで小売店までの範囲をカバーしていたサプライチェーン管理を需要プロセスも含めて全体最適をはかる方向へと発展を続けているとみることができる。需要過程の不確実性を減らし，需要の変化への対応体制を整えることにビッグデータを利用しうるのである。製造業では製造業のサービス化とも呼ばれることもあるが，単に販売方法を変えているのではなく，サプライチェーンのイノベーションを通じたビジネスモデルの変化ともいえる。

参考文献

田中一成（1988）『生産物流統合管理システム D/SNS，』日刊工業

Hopp, W. J. and M. L. Spearman (2008) *Factory Physics*, 3rd ed., McGraw-Hill/Irwin.

佐藤亮（2019）「経営情報システムの進展」（木嶋恭一，岸真理子編「経営情報学入門」8章）放送大学教育振興会

マイケル・A・クスマノ（2012）『君臨する企業の「6つの法則」―戦略のベストプラクティスを求めて』（鬼澤忍訳）日本経済新聞出版社

臼井秀彰，田中彰夫（2011）『物流センターのしくみ』同文館出版

マルク・レビンソン（2007）『コンテナ物語』（村井章子訳）日経BP

マカフィー, A. & ブリニョルフソン, E.（2018）『プラットフォームの経済学』（村井章子訳）日経BP

【**学習課題**】

1．MRP モデルという考え方で家電量販店のサプライチェーンを調べ
てみよう。その際に，そのサプライチェーンの各企業をみて，顧客企
業に何を提供しているのか，BOM，もろもろの作業，作業を実行す
る設備やソフトウエアの機能を見いだしてみよう。

2．インターネット通販でスーパーマーケットのビジネスを行うとしよ
う。その際のサプライチェーンを，MRP モデルの考え方を使いなが
ら，想像して描いてみよう。また，通常のスーパーマーケットについ
ても MRP モデルを使ってサプライチェーンを想像して描いてみよ
う。さらに，プラットフォームとして直接・間接ネットワーク効果を
発揮できそうなビジネスを考えてみよう。

9 | サプライチェーンを支える
ロジスティクス

松井美樹

《目標＆ポイント》　本章では，輸配送や在庫管理などのサプライチェーン・マネジメントのロジスティクス側面を取り上げ，それらの分析方法の基礎と先進的事例について紹介する。
《キーワード》　物流，ロジスティクス，3PL

　ロジスティクス（最近では短縮形でロジと呼ばれることも多い）あるいは物流は，単なるモノの移動で，企業経営にとってさほどの意味はないと思われるかもしれない。オンライン・ショッピングで送料無料と見かけると，誰かがただで運んでくれると思われるかもしれない。しかし，自宅で商品を受け取るときに見慣れた物流会社の制服を見て，送料がただではないことに気づく。オンライン・ショッピングでは，インターネットを通じて受けた注文をいかにして顧客の手元に期日までに確実にかつ効率的に届けることができるかが，売れ筋商品を適時に仕入れて倉庫や物流センター等で一時保管しておき，いつでも顧客に向けて出荷できる体制を整えておくことと並んで，重要な課題になっている。これらはまさに川下と川上の両方向に向けてのモノの流れの問題であり，サプライチェーンにおけるロジスティクスの重要性を示している。
　ロジスティクスもサプライチェーンと同様にグローバル化している。オンライン・ショッピングも越境ECへと発展し，貿易に伴う国際間輸送，通関業務，保税業務，国際物流拠点の構築と運営などひとつの国や

地域を越えて成長を続けている。ロッテルダム，ハンブルグ，サラゴサ，メンフィス，パナマ，シンガポール，香港など国際物流拠点を持ち，ロジスティクスが主要産業となっている大都市も世界中に広がっている。世界の物流市場は3.5兆ドルを超え，世界のGDPの12％を占めており，無視できる存在ではない。

　さらに，循環型サプライチェーンの発展とともに，再利用，リサイクル，再製のための使用済み商品の回収を支えるリバース・ロジスティクスや災害時等における緊急支援物資の輸配送に掛かる人道支援ロジスティクスなどにも注目が集まっている。

1. サプライチェーン・マネジメントにおける　ロジスティクスの役割

　本章ではサプライチェーン・マネジメントを支えるロジスティクスの役割について検討する。ロジスティクスは元来，軍事用語で，日本語では通常「兵站（へいたん）」と訳されるが，最近は短縮形の「ロジ」も広く普及している。ロジスティクスは，発送元と消費地との間でモノとその関連情報の順方向と逆方向の流れおよび保管を計画し，実行し，制御すること（Council of Supply Chain Management Professionals）であり，モノの輸配送，保管，荷役，梱包，流通加工，情報流通，ネットワーク・デザインなどに関わる業務を包含する。例えば，サプライチェーンの中の加工組立製造企業の立場からみれば，川上のサプライヤーからの資材の調達と川下に向けての製品の出荷の両面でロジスティクスが必要となる。しかも，単純な資材調達や製品出荷だけでなく，様々な資材や製品の間で調整を図ったり，一時的に倉庫や物流センターで資材や製品を保管したりする場合も多い。

　ロジスティクスにおいても様々な意思決定を下す必要があり，これはロジスティクス・マネージャの仕事になる。さらに，生産や財務，マーケティング，情報システムなど他の職能との調整・統合もしばしば必要となる。この過程で，輸送モードの選択，物流センターの機能選択，倉庫や物流センターさらには工場の立地，サード・パーティ・ロジスティクス（3PL）の利用，その他の戦略的決定が下される必要がある。

　ロジスティクスは生産，財務，マーケティング，情報システムなどの職能との統合・調整が必要であり，製品やサービスを顧客に届け，使い終わった製品をサプライヤーに戻す活動を通じて，特に生産とマーケティングを繋ぐ重要な役割を演じている。ロジスティクスに関わる大型の設備投資案件が持ち上げることもしばしばあり，これらすべての企業内職能と外部のサプライヤーや顧客との連携を図るために情報システムが利用される。また，ロジスティクスはマーケティングの4つのPの中の場所（place）に関わるものとみなされている。

　ロジスティクスはモノの移動を通じて製造業や流通業を強力に支援し，国際貿易に不可欠の存在であり，世界のGDPの約12%を占める一大産業となっている。また，国防や災害時の緊急支援においても重要な役割を果たしている。

2．モノの輸送

　私たちの生活と消費を支えるため，毎日，大量の製品や資材が様々な輸送モードで運ばれている。2017年度において，日本国内での貨物輸送は約48億トン，国際貨物輸送は日本からの輸出と日本への輸入を合わせて約9億トンに上っている。国内貨物輸送量は景気動向に依るところが大きく，1996年度の約66億トンをピークに減少傾向にあるものの，近年

は電子商取引の拡大とともに，小口貨物輸送が増大してきている。
　社会インフラを構成する貨物輸送や交通の領域は政府の関与も大きい。一部の高速道路を除く道路や港湾施設は国や地方自治体の管理下に置かれている。トラック輸送を始め，鉄道，航空，海運などの事業は民間によって営まれている，あるいは過去に民営化されているが，国土交通省，経済産業省，環境省等による規制の下に置かれている。また，4年毎に政府の総合物流施策大綱が策定され，物流の効率化，高度化，環境対応などの指針が示されている。

（1）輸送の経済学

　輸送については経済原理が重要である。運ぶ量が増えるほど，重量あたりの費用は安くなる。トラック1台分一杯の貨物（TL）のトンあたり輸送費用は，それに満たない貨物（LTL）のトンあたり輸送費用よりも安くなる。同様に，コンテナ1本分一杯の貨物のトンあたり輸送費用は，それに満たない貨物よりも安くなる。長距離輸送のキロあたり費用は短距離輸送よりも安くなる。国際輸送のキロあたり費用は国内輸送よりも安くなる。普通運送費は特急運送費よりも安くなる。航空便や翌日配送は高くなる。原理的には，固定費をより多くの貨物や距離などでカバーすることによって，規模の経済性や距離の経済性を実現することができるためである。このような経済性を実現するためには，ある地域内で同じ場所に送る貨物を積み合わせることが有効である。同じ地域にある2つの工場からある物流センターへトラック便をそれぞれ出す必要がある場合に，これをまとめて1TLに積み合せることができれば，大きなコスト削減となる。あるいは，2つあるいはそれ以上の異なる荷主の貨物を積み合せることができれば同様な効果がもたらされ，これは共同配送と呼ばれている。

168

在庫維持費用と発注費用の間のトレードオフ関係を反映した単純な経済的発注量（EOQ）公式に対して，規模の経済性がある輸送費用も考慮に入れると，発注量をより高く設定することにより，総費用を最小化することができる。

（2）輸送モード

モノを輸送する方法あるいは技術を輸送モードというが，一般によく用いられているのは，トラック輸送，鉄道輸送，水路輸送，パイプライン輸送，空路輸送の5つである。送る貨物のタイプ，輸送距離，費用，必要なサービスなどにより，各輸送モードは強みと弱みを持つ。どの輸送モードを利用するのが一番良いかを決めるのは，物流担当マネージャの仕事である。特に，費用とサービスが重要になってくる。輸送費用は貨物のタイプ，重量，容量，輸送距離に大きく依存する。これらが決まれば，各輸送モードを用いた場合の費用と時間を見積もることができる。他方，サービスには，輸送時間の他，納期遵守率，配送元と配送先を自由に選べる柔軟性，輸送能力や特別仕様の配送などが含まれる。以下に，輸送モード毎に検討する。

1）トラック輸送

高速道路網の発達とともに，トラック輸送が国内輸送の主要モードになっている。わが国の国内貨物総輸送量は，2017（平成29）年度で，重量ベースのトン数で年間約48億トン，重量に距離を掛けた輸送活動量ベースでは4,150億トンキロで，トラックの輸送分担率はトンベースで91.5%，トンキロベースで50.9%となっている。トラック輸送の強みは，トラックがほとんどどこでも貨物の積み下ろしができ，柔軟性が高い輸送手段であること，鉄道や水路に比べて相対的に高速であることが挙げられる。鉄道の場合は駅に，水路の場合は港に，貨物を持ち込まな

けなければならないし，最寄りの駅や港に到着した貨物を配送先まで届けなければならない。通常，この両端でトラック輸送が用いられることになり，トラックを全く使わずに鉄道あるいは水路のみで輸送される貨物はほとんど皆無と言って過言ではない。大量の貨物を輸送する場合には，鉄道や水路の方がコスト面で有利な場合もあるが，そうでなければトラック輸送はコスト競争力もかなり高い。

　わが国の貨物自動車運送事業法では，営業用トラック（緑地のナンバープレート）を一般貨物自動車運送事業と特定貨物自動車運送事業に大別している。いずれも他人の需要に応じ，有償で，自動車（三輪以上の軽自動車および二輪の自動車を除く）を使用して貨物を運送する事業であるが，特定貨物自動車運送事業は，特定の荷主または一定範囲の貨物を対象として輸送する事業である。一般貨物自動車運送の中で，不特定多数の荷主から集荷した貨物を，起点および終点のターミナル等の営業所または荷扱所で必要な仕分けをし，ターミナル等の間で幹線輸送などを定期的に行う事業を特別積合せ貨物運送と呼んでおり，宅配便も貨物の大きさや重量に制限が付いているものの，この特別積合せ貨物運送の一種に含まれる。また，一般貨物自動車運送事業または特定貨物自動車運送事業を経営する者が他の一般貨物自動車運送事業あるいは特定貨物自動車運送事業を経営する者の行う自動車運送を利用してする貨物の運送を貨物自動車利用運送事業という。規制緩和の影響もあり，トラック運送事業者の数は平成19年まで増加の一途を遂げ，その後，僅かに減少したものの62,000社余りあり，その99％以上が中小企業である。

　トラック輸送においては，積荷を100％積載して運送しても，20％程度で運送しても，運送費用も CO_2 排出量もほとんど変わらないため，積載率が上がるほど，トンあたりの費用や CO_2 排出量は下がることになる。一方，運賃収入は100％積載できれば，20％の場合の５倍が見込め

る。積載率が低い場合は，運送費用が運賃収入を上回り，赤字になってしまう。そこで，小口の貨物については，複数の荷主を回って集荷し，なるべくトラックの積載率を高めることにより，採算ラインに乗せることを目論むことができる。このような取り組みによって経済性とCO_2削減を同時に達成することができる。自社の貨物を運搬する自家用トラックの場合には，このようなことは通常できない。

2）鉄道輸送

　陸上輸送のもうひとつのモードが鉄道輸送である。高速道路網が整備されるまではわが国においても国内の長距離輸送を担う重要な輸送モードであったが，昭和40年代以降，鉄道輸送のシェアは大きく減少し，2017（平成29）年度の国内貨物輸送量に占める鉄道輸送の割合は重量（トン）ベースで0.9%にまで減少している。輸送活動量（トンキロ）ベースでも5.2%に過ぎない。鉄道は線路上しか移動できず，貨物の積み下ろしは駅でしか行えないなど，トラック輸送に比べると小回りが利かず，柔軟性が低く，また輸送スピードでもトラックに劣っているためである。他方，鉄道輸送は貨車を連結することにより大量の物資を輸送することができ，長距離輸送を得意とする。大量の貨物を長距離輸送する場合にはトラックに比べてコスト面で優位であり，また，定時性も高い。実際1,000kmを超える輸送では，鉄道輸送とトラック輸送のシェアはほぼ同じである。鉄道事業は設備投資が大きく，長距離の鉄道輸送については，事実上，日本貨物鉄道株式会社（JR貨物）の独占状態にある。

　鉄道輸送はトラック輸送に比べて環境負荷が低いという強みもある。CO_2排出量原単位（1トンの貨物を1km輸送したときのCO_2排出量）で見ると，営業用トラックが232gであるのに対し，鉄道輸送は20gと11分の1である。大量の貨物の長距離輸送をトラックから鉄道に振り替えることができれば，CO_2排出量の大幅削減が可能となる。

3）水路輸送

　海や河川，湖，運河などの水路を大小様々な船やタンカー，はしけ，いかだなどを用いて行う輸送であり，最も古くから用いられている貨物の輸送モードである。わが国の河川は一般に川幅が狭く，短く，急流であるため，大きな船を安全に航行することが難しく，また，湖も小さいため，貨物の輸送については専ら海を用いた海上運送が利用されてきた。米国や中国，欧州などでは大河があり，河川による貨物輸送も一定程度利用されている。鉄道と同様，水路を用いた輸送の場合には，貨物の積み下ろしは港湾に限られ，柔軟性に欠ける。また，輸送スピードは鉄道と比べてもさらに遅くなる。ただし，大型船を用いて大量の貨物を長距離運ぶことができれば，トンキロあたりのコスト優位は極めて大きい。

　海上運送は，国内の港湾を巡る内航海運と，異なる国の港湾を結ぶ外航海運に大別される。海洋国家であるわが国では海運事業の役割が古くから認識されていた。2017（平成29）年度の国内輸送に占める内航海運のシェアは重量（トン）ベースでは7.5％に過ぎないものの，輸送活動量（トンキロ）ベースでは43.7％を占め，トラック輸送と並ぶ重要な輸送モードになっている。石油製品，鉄鋼，セメント，石灰石，砂利・砂・石材，石炭などのスピードは要求されない重量物資の長距離輸送でコスト優位を発揮する。内航海運については，自国船のみに限るというカボタージュ制度が日本をはじめ多くの国で取られている。

　他方，輸出入を取り扱う外航海運についてはそのような規制はなく，第三国間輸送も可能である。外航海運で用いられる船舶には，石油等の液体物を運ぶタンカー，自動車完成車を運ぶ自動車専用船などもあるが，現在の主流はコンテナ船である。海上コンテナは鋼鉄製の大きな収納箱で，長さが約20フィートの20フィート・コンテナ（幅2.438m×高

さ2.591m×長さ6.058m）と長さが40フィートの40フィート・コンテナ（幅2.438m×高さ2.591m×長さ12.192m）が標準となっている。海上コンテナを用いて輸送される貨物の量を表す単位としては，20フィート・コンテナ1本分の積載量を用いたTEU（twenty-foot equivalent unit）が一般的に用いられている。40フィート・コンテナ1本は2TEUと換算される。また，高さが2.896mの40フィート背高コンテナが利用されることもある。世界最大級のマースク社のコンテナ船は1万8千TEUの貨物を積載できる。

　海上輸送はスピードが遅く，太平洋線では3週間くらいかかるが，大型コンテナ船等による大量輸送の輸送費用は極めて低いため，国際貨物輸送の主役は外航海運となっている。

　船舶による海上輸送はトラック輸送に比べて環境負荷が低いという強みもある。CO_2排出量原単位（1トンの貨物を1km輸送したときのCO_2排出量）で見ると，営業用トラックが232gであるのに対し，海上輸送は38gと6分の1以下である。鉄道には及ばないものの，大量の貨物の長距離輸送をトラックから内航海運に振り替えることによって，CO_2排出量の削減も可能となる。

4）空路輸送

　スピードが要求される長距離輸送に適しているのが飛行機による航空貨物である。鉄道やコンテナ船などのように一度に大量の貨物を輸送することはできず，トンあたりの輸送費用も運賃もずっと高くなる。また，海運の場合の港湾と同様，航空貨物の積み下ろしは空港施設内において行われるという制約もある。寿命の短い製品（水産物，花など），軽くて高価な製品（宝石，医薬品，電子部品など），あるいはスピードが命となる製品（ファッション・アパレル，ボジョレ・ヌーボ，補修部品など）が飛行機によって運ばれている。

　2017（平成29）年度の国内輸送に占める航空貨物の割合は，重量（トン）ベースで99万 9 千トンでほぼ 0 ％，輸送活動量（トンキロ）ベースでも10億6,600万トンキロで0.3％に過ぎない。他方，国際貨物輸送については，重量（トン）では外航海運の 9 億3,301万 7 千トンに対し航空貨物は413万 6 千トンで0.4％にすぎないが，金額ベースでみると外航海運が約111兆円で71％，航空貨物が約45兆円で29％となっており，国際貿易額の 3 割近くが航空貨物で輸送されていることになる。重量あたりの価値が大きな貨物が飛行機によって輸送されていることを明確に示すデータである。

　小口の荷物や書類等の緊急輸送にも飛行機がよく用いられており，飛行機による実運送事業と通関や荷物の追跡などのフォワーデング事業を合わせて行うインテグレータと呼ばれる国際航空貨物事業者が世界中の空港を結ぶネットワークを構築し，翌日配送や翌々日配送などを実現している。DHL，FedEx，UPS などの企業で，インテグレイテッド・キャリアやフォワーダー・キャリアと呼ばれることもある。

　飛行機以外にも，モノの輸送にヘリコプターが利用されることもある。山間部などトラック等による輸送が困難な場合，災害などで緊急に支援物資を届けなければならない場合，陸路が寸断された場合，ヘリコプターによる物資輸送が不可欠となる。山間部や海上など着陸できない地域でも，空中停止したまま物資を下ろすことができ，柔軟性も高い輸送モードである。わが国では災害時など人道支援ロジスティクスにおいてヘリコプターが利用されている。

　最近注目を浴びている空路輸送として，近距離向けのドローンがある。小包や小口の荷物の配送にドローンを利用する実験が進められている。また，物流センターや倉庫の館内での在庫確認や荷役作業に一部，ドローンが利用されている事例もある。

5）パイプライン輸送

　パイプラインは石油や天然ガスなどのような液体や気体の輸送のために恒久的に設置される導管のネットワークである。石油の場合には，油田や製油所，石油輸出ターミナルなどを結んで設置される。輸送元と輸送先が固定されており，それらを柔軟に変えることはできない。パイプラインは遠距離の大容量の液体や気体の輸送に適しており，設置の際に巨額の初期投資が必要となるが，運用コストは極めて低廉である。広義には，上下水道管もパイプラインの一種である。

　わが国におけるパイプライン輸送は，地価が高く，土地の所有権が細分化されていて，土地買収が難しく，また地震のリスク等もあってあまり用いられてこなかったが，天然ガスの分野では石油資源開発株式会社（JAPEX）が秋田県内や北海道の苫小牧～北広島間，新潟県のガス田から山形，仙台，福島，郡山などを結ぶ総延長800kmを超える高圧ガスパイプライン・ネットワークを敷設している。

6）複数モードの利用

　すでに言及している通り，貨物の輸送は近距離のトラック運送といったひとつの輸送モードだけで完結する場合もあるが，複数の輸送モードを組み合わせて実現されることも多い。鉄道や船舶，飛行機などを用いる場合には，駅，港湾，空港と貨物の出荷元や配送先を結ぶ輸送はトラックで担われることがほとんどである。また，国際間の輸送にはトラックは利用できないので，国際貨物輸送は必然的に複数モードを組み合わせることが必要となる。例えば，工場で生産され輸出される製品は，トラックや鉄道の陸上輸送手段によって港湾倉庫に運ばれ，そこで他の貨物とともにコンテナに積み合され，コンテナ船で海外の港に運ばれる。そこで，コンテナが下ろされ，仕分けのための港湾倉庫に運ばれるか，あるいはコンテナごと配送先の倉庫にトラックや鉄道を使って運

ばれる。この過程で，貨物の積み合せや仕分けが物流施設内で行われる。

7）輸送モードの選択

　物流担当マネージャはこれらの輸送モードを選択し，輸送業者に受け渡した貨物の詳細なリストである船荷証券や航空貨物受取証，あるいは関税支払いの手続きについて責任を負う。輸送モードの選択においては，輸送サービスの水準と費用が考慮される。この両者の間にはトレードオフ関係がある。迅速な輸送サービスほど重量あたりの輸送費用は高くなる。顧客への配送の際には，顧客ニーズも考慮して，最適な輸送モードを選択しなければならない。

　さらに，わが国の2017（平成29）年度のCO_2総排出量のうち，17.9%が運輸部門（自家用車，自家用貨物車等も含む）から排出され，運輸部門の排出量のうち，19.7%が営業用貨物車，4.8%が内航海運，4.1%が鉄道から出されている。営業用トラック運送事業においては，エコドライブの推進やハイブリッド車や電気自動車の導入などCO_2削減の取り組みが行われているが，他方，政府の総合物流施策大綱においては，トラックからCO_2排出量の少ない鉄道や船舶へのモーダルシフトを推進することも重要であることが指摘されている。

　各輸送モードの長所と短所をまとめると次の表9－1になる。

176

表9－1　輸送モードの長所と短所

輸送モード	長所	短所
トラック	輸送スピードが速い どこでも貨物の積み下ろしが可能で，柔軟性が高い	重量物や嵩ばる貨物については運賃が高くなる CO_2排出量が多い
鉄道	重量物の長距離輸送を低費用で実現 CO_2排出量が少ない	輸送スピードが遅い
外航海運	コンテナで長距離輸送を低費用で実現 CO_2排出量が少ない	輸送スピードが極めて遅い
内航海運 内陸水路	穀物，石炭，砂利などの基礎物資を低費用で輸送	河川や湖に近いところに限定 輸送スピードが遅い
航空機	輸送スピードが極めて速い	運賃が極めて高い
パイプライン	液体や気体の長距離輸送が可能	初期投資が巨額 生態系を壊す危険

3．モノの保管：物流センターと倉庫業務

　物流担当マネージャのもうひとつの重要な任務が，倉庫ないし物流センターのマネジメントである。原材料などの資材や完成品を一時的に保管しておく場所が倉庫であり，需要と供給の間の時間的ずれを調整し，需要と供給に伴う不確実性に対するバッファーとして在庫が利用されてきた。この現代版が物流センターであり，受け入れた貨物や資材が素早く仕分けされて目的地に向けて移送されるとともに，最低水準の安全在庫が保管される。スーパーマーケットやコンビニエンス・ストアなどの小売店舗に商品を供給する倉庫設備が典型的な物流センターである。店舗に陳列される商品はメーカーなどから直接，店舗に届けられるわけで

はなく，この物流センターに納品され，そこで店舗別に仕分けされて，店舗に配送される。物流センターを介することで，輸送効率を高め，ロジスティクス費用を大幅に削減することができ，併せてCO_2排出量削減にも貢献することができる。

（1）物流センターの基本類型
物流センターには以下の3つのタイプが区別される。
1）積合せ物流センター
トラック・ロードに満たない小口の貨物を受け入れて，それらを積み合せて，トラック・ロードあるいはそれに近い大きなロットの貨物として出荷する物流センターである。自社の貨物を積み合せるためにこの種の物流センターが作られる場合もあるし，異なる企業の貨物を積み合せる目的で，物流業者によって建設される場合もある。複数の小口貨物をひとつの大きな貨物にまとめることによって，輸送の経済性を追求することが積合せ物流センターの共通の目的である。
2）仕分け物流センター
上記の積合せ物流センターとは逆に，大きなロットの貨物を受け入れて，それを配送先別の小口の貨物に仕分けして出荷するのが仕分け物流センターである。例えば，外航海運によって40フィート・コンテナで輸送されてきた貨物を様々異なる配送先別に小口輸送する必要があるときにはこのタイプの物流センターが用いられる。また，トラック・ロード単位で受け入れた大ロットの貨物を小売店舗別の小口の貨物に分けて配送する小売店舗向けの物流センターもこのタイプである。
3）クロスドッキング物流センター
このタイプの物流センターでは，大きなロットで受け入れた貨物や商品を直ちに配送先別に仕分けして小口化し，それを反対側に停車してい

るトラックに積み合せていく。例えば，5つの出荷元からそれぞれトラック・ロードで輸送されてきた5台のトラックがこのタイプの物流センターの西側に到着し，反対の東側には5つの異なる地域に向かう空の5台のトラックが待機しているとする。西側のトラックから貨物が下ろされ，ロット単位あるいはパレット単位で東側の空のトラックの方に送られ，それぞれのトラックの配送先からの注文を満たすまで積み込まれる。余ったパレットがあれば，次のトラック向けに一時保管される。空であった東側のトラックが西側のトラックからの送られてきた積荷と保管されていた在庫で一杯になり次第，配送先に向けて出発する。このようにして，物流センター内の在庫を最小限に留めつつ，トラック・ロードの貨物を受け入れ，トラック・ロードの貨物を配送先に出荷するのがクロスドッキングである。1980年代にウォルマートが創始して以来，多くの小売業者に利用されるようになった。

　これらの積合せや仕分けの機能に加えて，物流センターないし倉庫は様々な役割をも担っている。季節性の大きい商品については，倉庫内で保管しておき，必要に応じて出荷するという時間調整機能が重要となる。秋に収穫された米は冷暗な倉庫内に保管され，1年を通じてほぼ一定量が販売される。あるいは，クリスマスから年末年始にかけて専ら販売される玩具は1年を通じて一定量が生産されて倉庫内で保管され，シーズンが来るのを待つ。

　製造業では，製品の生産に向けて資材や部品などが一時保管される。この資材や部品の在庫を持つことにより，生産リードタイムを短縮し，需要と供給の急な変化に対応することができる。完成品もトラック・ロードの出荷に達するまで一時保管されることもある。

　異なる国や地域に輸送される製品に出荷直前にラベルを貼ったり，異なる需要に合わせて単純な組立作業を行ったり，値札を付けたり，取扱

説明書を入れたりといった付加価値を生む流通加工と呼ばれる作業も物流センター内で行われている。例えば，プリンタの変圧器はプリンタが倉庫から出荷される直前に，仕向け国の電圧に合わせてパッケージに収納される。

　製造業者への商品の返送を取り扱うリバース・ロジスティクスにおいても物流センターが重要な役割を果たしている。誤配送，初期不良，故障の修理，再製造，リサイクル，売れ残りの返品などへの対応のため，リバース・ロジスティクスが必要となる。顧客あるいは小売店舗から返品された製品は物流センターに集められ，そこで改造や修理が行われたり，再製造のために工場に回されたり，リサイクル業者に引き取られたりする。例えば，アップル社の iPhone の場合，新機種への移行時に使用済みの旧機種との交換が奨励されており，旧機種を修理あるいは修復して再生品として低価で販売したり，リサイクル施設で解体して価値のある部品やレアメタルを取り出してから廃棄したりしている。

（2）物流ネットワーク

　物流担当マネージャは，できるだけ低コストで顧客ニーズに適合する物流ネットワークを構築しなければならない。これは長期的な視野と高額な投資が必要で，企業の競争力を決定づける戦略的意思決定である。物流ネットワークについて特に重要な問題は，いくつの物流センターを利用すべきか，また，各物流センターをどこに配置するかという決定である。これらの決定は企業の物流費用や顧客までの配送時間に影響を及ぼす。

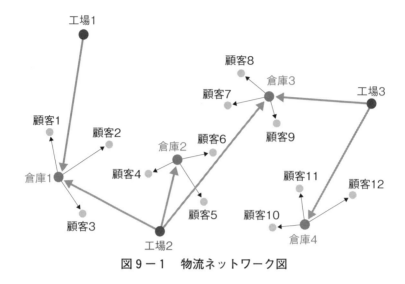

図9－1　物流ネットワーク図

　物流ネットワークは出荷元の工場，物流センターあるいは倉庫，そして顧客などの物流主体（ノード）とそれらの間を結ぶ輸送経路（有向アーク）によって特徴づけられる。上の図9－1は3つの工場，4つの倉庫，12の顧客を結ぶ物流ネットワークの一例である。

1）倉庫立地問題

　倉庫あるいは物流センターの場所をどこにすべきかの決定に影響を及ぼす要因は，労働力の確保，賃金水準，建設費用，保守費用，税金，政府からの優遇策，政府規制，顧客からの距離，サプライヤーからの距離，高速道路や鉄道の利用可能性など多数挙げられる。地方自治体などが工場や物流センターの誘致のために補助金や優遇税制，免税措置などを講ずる場合もある。労働力の確保や賃金，建設費用，保守費用なども地域によって相当異なることがある。

　輸送費用と輸送距離に基づいて倉庫の立地を決定する最も基本的なモ

デルが重心モデルである。このモデルでは，倉庫の場所からサービスを
提供する多数の顧客あるいは市場までの距離と各顧客や市場の需要に基
づいて重心の場所を計算する。すなわち，重心の x 座標と y 座標は以下
の式によって与えられる。

$$X_{CG} = \frac{\Sigma_i D_i X_i}{\Sigma_i D_i} \tag{9.1}$$

$$Y_{CG} = \frac{\Sigma_i D_i Y_i}{\Sigma_i D_i} \tag{9.2}$$

ただし，

　D_i＝顧客あるいは市場 i の需要

　X_i＝顧客あるいは市場 i の x 座標

　Y_i＝顧客あるいは市場 i の y 座標

である。このモデルでは，輸送費用が移動距離と重量に比例するという
仮定の下で，輸送費用の最小化を実現することができる。

　実際の移動距離は2点間の直線距離ではなく，輸送モードが異なれば
距離も費用も大きく変わる。また，倉庫の場所は輸送距離と輸送費用の
みによって決まるものではなく，その他の費用，関税，優遇税制，労働
力の確保，サプライヤーからの距離などを考慮に入れなければならな
い。費用よりもスピードが重視されるような e コマース分野では，顧客
や市場に近接して，複数の物流センターが設置されることになる。

2）物流センターの数に関する決定

　次に，物流センターあるいは倉庫の数をどの程度にすべきかを考え
る。図9－1では3つの工場から4つの倉庫を介して12の顧客に貨物が
届けられている。工場と顧客あるいは市場は所与として，4つの倉庫を

置くことが適当なのかどうかという問題である。まず，工場からある範囲の顧客や市場（図9－1では12の顧客）をカバーする物流センターないし倉庫に貨物を輸送する場合を考える。これら12の顧客あるいは市場に対して，1つの大きな物流センターあるいは倉庫で対応することも可能であろう。その規模を縮小して，2つ，3つと物流センターを増やすこともできる。

　工場から倉庫への貨物輸送だけを考えると，倉庫の数を増やすほど輸送費用は増加する。工場から各倉庫へ送られる貨物が小口化し，トラック・ロードを満たすことができなくなるためである。倉庫の数が増え，在庫が分散するほど，在庫維持費用も増加する。他方，倉庫から顧客への貨物輸送については，倉庫の数を増やした方が輸送費用を節約できる。輸送距離が短くなるためである。輸送時間も短縮できる。このようなトレードオフの結果，輸送費用と在庫費用の総計は倉庫の数を増やすにつれて一旦減少し，最小点を過ぎると増加するというU字型を描くのが一般的である。これにより，費用最少をもたらす倉庫の数を見つけることができる。ただし，顧客や市場の範囲が小さい場合には，1つの物流センターで十分であって，倉庫の数を増やすほど費用が単調に増加するということもある。このような場合には，隣接する市場を分析対象に加え，物流費用の削減の可能性を探ることが必要となってくる。

4．ロジスティクス戦略

　近年，サプライチェーン・マネジメントを強力に支援する新しいタイプのロジスティクス企業として，サード・パーティ・ロジスティクス（3PL）が台頭しており，3PLにサプラインチェーンに関わるロジスティクス機能をアウトソースすることも含め，ロジスティクスに関わる

戦略的に見直しが行われている。

（1）サード・パーティ・ロジスティクス（3PL）

　サプライチェーンや企業の物流業務の一部あるいはすべてを3PLにアウトソースする事例が増えている。3PLは単純な輸配送から物流センター運営，倉庫保管業務，在庫管理業務，物流ネットワークやロジスティクス情報システムの構築まで，あらゆるロジスティクス・サービスを提供する。

　トラック運送サービスはその基本機能であるが，積合せによってトラック・ロードを可能な限り追求し，往路だけではなく，復路も別の貨物でトラック・ロードを実現することによって，輸送費用とCO_2排出量の削減を図る。貨物が大量になり，長距離輸送が必要となれば，スピード重視の鉄道貨物やコスト重視の内航海運を組み合わせることも考える。また，ネットワーク分析を用いて適切な場所に適正規模で物流センターを構築することを提案し，積合せ，仕分け，保管などの業務を請け負い，各物流センターの在庫を抑えつつ，顧客への迅速な配送サービスを提供する。バーコードやQRコード，ICタグ等を用いた貨物の仕分け，クロスドッキングなどを導入して，物流コストのさらなる削減を目指す。さらに，在庫管理業務やロジスティクス情報システムの構築，復路を活用したリバース・ロジスティクスなども含めた総合的なロジスティクス・サービスが提供される。災害時の緊急支援物資の輸送においても，支援組織とともに3PL事業者が輸送手段や物流施設の確保などにおいて重要な役割を果たすことができる。

　3PLを利用するメリットの第一は物流費の削減である。例えば，起業したばかりの企業にとっては必要となる資材や製品の輸送量が少なく，自前の物流ネットワークを低コストで運営していけるような規模には達

せず，物流に関する知識やノウハウの蓄積にも限界がある。企業が順調に成長し，輸送量が増大していけば，やがて必要な物流サービスの一部，あるいはすべてを自前で行うことができるようになっていくかもしれない。コスト削減に加えて，3PL を利用すれば，輸送手段や物流施設等への投資を回避することができる。

　大企業であっても，輸出入のための国際物流については，3PL 事業者を利用することがしばしばみられる。国際物流には外航海運や航空貨物による長距離輸送，関税手続き，国ごとに異なる様々な書類作成，政府規制，さらには文化について熟知している必要があるからである。他方，国内の輸送や倉庫保管については自前で行う大企業も多い。ただし，最新の物流センターを構築してロジスティクスの革新を目指すような場合，3PL の利用も増えてきている。

　さらには，変化する市場や技術に対する柔軟性を確保するために，3PL 事業者に物流業務をアウトソーシングする事例もみられる。企業が M&A を繰り返して急成長を遂げているような場合には，3PL 事業者の物流ネットワークを利用して，別々であった物流システムの統合を図ることが考えられる。

　他方，ウォルマートのように，ロジスティクス機能を自らのコア・コンピタンスと考えている企業にあっては，3PL は利用せず，自前のロジスティクス機能の拡充と高度化に注力するものと考えられる。

（2）ロジスティクス戦略の策定

　サプライチェーンのロジスティクス戦略は，資材や部品，完成品の移動と保管に関する長期的な方策であり，様々な輸送モードによる輸配送，物流センターや倉庫における積合せ，仕分け，保管に関する業務，ロジスティクス・ネットワークの構築，3PL の利活用等に関する総合的

な意思決定が求められる。コア事業の海外展開，海外調達，アウトソーシングなどを志向している企業にとっては，このロジスティクス戦略の策定は特に重要性を帯びてくる。

　ロジスティクス戦略の策定は，その目的を明確にすることから始まる。一般的なオペレーションの目的と同様に，次の4つが主要目的として認識される。

①コスト：資材や部品，製品の移動と保管，物流情報システム構築などに要する費用

②配送時間：貨物の引き渡しまでに要する時間や納期までに引き渡された貨物の割合

③サービス品質：貨物を無傷で届ける能力や顧客への配慮

④柔軟性：変化に対する対応能力

　これらの目的の間にはトレードオフ関係があるため，次に，これらの間の優先度を設定する必要が出てくる。例えば，ウォルマートの場合にはコストが最も重要と考えられているであろうし，当日配達を保証している通販業者であれば，配送時間が最も重要ということになる。これらの優先度は，各企業の事業戦略，オペレーション戦略，サプライチェーン戦略と整合的なものでなければならない。

　これらの優先度の高い目的をいかにして実現するかが次の戦略的決定である。例えば，以下のような選択肢について考察する必要がある。

1）自前のロジスティクスを構築するか，それとも3PLにアウトソースするか

　コストの観点からは，3PLにアウトソースする場合と自前で物流ネットワークを構築する場合の長期的費用を見積り，低い方を選択するというのが基本的な考え方になる。配送スピードが何よりも重要であれば，3PLの利用が奨励される。ただし，ロジスティクスを競争優位獲得のた

めの特別な能力とするのであれば，自前で構築しなければならない。他
の競争業者も同じ3PL事業者にアウトソースすることができるためであ
る。

2）いずれの輸送モードを利用するか

　この決定についても，ロジスティクス・ネットワークや目的を同時に
考慮する必要がある。物流センターから顧客まで必ず2日以内で届ける
という輸送スピードが重視される場合には，小口の貨物や書類であれば
宅配便，重量物や大口貨物については積合せなしの一般のトラック運送
が利用され，鉄道や船舶を用いることはまずないであろう。また，物流
センターは顧客のいる大きな市場に近接して立地されることになる。穀
物や石炭などの物資をできるだけ低コストで輸送することが目的であれ
ば，できるだけ長い距離を船舶で運び，港湾と出荷元および配送先との
間はトラックあるいは鉄道のいずれか運賃の安い方を利用するというこ
とになろう。

3）どのようなロジスティクス・ネットワークを利用すべきか

　この点については，すでに3節の（2）で倉庫の立地や数について検討
したが，戦略的には長期的視点が必要になる。ある時点では最適であっ
た倉庫の立地が，市場が拡大し，倉庫の数を増やす必要に迫られた際
に，もはや適当な場所ではなくなってしまうということもある。市場の
拡大は企業のマーケティング戦略によって決定づけられるので，ロジス
ティクス戦略の策定に際しては，事業戦略やマーティング戦略の変化に
合わせて柔軟に調整が図られる必要がある。

参考文献

Hillier, Frederick S. and Mark S. Hillier (2004), Introduction to Management Science, McGraw-Hill

一般社団法人日本物流団体連合会（2019）『数字で見る物流2019』

公益社団法人日本トラック協会（2019）『日本のトラック輸送産業─現状と課題─2019』，http://www.jta.or.jp/coho/yuso_genjyo/yuso_genjo2019.pdf

【学習課題】

1．カボタージュ制度で外国籍船舶を排除しているのはなぜだろうか。

2．10のメーカーの工場から10のスーパーマーケットにそれぞれ商品を届けるよりも，その中間に1つの大きな物流センターを配置することによって，どうようなメリットが得られるのだろうか。

3．電子商取引の発展がロジスティクスに与える影響について考えてみよう。

10 | 持続可能なサプライチェーン

開沼泰隆

《**目標＆ポイント**》 原材料や部品の調達から製品製造，小売店や市場へ供給，消費者への販売までのサプライチェーンの範囲を，使用済製品の回収，分解，製品の再製造，部品のリユース，素材のリサイクルまで拡大したクローズド・ループ・サプライチェーン・マネジメントについて取り上げる。その中で，最も重要な活動である再製造（リマニュファクチュアリング）の事例を取り上げ，その仕組みを解説し他の製品への適用可能性について考察する。
《**キーワード**》 クローズド・ループ・サプライチェーン・マネジメント，再製造（リマニュファクチュアリング），ハイブリッド生産システム

1. サプライチェーンにおける環境問題

　一般にサプライチェーン・マネジメントは，原材料や部品の調達から製品製造，小売店や市場への供給，消費者への販売までを対象範囲として，顧客満足を最大化するために活動を管理することを目標としている。ここで，原材料や部品の調達から製品が消費者に供給されるまでをフォワード・ロジスティクスと呼んでいる。逆に消費者で使用された製品を回収して再び製品生産に利用するまでをリバース・ロジスティクスと呼んでいる。リバース・ロジスティクスは，「ビジネスの見地からすると，製品の回収，省資源，リサイクル，素材の代替，素材の再使用，廃棄物処理，製品の再生，修理，解体部品の再生による製造といった領域でのロジスティクスの役割に関係した専門用語である」と定義されて

いる。

　日本においても25年ほど前から製品を生産して販売するまでの動脈物流と使用済み製品の回収や廃棄物輸送の静脈物流とを区分した考察が行われてきた。しかし，静脈物流はあくまでも企業が使用済み製品・損傷製品・旧式製品や容器包装をエンドユーザーから集める活動に限定しており，必ずしも環境問題との関連で認識されていたわけではない。その点，リバース・ロジスティクスは物流・ロジスティクスを循環する環として捉えている。通常のフォワード・ロジスティクスを範囲とするサプライチェーンにリバース・ロジスティクスの範囲を加えたものはクローズド・ループ・サプライチェーン（Closed-Loop Supply Chain：CLSC）と呼ばれている。図10−1にクローズド・ループ・サプライチェーンの概略を示す。

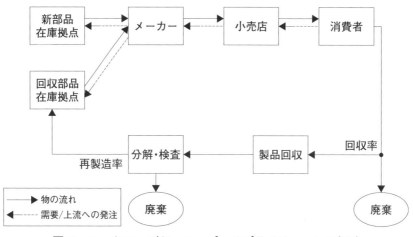

図10−1　クローズド・ループ・サプライチェーンの概略

2. クローズド・ループ・サプライチェーン

　クローズド・ループ・サプライチェーンは，部品の調達，製品生産か
らその供給までのフォワード・サプライチェーンの範囲だけではなくリ
ユース／リサイクルまでのリバース・サプライチェーンの範囲を含めた
もので，この範囲で発生した問題はサプライチェーン・マネジメントの
問題として捉えることができる。クローズド・ループ・サプライチェー
ンの全体最適を図ることがクローズド・ループ・サプライチェーン・マ
ネジメントの目標である。しかし，クローズド・ループ・サプライ
チェーンは以下に挙げる幾つかの課題を抱えているのが現状である。

　①製品の回収のタイミングおよび回収率
　②再製造に関わる価格設定
　③回収した製品や部品を製品生産ラインへの安定供給
　④回収した製品や部品の信頼性や品質，機能の低下
　⑤分解しやすい製品設計
　⑥クローズド・ループ・サプライチェーンの各段階で抱える在庫の管
　　理
　⑦物流の効率化

　まず，回収に関しての問題が存在する。消費者によって使用された製
品がどのようなタイミングで回収されるのか，何年間使用された製品な
のか，製品生産に十分利用できる数を回収できるのかなどが挙げられ
る。回収された製品は全国の回収拠点から再製造を行う工場までの物流
を効率化して物流コストを抑えることや，回収した製品の信頼性や品
質，機能などの低下により現行の製品に再利用できない可能性も考えら

れる。リユース／リサイクルのプロセスにおいて製品の分解や検査を簡
単に行えるように，製品の部品や素材の数を少なくして，釘やねじなど
を極力使わないようにするなど製品設計（環境配慮設計：Design for
Environment；DfE）を見直すことも重要である。また，クローズド・
ループ・サプライチェーンの各段階で発生する在庫管理コストを抑える
ことも重要であり，回収した製品や部品を製品生産に効率よく供給でき
るかにも関わってくる。

　これらの課題によって，クローズド・ループ・サプライチェーンを導
入して再製造を行った場合，回収費用，分解費用などの影響で生産コス
トが高くなってしまう場合がほとんどである。しかし，コストが低いか
らといって新しい原材料や部品から製品生産を行うことで，環境に与え
る負荷は計り知れない。クローズド・ループ・サプライチェーンを実施
し易くするためには，これらの課題を解決していかなければならない。
現在，クローズド・ループ・サプライチェーンにおける在庫管理政策や
発注方針，コスト管理，物流の効率化などに関する研究が米国やヨー
ロッパを中心に先進的に行われてきており，日本においても徐々にク
ローズド・ループ・サプライチェーンの研究が行われてきている。本節
では，以上のような先行研究とその考察から，クローズド・ループ・サ
プライチェーンが持つ脆弱性を解決するための設計方法を述べるとす
る。

3．クローズド・ループ・サプライチェーンにおける リマニュファクチュアリング

（1）リマニュファクチュアリングとは
　クローズド・ループ・サプライチェーンのサブシステムを図10－2に

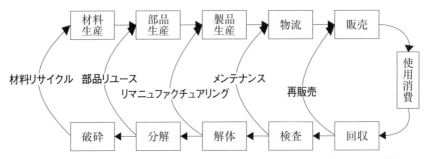

図10－2　クローズド・ループ・サプライチェーンのサブシステム構成

示す。クローズド・ループ・サプライチェーンは再販売（セコハン），メンテナンス，リマニュファクチュアリング，部品リユース，材料リユースのサブシステムにより構成されている（開沼，2012）。

　それぞれのサブシステムの機能は以下の通りである。

1）再販売

　一度使用された製品を，そのまま，もしくは製品のあるモジュール（部品）を同一の機能でそのまま再利用すること。

2）メンテナンス

　製品を点検し，必要に応じて修理を行うことで，製品の機能を維持して使用を継続すること。

3）リマニュファクチュアリング

　市場から回収した製品を解体し，洗浄，検査後部品の補修を行った上で，同種または類似の製品を作ること。メンテナンスと比較すると部品レベルでの品質保証を行うために，再製造された製品は新品同様の品質，機能を持っている。

4）部品リユース

　使用済みの製品を分解して部品を取り出し，検査，洗浄，補修等を行った上で，別の製品に使用すること。

5）材料リサイクル

　製品を破砕し，鉄，非鉄金属，プラスティックなど材料ごとに選別し，素材レベルで再利用を行うこと。

（2）リマニュファクチュアリングに関する関連文献

　ファーガソン（2010）は，クローズド・ループ・サプライチェーンの各サブシステムを定義して，焼却（incineration），リサイクリング，部品回収（parts harvesting），再販売（あるがまま；as-is），内部リユース，リマニュファクチュアリングとリファービッシングに分類している。特に，リマニュファクチュアリングとリファービッシングの相違点について述べている。リマニュファクチュアリングは「使用済みの製品を分解，洗浄，修理，部品の取替え及び再組立ての工程を含む大規模なプロセスで新品同様に再生すること」とし，リファービッシングは，「一部の分解を含んだ"軽度の"リマニュファクチュアリング」と定義している。

　製品は採取された資源とエネルギーを投入して製造した素材に，エネルギーとコストを投入して製造され，消費者によって使用される。その製品はやがて使用済み製品として使用者の手を離れる。使用済み製品はその後，製品リユース（自動車の場合中古車），状態の良い部品がリユースされたり（部品リユース），あるいは鉄や銅，希少金属などのマテリアルレベルでリサイクルされたり，それ以外は廃棄され埋め立てられる。メンテナンスによる製品の長寿命化も含めて，リユース／リサイクルをいかにして適切に実現していくかが求められている。

　本章では市場から回収した製品を分解，検査，洗浄，修理および再組立てを含む大規模なプロセスで再生することを再製造という。再製造は一部の領域ではすでにビジネスとして成立しているが，その他の製品領

域では限定的である。この原因の一つとして，製品は陳腐化によって，たとえ再生されたとしても市場価値を失ってしまうことがある。

4. ハイブリッド生産システム

（1）ハイブリッド生産システムの概要

　本節では，ハイブリッド生産システムについて説明する。ハイブリッド生産システムは，クローズド・ループ・サプライチェーンの枠内に含まれており，製品生産を行う際に，新部品のみで生産するのではなく，リユース部品も使用して製品生産を行うシステムのことである。ここでのハイブリッドとは，新部品とリユース部品の両方を使用することを意味する。以下にハイブリッド生産システムに関する研究について，どのような研究があるかを紹介する。

　現在，企業は日々変化する顧客のニーズに応えていけるような製品生産をしていかなければならない時代となっている。複写機や多機能プリンタはリース契約で販売されるものが多く，そのためリース期間中の製品のメンテナンスも行き届き，リース契約が終了した後の製品品質も安定している。このような状況の中で顧客は，新製品ばかりではなく回収製品の部品を一部使用した新製品や回収部品から製造した再製造品を積極的に購入する行動を取りつつある。代表的な例として，富士ゼロックス株式会社，株式会社リコーの製品生産（新製品，再製造製品）を説明する。

　複写機・複合機がクローズド・ループ・サプライチェーンの構築を行える理由としては製品の物理的製品寿命が長いことや，リース契約を行っていることが多いことから安定した回収ルートと回収量を確保することができる点が挙げられる。現在，クローズド・ループ・サプライ

チェーンに取り組んでいる業界・企業は増えてきている。しかし，クローズド・ループ・サプライチェーンには課題も多く，なかなか成立しないことが多いのが現状である。そこで，成功企業の事例として複写機・複合機メーカーを取り上げる。複写機・複合機メーカーは企業向けに事業を展開している。ここで例として，富士ゼロックス株式会社と株式会社リコーの例を挙げる。

（2）富士ゼロックス株式会社のクローズド・ループ・サプライチェーン

　富士ゼロックスは使用済みの商品も廃棄物ではなく資源として捉え，部品リユースや再資源化を行い，環境負荷軽減に貢献するという考え方に立って，商品の企画の段階から，回収・リサイクルまで資源の有効利用を目指した活動を行っている。その概要を図10－3に示す。そしてCSR（企業の社会的責任）の取り組みの一つとして資源循環システムがある。このシステムの特徴として，使用済みの商品を回収し，選別した部品を厳格な品質保証に基づき循環させるクローズド・ループ・システムを根幹に，部品の再利用を前提に環境負荷の少ない商品作りを目指すインバース・マニュファクチュアリング（逆工場），再使用できない部品を分別・資源化し，資源として徹底的に活用するゼロエミッションの3つが挙げられる。

　インバース・マニュファクチュアリングは，部品の再使用を前提としたライフサイクル企画，使用部品の拡大のためのリユース／リサイクル設計，環境負荷の少ない商品作りを目指す環境影響アセスメントをモノづくりの上流で行っている。このライフサイクル企画では，使用期間が3〜5年と予想される複写機は，回収されるまでの間に機種の世代交代が予想される。リユース部品を効果的に使用するために，後続機の部品として再使用できるような多世代にわたる企画を行っている（図10－4）。

　資源循環システムの根底となるクローズド・ループ・システムは，部品のリユースを最優先にしており，これを実現するために，部品の寿命予測するワイブル解析や機械の分岐調査などを行い，一つ一つの部品の寿命を徹底的に把握し，リユースを可能とする選別技術，洗浄技術があることから新部品と同等の品質を保証できるようになっている。
　ゼロエミッションは，廃棄ゼロ化に向けた活動であり，ここでも部品のリユースを最優先にしている。再使用できない部品は再資源化工程で分別し，再資源化される。これまで再資源化率が低かったガラス・ゴム

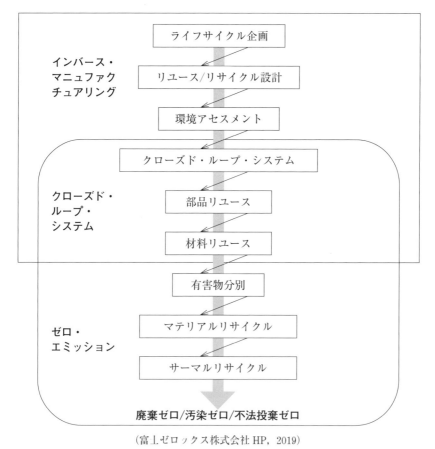

（富士ゼロックス株式会社 HP, 2019）
図10－3　富士ゼロックスのクローズド・ループ・システム

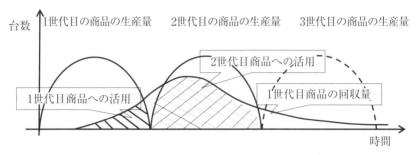

図10－4　３世代にわたる商品リユースモデル

系も資源として活用されている。

　このように，富士ゼロックスではリユース部品を新部品と区別することなく使用することにより，新しい資源の使用をできるだけ抑え，環境負荷軽減に貢献している。近年はグローバル企業として国際資源循環システムを構築し事業展開する地域全体で，日本と同等のリサイクルシステムを構築している。富士ゼロックスでは，リユース部品を使った商品は中古機として売り出さず，新品同様のメーカー保証をしている。

（3）株式会社リコーのリマニュファクチュアリング

　リコーでは3Rの取り組みに対してライフサイクルやサプライチェーン全体に着目した取り組みを行っている。調達物流，生産物流，販売物流においてもCO_2およびコスト削減の視点によるサプライチェーン・マネジメントを展開している。リコーグループでは，物流プロセス全体をみて「包装」，「輸送」，「空間」，「積み替え」，「保管」の５つの無駄の視点を切り口に，包装材の見直しや混載による積載効率向上，倉庫間物流のモーダルシフト，直送化やミルクラン回収による輸送ルートの最適化などの活動をグローバルで進めている。

　具体的な例として，リコーは，デジタルモノクロ複合機の新製品とし

198

て，「imagioMP 7501RC シリーズ」など，2シリーズ4モデルを発売した。これらの新製品は，使用済みの「imagio MP 7501シリーズ」などを回収し，先進技術によって再生処理を行った，リコンディショニング（RC）機である。リユース部品の使用率は質量比で平均85%を達成し，製造工程における二酸化炭素の排出量は新製品と比較して約97%削減するなど環境負荷の低減を実現している。

　またリユース部品を使用しながら，新製品と同等の品質検査をクリアしている。

　リコーの近年の取り組みとして，リース契約更新時に回収した使用済のコピー機を日本などから中国に運び，再生機として組み立てなおして販売する体制を整えている。再製造のフローを図10-5に示す。従来は日米欧で地域ごとに完成されていた再生サイクルを，国境を越えて広げており，企業の社会的責任やイメージ向上の目的に加えて，一定の収益も見込める。まず，日本から中国にコピー機を運び，分解・選別を施し

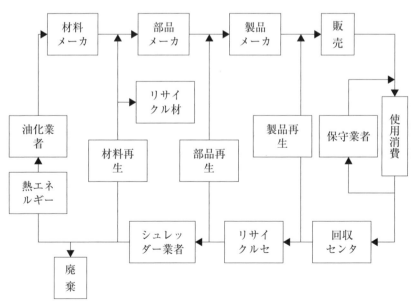

図10-5　リコーコメットサークル概略図（株式会社リコー HP, 2019)

た上で，足りない部品は新品を使いながら再生機を量産する。再生機の価格は新品に比べて数割安いことが多い。リコーは中国ではオフィス向けに新品を販売しているが既存の顧客層とは重ならないとみる。日本ではリース更新時などに約90%，欧州でも70%を自社で回収している。ただ再生機の需要があまり多くないときもあり，回収した製品の有効活用には課題があった。中国では更新を迎えた複合機が少なく，再生機の生産をしていなかったが，ニーズは高まってきており，欧米から使用済みコピー機を運ぶことも検討している。再生機は価格の安さに加え，環境意識の強い先進国では政府調達などで需要があり，リコーは約80,000台／年を販売している。従来は各地域で回収，再生，販売のリサイクルを行っていたが地域を越えた循環システムを作ることで再生率を高めることが期待される。

（4）クローズド・ループ・サプライチェーンの課題

　クローズド・ループ・サプライチェーンにおける課題の代表的なものをまとめる。図10－6に示すようにクローズド・ループ・サプライチェーン構築には数多くの課題が存在する。
　以下に代表的なものを挙げる。

１）製品寿命，価値の陳腐化

　クローズド・ループ・サプライチェーンの成立は，製品そのものの特性に依存しているケースが多い。物理的寿命の短いものは一般的に再製造が難しいといわれている。また，時間経過につれて価値の陳腐化はしばしば生じる。価値の陳腐化が大きい製品はたとえ再生されても消費者が購入しない場合がある。再製造やリユースに使用するのならば，長期間にわたり製品は使用される。それに耐えうる製品耐久性を追求しない限り，再製造ビジネスは成り立たない。

2）使用済み製品の回収

　再製造を行うためには企業が使用済み製品を回収することが可能である必要がある。回収システムをいかに行うかが再製造を行うビジネス構築の重要な鍵となる。回収率，回収量が安定しない場合，製造段階でばらつきが大きくなりコストが高くなってしまう。さらには，回収製品の品質はコストに大きな影響があることが考えられ，せっかく回収した場合でも廃棄量が多くては再製造ビジネスとしては成立しない。こういった観点からも，回収製品の分解のしやすさや，部品の耐久性は重要となる。

3）消費者受容性

　ここまでに挙げた例は供給側からの色合いが強いが，需要側からの受容性も重要な要件である。最終的には需要者が再製造製品を求めるかが再製造市場の成立の可否を決める。再製造製品が消費者から十分に認識されていない場合や，信頼感を持たれていない場合がある。これは市場

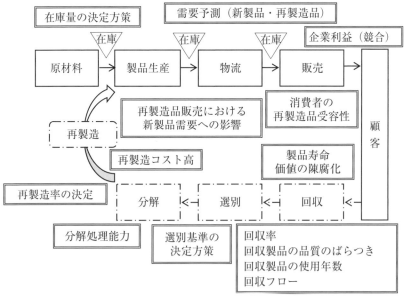

図10-6　クローズド・ループ・サプライチェーンにおける課題

拡大の障害になっていることもある。供給する企業側の広報の努力や品質管理の強化などし，消費者の受容性を高めることが必要となる。

４）新製品との競合性

　企業が再製造を行うポテンシャルを持ちながら再製造を行わない場合がある。その理由の一つとして，企業にとって新製品販売の方が再製造品販売よりも利益が大きい場合や，新製品市場に再製造品市場が影響を与える場合が挙げられる。

参考文献

開沼泰隆（2012）「クローズド・ループ・サプライ・チェーンにおけるリマニュファクチュアリング」日本情報経営学会誌，第32巻，第４号，pp.17-22

Ferguson M. E. (2010) Strategic and Tactical Aspects of Closed-Loop Supply Chain, now Publishers Inc., MA

富士ゼロックス株式会社 HP：http：//www.fujixerox.co.jp/（2019年12月８日）

株式会社リコー HP：http：//www.ricoh.co.jp/（2019年12月８日）

【学習課題】

１．クローズド・ループ・サプライチェーンが環境問題に貢献する理由を考えてみよう。

２．ハイブリッド生産の利点と欠点を50字程度でまとめてみよう。

３．クローズド・ループ・サプライチェーンの課題を100字程度でまとめてみよう。

11 | 自動車のサプライチェーン

松井美樹

《**目標＆ポイント**》 自動車産業で取り組まれてきたサプライチェーン・マネ
ジメントの要点について解説し，いくつかの先進的事例を紹介する。
《**キーワード**》 JIT 生産，カンバン方式，平準化，自働化，レイアウト，多
能工，サプライヤーとの関係性，MRP，TOC

1．自動車産業の概況

　まず，自動車産業の基礎データと自動車の生産体制について概観す
る。

（1）基幹産業としての自動車製造業

　自動車産業は日本経済を支える重要な基幹産業の地位を占めている。
まずは，数字でこれを確認しておこう。

　2017年の自動車製造業の製造品出荷額等は前年比5.1％増の60.7兆円，
全製造業の製造品出荷額等に占める自動車製造業の割合は19.0％，機械
工業全体に占める割合は41.2％であった。2017年度の自動車製造業の設
備投資額は1.3兆円，研究開発費は2.9兆円となり，ともに主要製造業に
おいて2割を超える割合を占めている。また，2018年の自動車関連の輸
出額は前年比3.7％増の16.7兆円，輸入額は前年比7.7％増の2.5兆円で
ある。

　自動車製造業は他の産業への波及効果が大きく，自動車が1生産され

ることによって全体の生産が2.5誘発されるということで，わが国の産業ではトップレベルにある。自動車産業は資材調達・製造を始め販売・整備・運送など各分野にわたる広範な関連産業を持つ総合産業であり，これら自動車関連産業に直接・間接に従事する就業人口は約546万人にのぼる。

　自動車は四輪車と二輪車に大別される。2018年の四輪車生産台数は，前年比0.4%増の973万台となり，2年連続で増加した。さらに，乗用車は前年比0.1%増の836万台，トラックは前年比3.1%増の125万7千台，バスは前年比8.0%減の11万3千台であった。他方，2018年の二輪車生産台数は，前年比0.8%増の65万2千台であった。

（2）自動車の生産体制

　ガソリンで走る四輪車の場合，おおよそ2〜3万点の部品が組み合わされて，自動車メーカーの車両組立工場で完成車ができ上がる。最も重要なコンポーネントはガソリン・エンジンで，1台のエンジンを作るのに1万点ほどの部品が使われており，自動車メーカーのエンジン組立工場で生産されることが多い。

　次に複雑なコンポーネントはトランスミッションで1,000点くらいの部品を使って組み立てられる。その他，ブレーキ・システム，ラジエター，キャブレター，エアコン，計器盤，発電機，バッテリー，シートなどの主要コンポーネントは一次サプライヤーの工場で組み立てられ，車両組立工場に輸送される。あるいは，車両組立工場内において一次サプライヤーの作業者によって組み立てられ，車両組立ラインに投入される場合もある。これらの主要コンポーネントを構成する主要部品は二次サプライヤーの工場で生産されて，一次サプライヤーに輸送される。図11−1に示すように，通常，自動車メーカーは一次サプライヤーと，必

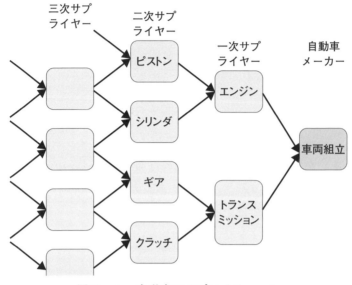

図11－1　自動車のサプライチェーン

要に応じて二次サプライヤーと情報交換や共同開発を行う。一次サプラ
イヤーは二次サプライヤーとの関係性を構築し，必要に応じて三次サプ
ライヤーとの情報交換にも従事する。さらに，四次サプライヤーや五次
サプライヤーなど，構成部品の加工を担当するサプライヤーの連鎖が続
いていき，加工・組立型製品である自動車のサプライチェーンが構築さ
れる。

2. MRPとTOC

　このような長いサプライチェーンを通じて，2万点以上の部品が加工
され，組み立てられていくサプライチェーンを運用していくためには，
なんらかの仕組みが必要となる。このような多数の部品とそれらを組み

合わせたコンポーネントなどの需要は，最終製品である自動車の生産計画から派生して決まってくる。このような派生需要あるいは従属需要に対する生産・在庫システムとして円滑な生産の流れを作ろうとするのが資材所要量計画（MRP）やリーン生産である。以下，MRPと制約の理論（TOC）について触れておく。

（1）MRPシステム

　MRPは次節のリーン生産とほぼ同じ目的を共有しているが，計画主導型のプッシュ・システムに特徴がある。MRPシステムの基本は，部品表を用いて，最終製品のマスター・スケジュールから原材料や内製部品の所要量を展開し，手持ち在庫や納品待ちの発注量，リードタイムを考慮しながら，原材料の調達手配と自社工場への製造指図を適時に行うことにある。これに詳細能力計画の機能が加わり，生産能力の利用可能性によってマスター・スケジュールへのフィードバック・ループを持つものがMRPⅡあるいはクローズ・ループMRPである。そのステップは以下の通りである。

①顧客からの受注，需要予測，中期生産販売計画などを踏まえてマスター生産スケジュールが決定される。

②マスター生産スケジュールと部品表，在庫記録をインプットとして，部品展開が行われ，サプライヤーへの購買発注と工場に対する製造指図が計算される。

③製造指図を出す前に，必要とされる部品やコンポーネントを実際に生産する生産能力があるか否かをチェックし，生産能力に問題がある場合には，生産スケジュールを微調整するか，あるいはマスター・スケジュールを見直す。

④生産能力が確保されたら，詳細なスケジューリングを行い，サプライ

ヤーから届けられる原材料や部品を用いて必要な部品やコンポーネントが製造される。

マスター生産スケジュールは最終製品のアウトプット水準を定めるもので，MRP の原点である。中期生産計画の枠組み内で，経営トップはマスター・スケジュールを通じて，顧客サービス，在庫水準，製造原価に影響を及ぼすことができる。部品展開の際には，一旦，十分な生産能力があると仮定して，マスター・スケジュールが実行可能であるとされ，購買発注と製造指図が計画手配される。そのロジックは単純ではあるが，自社で扱う部品点数が 2 万点あれば，同じ計算を 2 万回繰り返す必要があるため，コンピュータの支援が不可欠になる。MRP II では，その後に工程の生産能力が労働時間と機械稼働時間についてチェックされ，最終的なマスター・スケジュールが決定され，製造リードタイム期間内は原則として凍結される。これを受けて，サプライヤーへの購買発注が確定し，サプライヤーのマスターデータを参照して，実際の発注が発出される。

部品表は，最終製品，コンポーネント，部品等を生産するために必要となるすべての原材料や部品の構造化されたリストである。部品表に誤りがあれば，必要な部品が届いていないために組立ができないといった事態が生じてしまうため，正確性を期さなければならない。また，設計変更があった場合には，効果的な設計変更指図システムを使って，部品表を更新しなければならない。

在庫記録の内容は，部品番号やリードタイム，標準原価等の品目マスターデータ，将来にわたる完全な資材計画と在庫状況，特記が必要な備考データから構成される。正確な在庫記録を維持するためには，サイクル・カウンティングなどを用いて不断の努力が必要となる。

最後に，各工程における詳細スケジューリングは工場全体にわたるス

ムーズな資材フローを制御することが目的となり，製造リードタイムや
スループット時間の管理が焦点となる。実際の製造リードタイムのばら
つきを適正に制御できれば，安全在庫を大幅に削減することができる。

（2）TOC

　生産の流れをスムーズにし，スループット時間を短縮するための有力
な方法として注目されるのが，ゴールドラットが提唱したTOC（制約
の理論）である。TOCは，「システムの目的（ゴール）の達成を阻害す
る制約条件を見つけ，それを克服するためのシステム改善手法」であ
る。利益最大化を目的とする製造企業の場合，スループットを増大さ
せ，投資と固定費を低減させるようなスケジューリングや改善活動を追
求する。TOCはボトルネックとなる工程を見つけて，その工程の生産
能力をフル活用することから始まる。負荷の変動が大きく，負荷―生産
能力比率の平均が高い工程ほど，仕掛在庫が膨れ上がる可能性が高く，
ボトルネックとなりやすい。

　まず，製品ミックスの変更，製造順序の変更，段取り時間の削減，一
部作業の多工程への振り替え，超過勤務の利用等が考慮され，次にボト
ルネックとなる工程で使用される資材について厳格な品質管理を行った
り，それらの資材に関する作業を最優先させたり，ボトルネック工程に
着目した重点管理を徹底して，スループットの向上，仕掛品の最小化が
追求される。この際，有限負荷山積みスケジューリングの一種である
DBR（ドラム・バッファ・ロープ）スケジューリングという方法が使
われる。ドラムはペースメーカーとなるボトルネック工程，バッファは
生産のゆらぎがスループットや納期に直接影響を及ぼさないようにボト
ルネック工程の前に置かれる仕掛在庫，ロープはボトルネック工程の生
産と同期して前工程に資材を供給するための仕掛けを意味する。ボトル

ネック工程が前工程の生産スケジュールを規定するという点では，次節のリーン生産と同様に，プル・システムの要素を備えている。

　ロット・サイズはすべての工程の間ですべて同じにする必要はなく，各工程の負荷と生産能力に応じて最適サイズを選択すればよい。これらが限界に達した場合にのみ，ボトルネック工程の生産能力を向上させるための投資が考慮されることになる。

　このボトルネックに注目する TOC のアプローチは，ジョブショップにおける生産スケジュールの問題から出発し，サプライチェーンやサービス分野でも応用されている。

3．リーン生産システム

　リーン生産とは，必要なときに必要な量だけ必要なモノを生産し，生産に関するあらゆる無駄を排除すると同時に，人間が持っている能力をフル活用する生産システムである。トヨタ自動車株式会社のトヨタ生産方式の根幹を成す JIT（Just-in-Time）生産方式がその代表例である。究極的には，品質，納期，柔軟性の改善を通じて，収入を増加させる一方，そのために必要となる費用と投資を抑えることによって投資収益率を高めることを目的とする。この際に，特に在庫に着目し，過剰な在庫は無駄であり，これを可能な限り削減すべきものと考えられている。ただし，在庫管理はリーン生産の一部であり，生産計画・統制，スケジューリング，職務設計，設備レイアウト，生産情報システム，品質管理，購買・外注管理等を網羅した包括的な生産システムがリーン生産である。その主要構成要素は，最終製品の生産販売計画であるマスター・スケジュールの平準化に始まり，カンバン方式に代表される簡便な部品引き取り方式，一個流しを目指す小ロット化，シングル段取りさらには

　ゼロ段取りへ向けた段取り時間の短縮，JIT レイアウトや JIT 設備の採用，完全無欠の品質と自働化，改善活動，標準作業の確立と多能工の養成，サプライヤーからの JIT 納品，サプライヤーとの関係性マネジメント等，様々である。

　トヨタ生産方式における，これらの関係性を示したものが図11−2である。中央の「ジャストインタイム」生産を実現するために様々な取り組みが体系的に必要となることが示されている。トヨタ生産システムが目指すものとして，JIT 生産と自働化を両輪として利益の最大化を図るとともに，人間性の尊重が挙げられている点は注目に値する。

　トヨタ自動車のウェブサイトでは，トヨタ生産方式を「ムダの徹底的排除の思想と，造り方の合理性を追い求め，生産全般をその思想で貫

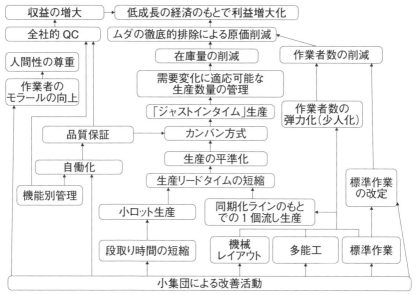

図11−2　トヨタ生産システムの体系 (出所：門田 (1991)，47ページ)

き，システム化した生産方式」と要約し，その基本的考え方が記載されている。個客が求める車を1台1台，短納期で効率よく製造することを可能ならしめるために，異常が発生したら機械がただちに停止して，不良品を作らないという「ニンベン付きの自働化」と，各工程が必要なものだけを，流れるように停滞なく生産する「ジャスト・イン・タイム生産」の2つの柱がトヨタ生産システムを支えている。その中で，徹底的な無駄の排除と原価低減，不断の改善活動「日々改善」を貫くことが競争力の源泉として強く意識されている。さらに，この基本思想を製品開発にも応用して，開発期間の短縮や開発費の低減のみならず，人材開発・育成にも役立てて，「もっといいクルマづくり」に繋げていくことも企図されている。

　JIT生産の基本は，必要なモノを必要なときに必要な量だけ生産することにあり，現場の「ムダ・ムラ・ムリ」を徹底的に排除し，効率的なプル生産の流れが以下のような手順で生み出される。

①注文を受けたら，なるべく自動車生産ラインの先頭に生産指示を出す。

②組立ラインは，どんな注文が届いても生産できるよう，すべての種類の部品を少しずつ揃えておく。

③組立ラインは，使用した部品を使用した分だけ，前工程に引き取りに行く。

④前工程では，すべての種類の部品を少しずつ取り揃えておき，後工程に引取られた分だけ生産する。

　シャーとワード（2007）は製造企業の担当役員から収集されたデータに対して因子分析を行い，リーン生産の主要な次元として以下の10個を抽出している。

①業績情報を定期的にサプライヤーにフィードバックすること

②サプライヤーが必要な量を必要なときに必要な場所に届けることを保証すること

③メーカーの生産システムにより深く関わることができるサプライヤーを開発すること

④顧客と顧客ニーズに焦点を当てること

⑤生産の開始と停止を指図するカンバンを用いたプル型の JIT 生産を推進すること

⑥製品の連続的な流れを作り出すメカニズムを確立すること

⑦製品の段取り替えに伴う稼働停止時間を削減すること

⑧全員参加の生産／予防保全（TPM）により設備停止時間を削減すること

⑨統計的工程管理によって，次工程に不良品を提供しないことを保証すること

⑩部門間の調整が必要な問題解決に従業員が関わること

　これらの10個の次元は，異なる因子である一方，互いに正の相関を示しており，「リーンな実践活動の束」を構成するものと捉えられている。さらに，最初の３個の次元はサプライヤー関連の実践活動，④は顧客関連の実践活動，残りの６個の次元は内的な実践活動の三領域に大別され，リーン生産は一企業あるいは一事業所の枠を超え，サプライチェーンに関わる実践活動であることが示されている。

　以下，自動車製造を念頭に置き，リーン生産の主要な構成要素について解説を加える。

（1）マスター・スケジュールの平準化

　リーン生産をスムーズに運用するためには，まずマスター・スケジュールが安定化，平準化されていることが望ましい。マスター・スケ

ジュールが対象とする期間において，毎日の生産水準を原則として同一に保ち，多品種混流生産を行うことにより，前工程に対する生産負荷もほぼ一定となり，生産のスムーズな流れを作り出すことができる。

　以下，簡単な例を示す。生産能力と受注見通しから，ある月に車種Aを960台，車種Bと車種Cをそれぞれ480台，全部で1,920台を同一組立ラインで生産するとしよう。各車種の生産に要する時間は等しく，１日あたり８時間，月に20日間，操業すると仮定すると，いずれの車種でもよいが，１日あたり96台を生産すればよいことになる。例えば，最初の10日間に車種Aを作り続け，次の５日間で車種B，最後の５日間で車種Cを生産するというスケジュールが考えられる。この場合，月の初めに車種Aの生産準備のための段取り，10日後に車種Aから車種Bへの切り替えに伴う段取り，15日後に車種Bから車種Cへの切り替えに伴う段取り，合計３回の段取り作業で済む。しかしながら，この場合，月初めに受注した車種Bの納期は半月以上遅れることになってしまい，車種Cの納期はさらに１週間延びてしまう。車種Bや車種Cだけで必要となる前工程は１月のうち５日間だけ集中的に高い負荷がかかることになってしまう。前工程はその負荷に合わせた生産能力を持たざるをえないが，残りの15日間は仕事がなく，無駄な生産能力を抱えてしまうことになる。

　そこで，毎日，車種Aを48台，車種Bと車種Cをそれぞれ24台ずつ生産することにすると，納期を大幅に短縮し，前工程にかかる負荷も大きく削減していくことができる。例えば，午前中の４時間で車種A，午後の２時間で車種B，最後の２時間で車種Cを生産することもできる。この場合は毎日，３回の段取りが必要となる。段取り作業をワンタッチでできるようになれば，｜ＡＡ｜Ｂ｜Ｃ｜ＡＡ｜Ｂ｜Ｃ｜ＡＡ｜Ｂ｜Ｃ｜という順序で20分毎に車種Aが２台，車種Bと車種Cが１台ずつ生産するというサイクルが可能となり，究極的には，一個流しに至ることにな

る。

（2）カンバン方式

　リーン生産の根幹をなす後工程引き取り方式，すなわち，後工程が前工程から必要な部品を必要なときに必要な量だけ引き取り，前工程は引き取られた量だけ部品を生産する引っ張り方式（プル・システムとも呼ばれる）を実現するための簡便な仕組みがカンバンという紙製の長方形のカードとコンテナを利用するカンバン方式である。コンピュータは特に必要はない。カンバンは部品の引き取りや生産の指図を出すシグナルとして用いられ，通常，引き取りカンバンと生産カンバンの2種類のカンバンがある。引き取りカンバンは部品の引き取りに用いられるもので，図11-3に示されるように後工程のインプット・エリアと前工程のアウトプット・エリアを循環する。部品名と部品番号，使用されるコンテナのタイプと部品収容数，発行番号，前工程と後工程の名称等のデータが記載されている。一方，生産カンバンは引き取られた部品の製造指図に用いられ，引き取られた部品を生産する前工程内で循環する。製造される部品名と部品番号，保管場所，部品収容数，前工程の名称等が記入されている。いかなる工程でも後続する工程が必要とする以上のものを生産することは許されない。これにより，在庫が積み上がるのを防ぐことができる。カンバンの運用ルールは単純で，以下の6項目からなる。

①引き取りカンバンが外れただけ後工程が前工程へ引き取りに行く。
②前工程は生産カンバンの外れたものを外れただけ，外れた順に生産する。
③カンバンのないときは運ばないし，生産しない。
④カンバンは現物に必ず付けておく。

⑤100%良品でなければならない。

⑥カンバンの枚数を減らしていく。

　コンテナの数すなわち，カンバンの枚数 n は以下の式によって求められる。

$$n=DT/C$$

ただし，D はコンテナに収容されている部品の需要率，T はコンテナに部品が充填されてから移動，待機，使用され，再充填のために戻ってくるまでのリードタイム，C はコンテナに収容される部品数である。カンバンの枚数，すなわち在庫を減らすためには，コンテナが一回りするリードタイムを短縮することが不可欠である。

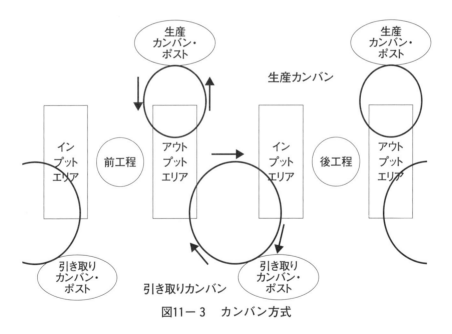

図11－3　カンバン方式

（3）小ロット生産と段取り時間の短縮

　リーン生産において在庫を削減するための鍵がロット・サイズと段取り時間の削減である。ロット・サイズを1とする「一個流し」が小ロット化の究極である。これは小集団活動やQCサークルを活用した改善活動，管理者と作業者との協働を通じて初めて実現される。ロット・サイズを小さくすれば，段取り回数が増える。ここで段取り時間の短縮がなければ，一個流しによって稼働率は著しく低下してしまう。そこで，ロット・サイズの縮小と同時に段取り時間の短縮が追求されなければならない。多くの自動車製造事業所が「シングル段取り」（10分未満で完了する段取り）を実現し，3分未満，さらには1分未満で段取りを終わらせられるように不断の改善に取り組んで，ワンタッチで段取りを完了させる「ゼロ段取り」を目指している。

　段取り作業には「外段取り」と「内段取り」の2種類がある。例えば，車種Aから車種Bへの切り替えの場合，車種Aを生産しながら行うことのできる車種Bのための段取り作業を外段取り，車種Aの生産が終了してから行わなければならない車種Bのための段取り作業を内段取りという。これらの段取り作業を明確に峻別し，すべての段取り作業を車種Aの生産が終わってから始めるといった段取りのやり方を改めるのが，段取り時間の短縮の第一段階である。車種Aが終わってから行う段取り作業は内段取りだけということになり，それに要する時間が段取り時間となる。外段取りと内段取りが明確に分離されたならば，次は内段取り作業を外段取り作業に転換して，内段取り時間の削減を図る段階へと移行する。具体的には，同じ打ち抜き型を機械内と機械外に用意する，調整作業を簡略化してスピードアップする，高性能のツールや締め具を設計・開発する等々，工程設計エンジニアや生産技術者，作業者，工機製造部門等の協力の下に様々な技術的改良を積み重ねることによっ

て，内段取り時間が徐々に短縮される。

（4）JIT レイアウトと JIT 設備

　リーン生産システムの導入は設備のレイアウトや保全活動にも影響する。プル・システムによる資材フローの流線化が図られ，ロット・サイズや段取り時間が削減されると，設備の自動化が容易となり，設備レイアウトも簡素化される。

　まず，図11−4（a）はリーン生産導入以前のレイアウトが例示されている。このレイアウトでは資材を保管する大型倉庫がある。サプライヤーはこの倉庫に資材を納品し，加工が終わった部品等も一部はこの倉庫に保管される。図11−4（b）の JIT レイアウトになると，倉庫は完全に姿を消し，すべての在庫は製造現場に置かれる。サプライヤーは受入処理や検査を受けることなく，原材料や部品が使われる工程ないしワークセンターのインプット・エリアに直接，納品する。図11−4（c）は最終組立に投入される部品フローがよりスムーズになるように工程を再配置し，工程間の在庫バッファをほとんどなくした最先端の JIT レイアウトで，グループ・テクノロジーを活用したレイアウトと呼ばれる。

　リーン生産では原材料から部品，仕掛品，最終製品に至るまで在庫水準をぎりぎりまで切り詰めるため，設備は常に適正な状態に保守されていなければならない。通常は，生産設備を操作する作業者自身が日常的な設備点検の責任を負うとともに，現場における生産統制の権限も委譲される。より完全な設備保全のために日常的な保守活動に加えて，シフトの切り替わり時に定期的に予防保全が実施される。予防保全は部品の取り替えや修理を事前に実施することで設備故障を未然に防ごうとするもので，設備の操作を担当する作業者や監督者だけでなく，設備保守要員，工程設計エンジニアや生産技術者等を含めた全社的な取り組みであ

るTPMが有効である。

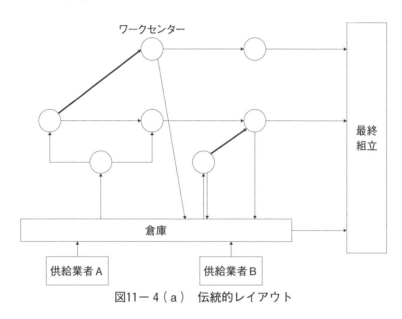

図11－4（a）　伝統的レイアウト

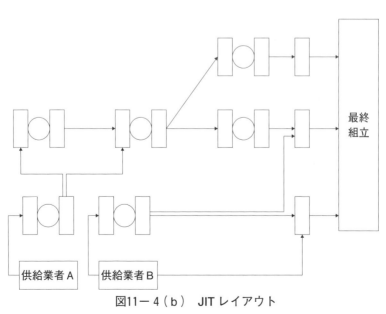

図11－4（b）　JITレイアウト

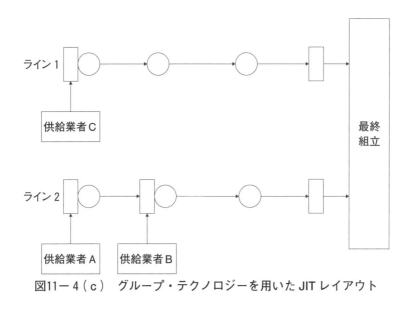

図11－4（c）　グループ・テクノロジーを用いた JIT レイアウト

（5）品質管理と自働化

　在庫を極限まで切り詰めた状態で不良品が工程に投入されれば，生産ラインはたちまち停止してしまうので，次工程に引き渡すものはすべて良品であることが理想である。厳格な工程管理の下で欠陥品を限りなくゼロに近づける品質保証体制が確立していることがリーン生産の前提となる。

　また，自動化された生産設備が使われているとき，設備の故障や材料の異常のために不良品が立て続けに生産されてしまう危険がある。そこで，故障や異常，不良を自動的に感知し，必要な場合には設備の運転を停止し，保守要員に通知する仕組みを生産設備に組み込むことが必要となる。このように生産設備に人間の持つ知恵を付与するのが自働化である。

（6）作業の標準化と改善活動

リーン生産は設備の自働化を促進する傾向を持つものの，人間による作業を軽視するものでは決してなく，むしろ作業の標準化とその改善を徹底することが強調される。その基本は標準作業の設定である。決められた時間内で一連の作業を完了するためには，どのような作業順序を採用すればよいかを計画し，それらの作業の遂行に要するピッチ・タイム（タクト・タイムとも呼ばれる）と仕掛品数（標準手持ち）が決められる。この標準作業を基にして細かな作業改善を多数繰り返すことが長期的には大きな改善に繋がることになる。作業者やエンジニアを現場の問題解決活動に積極的に従事させるため，リーン生産においても品質サークルや提案制度が積極的に利用される。すべての従業員が問題解決に貢献するような参加の環境が創造されなければならない。

（7）多工程持ち

リーン生産では，必要なものが必要なときに生産されるため，作業者がそれぞれ単一工程のみを担当していたのでは手待ちの無駄が発生する。したがって，各作業者は複数の工程を担当することになるので，そこに配置された一群の機械について段取りや操作，停止，日常保守ができ，それらの機械で使われる複数の部品を検査できなければならない。そのためにいろいろな技能について訓練を受け，報酬は年功と技能水準に基づくものとなるのが通常である。

（8）サプライヤーとの連携

サプライヤーは外部の工場であり，自社の工場内の工程と同様，生産チームの一員である。リードタイムが短い同一地域内のサプライヤーが好まれ，午前2回，午後2回，毎日4回の納品が要求されることもしば

しばである。また，組立ラインへの直接納品はサプライヤーの品質に対する全幅の信頼が必要である。部品の品質を確実なものとするには，信頼できるサプライヤーとの長期的関係を確立することが有効であり，ひとつの部品については単一供給源としてサプライヤーを選択する傾向が強くなる。

しかしながら，2011年3月11日に発生した東日本大震災は東北地方を中心に壊滅的な被害をもたらし，数か月間にわたって部品供給が停止し，車両組立工場が操業できない状況に立ち至った。このような大規模な災害に直面して事業を継続していくためには，各部品の供給を単一のサプライヤーに依存するのは危険であり，少なくとも主要部品についてはセカンドソースを確保しておく必要があるという見解が有力となってきた。

また，図11－1に示したように，自動車メーカーは一次サプライヤーとせいぜい二次サプライヤーくらいまでしか認識しておらず，自社の複雑なサプランチェーン・ネットワークの全容は把握できていなかった。震災によって大きな被害を受けた高次のサプライヤーの影響で生産活動が停止する事態に陥り，これを契機にサプライチェーン・ネットワークの現状把握に乗り出した自動車メーカーも出てきている。サプライチェーンやモビリティサービスの可視化のために，ブロックチェーン技術を利用する実証実験も試みられている。

参考文献

天坂格郎，黒須誠治，森田道也（2008）『ものづくり新論―JIT を超えて―ジャストインタイムの進化』森北出版

稲垣公夫（1997）『TOC 革命』日本能率協会マネジメントセンター

ジェームズ・P・ウォマック，ダニエル・ルース，ダニエル・T・ジョーンズ（1991）『リーン生産方式が，世界の自動車産業をこう変える。』経済界

エリヤフ・ゴールドラット（2001）『ザ・ゴール―企業の究極の目的とは何か』ダイヤモンド社

大野耐一（1978）『トヨタ生産方式――脱規模の経営をめざして』ダイヤモンド社

門田安弘（1991）『新トヨタシステム』講談社

トヨタ自動車株式会社（2020）「トヨタ生産方式」
https://global.toyota/jp/company/vision-and-philosophy/production-system/

Schroeder, Roger, and Goldstein, Susan Meyer (2018) *Operations Management in the Supply Chain*, McGraw-Hill

Shah R. and Ward P. T. (2007) Defining and developing measures of lean production, *Journal of Operations Management*, Vol.25, pp.785-805, DOI: 10.1016/j.jom.2007.01.019

【学習課題】

1．自動車業界で生まれたリーン生産は他の製造業やサービス業でも適用できるのであろうか。適用できそうな製品の特徴を考えてみよう。

2．自動車のサプライチェーン・ネットワークのイメージを図に描いて，ガソリンのサプライチェーンと比較してみよう。

3．自動車業界では，サプライチェーン全体を通じて環境負荷を削減するために様々な活動を行っている。自動車メーカーでどのような取り組みを行っているか調べてみよう。

12 | コンビニエンス・ストアの サプライチェーン

松井美樹

《目標＆ポイント》 小売業界で流通革命を成し遂げたコンビニエンス・ストアのビジネス・モデルと急成長を可能ならしめた要因を明らかにするとともに，そのサプライチェーンが持つ特徴と幾つかの先進的取り組みについて紹介する。
《キーワード》 ドミナント戦略，フランチャイズ，レイアウト，品揃え，ロジスティクス

1．コンビニエンス・ストアの発展

　セブン-イレブンの国内1号店，東京都江東区の豊洲店がオープンしたのは1974年5月で，文字通り，午前7時から午後11時までの営業であった。それから約1年後の1975年6月に福島県郡山市虎丸店が国内で初めて24時間営業を始めた。翌1976年5月には国内100店舗に到達し，以来，急激に店舗数を増やし，2020年3月末には20,929店舗に達している。2019年12月末で全世界に展開する店舗数は国内を含めて計70,207店舗となった。当初はイトーヨーカ堂系の株式会社ヨークセブンから出発し，現在の株式会社セブン＆アイ・ホールディングスに至っている。

　ローソンの国内1号店は1975年6月に大阪府豊中市でオープンし，翌1976年には関東地域への出店も開始し，2020年2月末で14,659店舗にまで拡大した。海外も中国を中心に2,210店舗を展開している。もともと

はダイエー系であったが，2002年１月に三菱商事が筆頭株主となっている。

　ファミリーマートの実験第１号店は1973年９月に西友ストアーが埼玉県狭山市にオープンし，1978年４月にフランチャイズ店に変更された。同年８月には一般公募によるフランチャイズ１号店が24時間営業で千葉県船橋市にオープンした。1981年９月に株式会社ファミリーマートが設立され，以来，他チェーンの統合を積極的に展開し，2020年３月末で国内に16,597店舗，海外に7,977店舗を有するに至っている。1998年２月に伊藤忠商事が筆頭株主となっている。

　以上がコンビニ大手３社と呼ばれており，2019年度の売上はおおよそセブン‐イレブンが５兆円，ファミリーマートが３兆円，ローソンが２兆４千億円である。イオン系列のミニストップと山崎製パン株式会社のデイリーヤマザキがそれに続く。その他，札幌からスタートしたセイコーマート（西日本の店舗をファミリーマートに譲渡），広島のポプラ，富士スーパーのコンビニ事業としてスタートした横浜のスリーエフなど地域限定的なチェーンもある。ポプラやスリーエフはローソンと業務提携して，共同店舗を立ち上げている。

　表12－１で見られる通り，国内に約５万６千店舗，売上高11兆円産業となったコンビニエンス・ストア業界は，利便性を徹底的に追求して破壊的な流通革命を実現してきた。次節では，試行錯誤を経ながら，この急成長を生み出してきたコンビニエンス・ストアのビジネス・モデルについて検討する。

表12－1　コンビニエンス・ストア業界の売上高と店舗数の推移

年月	売上高 （百万円）	前年比 （%）	店舗数	前年比 （%）
2008年	7,857,071	6.7	41,714	1.9
2009年	7,904,193	0.6	42,629	2.2
2010年	8,017,551	1.4	43,372	1.7
2011年	8,646,927	7.8	44,397	2.4
2012年	9,027,205	4.4	46,905	5.6
2013年	9,388,399	4.0	49,335	5.2
2014年	9,735,214	3.7	52,034	5.5
2015年	10,206,066	4.8	53,004	1.9
2016年	10,507,049	2.9	53,628	1.2
2017年	10,697,520	1.8	55,322	3.2
2018年	10,964,625	2.6	55,743	1.0
2019年1月	876,977	2.7	55,779	1.0
2019年2月	825,718	3.9	55,979	1.1
2019年3月	930,264	1.7	55,831	0.6
2019年4月	915,938	2.7	55,824	0.5
2019年5月	940,734	2.8	55,633	0.4
2019年6月	928,326	1.4	55,675	0.6
2019年7月	986,978	−0.6	55,724	0.6
2019年8月	1,003,463	1.9	55,782	0.5
2019年9月	935,427	−0.2	55,711	0.4
2019年10月	940,834	2.7	55,688	0.2
2019年11月	906,381	1.7	55,677	−0.003
2019年12月	969,732	0.1	55,620	−0.2
2019年	11,160,772	1.7	55,620	−0.2
2020年1月	885,710	1.0	55,581	−0.2
2020年2月	849,064	2.8	55,460	−0.3
2020年3月	877,500	−5.5	55,710	−0.2

（出典：一般社団法人日本フランチャイズチェーン協会コンビニエンスストア統計データから作成）

2．コンビニエンス・ストアのビジネス・モデル

　小売業界における破壊的イノベーションと捉えられるコンビニエンス・ストア（コンビニ）のビジネス・モデルの基本的な特徴とそれを支える論理を説明する。

（1）フランチャイズ制

　コンビニが急拡大できた大きな要因として，他の小売業態のような直営店の出店ではなく，フランチャイズ制を採用したことが挙げられる。小規模の酒屋や食料品店を営んでいた事業主がコンビニのフランチャイズ本部と契約を交わして，本部が用意したマニュアルや店舗開店のためのノウハウに従いつつ，店舗を改装し，オーナーとして店舗経営に当たる。この契約の中に，午前7時から午後11時までとか，24時間営業といったような営業時間や店舗建設・改装費用の分担，店舗の売上高から売上原価を控除した粗利益を本部とフランチャイズ加盟店オーナーで配分する方式などに関する規定が盛り込まれる。本部が受け取るロイヤルティー（チャージ，フィーとも呼ばれている）は，店舗の建設・改装を加盟店オーナー側で行う場合は低く設定され，本部側が店舗を用意する場合には高く設定される。一般には，粗利益の4割から7割とかなり幅広い。粗利益から本部へのロイヤルティーを支払った残額から，さらにパートやアルバイトの人件費，廃棄ロスや光熱費の一部などを除いた残りが加盟店オーナーの取り分となる。基本的には，売上が上がるほど，本部のロイヤルティーも加盟店オーナーの取り分も増加するため，両者は協力して売上が上がるように努力をしていくインセンティブを共有することになる。

　加盟店オーナーからすれば，本部から得られる店舗経営のノウハウを

生かし，取扱商品を拡大して，本部の展開する販売促進活動によって大幅な売上増を期待することもできる。コンビニの建設や改装に伴う作業や費用を本部に任せることもできる。事業に行き詰っていた小規模小売店にとっては，店舗の存続のためにコンビニのフランチャイズ本部との契約は最後の手段であり，契約内容に幾らか違いがあるコンビニのフランチャイズ本部の中でいずれのチェーンを選択するかが問題となった。

（2）ドミナント戦略

　ドミナント戦略とは，ある一定の商圏に集中的に店舗を配置することによって，その小売業者のブランドを浸透させ，その地域の消費者に親近感を持ってもらい，各店舗の集客力を伸ばしていこうとする出店に関するひとつの戦略である。地域に関する集中戦略と言ってもよい。例えば，早稲田大学の周りはあちこちにファミリーマートがある，JR川崎駅周辺はセブン-イレブンが多い，といったことである。

　ドミナント戦略の目的は，まず顧客の利便性を高めることにある。顧客が何らかの商品を購入する際に，周りにあるどの店に行くかを決めるための単純なモデルに引力モデルがある。各店舗の吸引力は各店舗の様々な魅力度（値段，品揃えの広さ，店員の商品知識，接客態度など）に比例し，店舗までに距離の2乗に反比例する，というものである。ここでは，ペットボトル入りの緑茶を1本購入する場合を例にとってみる。隣のコンビニでも，10分ほど歩くスーパーマーケットでも，バスで12分ほどかかる駅前のデパートの地下でもペットボトルの緑茶は購入できる。コンビニは一般に小型店で，商品を陳列するスペースも在庫を置くスペースも限られており，大量発注して安く商品を仕入れることが難しい。値段については，少し歩いてスーパーマーケットまで行けばコンビニよりも2，3割は安く買える。コンビニの陳列スペースは限られて

いるので，緑茶はせいぜい数種類くらいしか置かれていないが，スーパーマーケットやデパートは売場が広く，多数のブランドのものが置かれていて比較でき，デパートにはスーパーでは置かれていない特別な緑茶も手に入るかもしれない。コンビニの店員は学生アルバイトで，スーパーやデパートのベテランのパートや社員の商品知識や接客態度とは比べようもない。これらのハンデを負っているコンビニがその吸引力を高めるには，距離あるいはその2乗を縮めるしかない。近くて便利を最大限に生かすためには，集中した出店をして，顧客に近づく以外にない。これを達成しようというのがドミナント戦略である。スーパーまで行けば2，3割安く買えるけれど，往復で20分の移動時間を考えると，今日はすぐそばのコンビニに行こう，となるとドミナント戦略が功を奏したことになる。さらに，売れ筋商品で棚を埋め，魅力ある新商品を開発し，ポイント付与などの施策を展開して，顧客の再来店を促す。生活に密着した最寄品については，ドミナント戦略が有効に機能することが多い。

　さらに，ドミナント戦略をとることによって，コンビニの物流効率を高め，ロジスティクス費用を抑えて，大型スーパーマーケットに対抗できるようになるというメリットもしばしば言及される。同じ商圏にたくさんの店舗を出店すれば，近くの物流センターで店舗毎に仕分けされて車輪付きのコンテナボックスに収納された補充商品をトラックに積み込み，各店舗を順々に回って，コンテナボックスごと商品を配送し，空コンテナを回収して物流センターに戻ることで，店舗あたりの物流コストを下げることができる。隣接する牧場をトラックで回って牛乳を集めるミルクランの逆バージョンと言える。このようなサプライチェーンを繋ぐロジスティクスの問題はコンビニ加盟店のオーナーではなく，コンビニ本部の問題である。ベンダーから加盟店を通じて消費者に商品が届け

られるサプランチェーンのデザインがコンビニ本部の最も重要な任務の
ひとつである。

　ドミナント戦略で集中出店する場合，対象となる商圏の人口やその地
域の将来性などを考慮することが重要となる。過疎化で人口が減少して
いる地域に集中出店しても，ドミナント戦略によるブランド効果も物流
効率化も期待できない。集中出店するなら，人口が増加しているベッド
タウン地域，新線や高速道路の開通などで人の流れが増えている地域，
今後，大規模な開発計画が予定されている地域を選び，商圏内の世帯構
成や年齢層なども調査しておく必要がある。

（3）売れ筋商品の把握と絞り込み

　コンビニが近くにあったとしても，買いたい商品がない，好きなブラ
ンドが置かれていないということになれば，顧客のロイヤルティーを得
ることは覚束ない。対象となる商圏の消費者が求める売れ筋商品を見つ
け出し，それらの商品への需要をできるだけ正確に予測して，過剰在庫
を持たずに絶やさず陳列できるようにしておく必要がある。過剰在庫は
置き場所にも困るし，日販品については消費期限切れになって廃棄ロス
を生んでしまう。

　特定の地域で人気が高い商品であっても，他の地域で売れるという保
証はない。地域によって需要特性に違いがあるのは一般的なことであ
り，まずは各地域の消費者の需要特性を正しく把握することが大切にな
る。関東地域と関西地域では，売れる麺類のカテゴリーが異なり，蕎麦
やうどんの出汁も違ったものが求められる。関東では定番の納豆も，関
西ではあまり売れない。また，オフィス街と住宅地では，味噌や醤油，
ソース，砂糖などの調味料に対する需要は大きく異なる。オフィス街で
はこれらの調味料はほとんど売れないか，需要があっても少量に限られ

る一方で，お弁当やチルド弁当，おにぎり，サンドイッチ，パンなどの売れ行きが良い。都市部と山間部では物価に大きな差があるため，価格に対する意識にも違いが出てくるであろう。ドミナント戦略を採る際にも，そうした地域の需要特性に合わせて商品のラインナップを考慮し，出店計画を立てなければならない。

　さらに，出店後も，各店舗のPOS端末で収集された顧客の購入履歴に関するデータを本部で分析して商品毎の販売状況や売れ筋商品や死に筋商品を確認し，販促キャンペーンと連動した商品情報，イベント情報，天気予報なども参照しながら，各店舗で需要予測と発注量決定を行うとともに，本部では新商品の企画や開発の可能性を不断に探っていく。

　コンビニの店舗の陳列スペースは限られているので，売れないモノで陳列棚を満たすことは許されず，売れ筋商品を絞り込んでいく必要がある。コンビニの利便性を考慮すると，まとめ買いで割安感が得られるスーパーマーケットとは異なる商品企画が考えられる。消費者は，必要なときに必要なモノを必要な量だけ安く購入したいと考えている。コンビニはこのニーズに対してリーンなシステムを構築して応えることで急成長してきたと言える。ドミナント出店によって，ほとんどの消費者が「必要なときに」いつでもコンビニを利用できる条件が整い，「必要なモノ」を定番商品あるいは売れ筋商品として品揃えして提供しようと努めている。そこで重要になるのが，次の「必要な量だけ」を実現する商品企画になる。すなわち，一度に使う量だけを販売するということである。理想的には，計り売りかもしれないが，手間がかかり過ぎる。そこで，一回使い切りの小口商品が必要となる。スーパーマーケットなどで大量に販売されている食料品は賞味期限内の需要に応えられる量を目安にパッケージ化され販売されている。定番商品については最も少量のも

のや小分け包装されているものが選ばれるが，それでも一度で使う量としては多過ぎる場合，オリジナルの小口商品を企画し，メーカーに依頼して少量パッケージを作ってもらうことも必要となる。セブンプレミアム，ファミリーマートコレクション，ローソンセレクトといったオリジナル商品群である。

　この商品小口化によって，ある意味で，消費者は「安く」購入することができるようになる。350ml のペットボトル入りの緑茶をコンビニで購入すると115円くらいであるのに対し，スーパーマーケットでは2リットル入りのものが180円くらいで購入できる。割安だからと2リットルのペットボトルを買っても，一度に飲めるのは350ml くらいで1,650ml は残ってしまう。そのまま置いておくと温くなってしまって美味しくなくなってしまうか，冷蔵庫に仕舞ってそのまま忘れてしまい，廃棄することになってしまうかもしれない。結局は350ml の緑茶を180円で購入したことになってしまう。これでは賢明な消費者とは言えない。ひとりではなく，家族や友人と一緒に緑茶を楽しむなら，2リットルを飲み切ることができるので，スーパーマーケットで大きなペットボトルを購入する方が合理的であろう。賢い消費者は状況に応じて，コンビニを使ったり，スーパーマーケットで大量購入したり，デパートの地下に出掛けることもある。昨今の小売業界の趨勢は，コンビニのビジネス・モデルが多くの消費者の購買需要にマッチしていることを示していると言えよう。

　以上の売れ筋商品の分析と商品の小口化によって，個々の商品アイテムが占める陳列スペースを小さくし，小さな店舗であっても多くの売れ筋商品を陳列することが可能となる。ただし，陳列スペースも在庫スペースも限られているため，品切れの可能性をできるだけ小さくするためには，頻繁な商品補充が不可欠となり，そのための商品発注システム

や物流システムの構築が求められることになる。

（4）店舗レイアウトと陳列方法

　店舗内を売れ筋商品で埋めても，商品を配置するレイアウトや陳列方法によって，売上にはかなりの差が出る。店舗レイアウトに関しては，顧客の利便性を高め過ぎると客単価は下がってしまう。例えば，ほとんどの顧客は何らかの飲み物を購入するということから，顧客の利便性を高めるために，レジ（スター）のすぐ近くにペットボトル飲料の売場を配置すると，緑茶だけ買って帰る顧客が増えてしまう。実際には，冷蔵庫に入った飲料の売場はレジから一番遠い向かい側の壁面に置かれていることが多い。

　四角形の売場スペースの四辺の中，短辺のひとつにレジカウンターやコーヒーサーバ，その向かい側の短辺に飲料を保管する冷蔵庫を配置し，長辺の方には入口に続いて雑誌売場，ATM などの端末機を並べ，その反対側の壁面にはお弁当，チルド弁当，おにぎり，サンドイッチ，麺類，チルド食品やチルド飲料などを配置するという具合に，定番の商品カテゴリーで四辺を固めている。このようなレイアウトには，四辺に沿って顧客を一周させようという意図がある。さらに，冷蔵庫とレジを結ぶ中央の通路には，お菓子やスナックなどの売場が配置されており，飲料を買い求めてレジに直行しようとする顧客に対して，お茶請けや軽食として衝動買いを誘う売れ筋商品を陳列している。最近はレジの待ち行列が１列になり，この中央の通路に沿ってレジ待ちの顧客が並ぶように誘導されている。レジの近くには和菓子がよく置かれており，高齢者の顧客の衝動買いを誘発しようとしている。また，中央の陳列スペースの両端（エンドと呼ばれる）にも，売れ筋商品，新商品，キャンペーン商品を並べて，衝動買いを誘っている。また，酒類とおつまみ，菓子パ

ンと牛乳などセットで買うことの多い商品については近くに配置し，買い忘れがないような配慮もされている。

　このようにコンビニのレイアウトは，顧客に狭い店舗内をなるべく歩いてもらって，目的の商品だけでなく，衝動買いをできるだけ誘うような工夫が施されており，行動心理学や消費者行動の科学的知見に基づいている。

　雑誌売場が入口脇の窓ガラスに沿って置かれているのは，立ち読みしている人が見えてお客が入っているお店という印象を与えるため，さらには，立ち読みで構わないので入店を誘うためと言われている。天井の蛍光灯は窓ガラスと平行に設置されていて，夜間は蛍光灯の光が外を最大限照らし，顧客を呼びよせる効果を生んでいる。

　商品の陳列については，小売業界で下から130cmから140cmくらいの高さが「ゴールデンライン」「ゴールデンゾーン」「ホットスポット」「ホットゾーン」などと呼ばれており，日本人の平均的な目線の高さになっている。コンビニでも売れ筋商品や売りたい商品はこの高さに配置されていることが多い。高齢者向けの商品はその下，子ども向けの商品はそれよりもさらに下，成人男性の向けの商品はゴールデンラインよりも高いところに陳列するといった工夫もされている。

（5）フランチャイズ契約と多店舗経営

　ここでは，加盟店オーナーの立場からコンビニ本部が描いているビジネス・モデルを見てみよう。店舗に置かれたPOS端末を通じて収集される顧客購買履歴データを分析して，本部は売れ筋商品と死に筋商品，商品別の販売状況，広告キャンペーンやイベントの情報，さらには天気予報などを加盟店側に伝えることができるとはいえ，在庫状況を現認し，発注量を最終的に決定するのは加盟店側であり，これにより仕入れ

額が決まる。他方，売上に対しては加盟店ができることには限界があり，本部が展開する販売促進活動による売上増に期待するところが大きい。加盟店では，陳列方法や接客態度の改善，清掃と清潔の徹底に心がけ，現地でなければ把握できない極めて地域限定的なイベント情報をキャッチして，それを発注量に反映する程度であろう。

　こうして決まる粗利益から本部へのロイヤルティーを一定割合払った残りが加盟店側の収入となる。これについては一定の最低保証が設定されている。例えば，セブン-イレブンでは，土地・建物を加盟店側で用意する契約の場合，年間1,900万円，本部側が用意する契約の場合，年間1,700万円が最低保証されている。ローソンでは年間で1,980万円，営業時間が24時間に満たない店舗については年間1,680万円が保証されている。

　さらに，この収入から店舗運営に必要な経費，パートやアルバイトの人件費，光熱費の一部，見切り品や廃棄商品に掛かる原価などをカバーしなければならない。コンビニでは見切り品の値下げは一般的ではないが，加盟店オーナーの判断で消費期限が迫った商品を値下げして販売することもある。その場合の値下げ額（マークダウン）や消費期限切れになった場合の廃棄ロスについては，原則として，発注量を決めた加盟店側が負担すべきとの考えが主流になっている。しかし，そうなると，加盟店側では確実に売れると思われる数量しか発注しなくなってしまい，販売機会を失う可能性が高まる。これはコンビニ本部の取り分も減らすことになるため，店舗における発注業務を支援し，マークダウンや廃棄ロスの一部についても本部が負担するようになってきている。セブン-イレブンの場合は15%を本部が負担することになっており，ローソンの場合は，その金額が売上の一定割合を超えたときに20%から55%までの累進制で本部が負担するという方式が取られている。

　表12－1を見ると，国内のコンビニ店舗数は2019年2月の55,979店舗をピークに頭打ちになっており，いくらかの減少傾向もみられる。2020年3月の売上減は新型コロナウィルスの影響によるものとみられるが，売上の伸びも鈍化しており，前年比マイナスの月も出てきている。コンビニが全国に行き渡り，コンビニチェーン間の競争がますます激しくなってきている。ドミナント戦略に加えて，品揃えや重点商品カテゴリー，レイアウトや陳列方法などで工夫を凝らし，それぞれ差別化を図り，棲み分けを模索している。しかし，店舗の中には，最低保証額の，あるいはそれに近い，収入しか確保できず，そこから諸経費を除いたオーナーの収入がわずかになってしまっているところも少なからず出てきている。

　ここで，ドミナント戦略を再考してみよう。物流効率性の観点では依然として有効であるが，ブランド浸透という目的は，少なくともコンビニ大手3社についてはすでに達成されている。特定の商圏においてドミナントな存在になれるとしても，同じコンビニの店舗がたくさん出店すれば，その商圏内の需要を食い合う形になってしまう。A店が売上を増やせば，近くのB店の売上は減ってしまう。ドミナント戦略を採ることによって，特定の商圏に過剰な店舗が出店することになってしまい，個々の加盟店オーナーが低収入に苦しんだり，閉店に追い込まれたりしているのではないかという疑問が生じてきている。最近のコンビニ店舗数の推移は，過剰出店や閉店するコンビニが増えていることを示唆するものでもある。

　そこで，今後の新規出店を考えてみると，近くに他社あるいは自社のコンビニがあるというのが普通の状況であろう。あるコンビニがドミナントな商圏内において新たな出店をすれば，近隣の加盟店の売上に悪影響が出ることは間違いない。しかしながら，そこに他のコンビニが出店

を果たすことができたら，その影響の方がずっと大きいであろう。これを阻止するために，防御的な出店が必要になるケースもある。

　同じコンビニの店舗間の共食い問題に対するひとつの解決策は，いわゆる内部化である。ある加盟店のオーナーが近隣の店舗を含めて複数の店舗を経営することにより，既存店舗の売上減を新規店舗の売上でカバーすることができる。仮に，既存店舗の売上が新規店舗の出店によって，100から70に減っても，新規店舗が80の売上を達成できれば，両店舗合計の売上は100から150に50％増加する。新規店舗の場所に他のコンビニやドラッグストアが進出してくれば，既存店舗の売上は70未満に減ってしまう危険がある。そのような進出を防ぎつつ，トータルの売上も増やせる一石二鳥の方策と言える。このように，ひとりのオーナーが多店舗経営を行うことをコンビニ本部も奨励している。2店目以降の店舗のロイヤリティーを引き下げるといった複数店経営奨励制度を各社とも設けている。複数店経営を最も奨励しているのがローソンで，原則として，新規店舗の出店によって最も大きな影響を受ける店舗のオーナーに新規出店の権利が与えられており，2020年2月末で，75.4％の店舗が複数店オーナーによって経営されている。セブン‐イレブンでも47％の店舗が複数店オーナーの経営である。

3．コンビニエンス・ストアの
　　サプライチェーン・マネジメント

　コンビニのサプライチェーンは，生産者や製造業者から物流業者，フランチャイズ加盟店を介して消費者に届くモノ，カネ，情報の流れから構成される。このサプライチェーンの最適化を図り，必要なときに必要なモノを必要な量だけ消費者に届ける仕組みを構築するサプライチェー

ン・マネジメントの中核を担うのが，コンビニ本部である。以下では，コンビニ本部におけるサプライチェーン・マネジメントを支える取り組みについて紹介する。

（1）商品開発

　店舗に陳列されている商品の中には，コンビニ本部とメーカーが共同開発したものが多数ある。お弁当，チルド弁当，麺類などの中には，有名店や一流レストランの味と品質を再現したものが手軽な値段で販売されている。各コンビニのオリジナルブランド商品もメーカーと共同でいろいろなものが開発され，オリジナル雑貨などとともに売場を充実させている。消費者の変化するニーズに伴い，各商品のライフサイクルはますます短命化しつつあり，魅力ある新商品を短期間で開発し，店舗に導入することで売上向上を目指している。セブン‐イレブンでは毎週100アイテムの新商品を市場導入している。

（2）物流システム

　店舗からの発注・販売・在庫情報をメーカーと共有し，これに基づいてメーカーが商品を計画的に生産して，商品の味や品質を保持するために最適な温度帯に分けて，それぞれ配送センターに納品する。これを配送センターで店舗毎に仕分けし，担当する複数の店舗に配送して回る。1台のトラックで5店舗から10店舗くらいを担当することが多い。お弁当やおにぎりなどは20℃定温，チルド弁当やサンドイッチ，麺類などは5℃前後のチルド温度帯で，1日3回の配送を行い，常に新鮮な状態で各店舗にこれらの商品が届けられている。これらの他に，ペットボトルや缶入りの飲料，加工食品，雑貨類などは常温の温度帯，アイスクリームや冷凍食品は−20℃の冷凍温度帯で配送される。これら4つの温度帯

毎に異なる配送トラックが用いられるが，ローソンやファミリーマートでは２つの異なる温度帯の荷物室を持つトラックを利用して，各店舗への配送回数を減少させることが試みられている。これらの取り組みにより，物流コストの削減だけでなく，CO_2排出量の削減，さらには店舗周辺の渋滞や騒音の削減にも貢献することができる。例えば，セブン‐イレブンの店舗では，１日あたりの配送回数を平均９回にまで効率化している。おおよそ20℃定温配送が３回，チルド配送が３回，常温配送が１回，冷凍配送が１回，雑誌や本の配送が１回といった目安である。また，ローソンでは，新聞，雑誌，本・たばこを除いて，１日あたりに到着する納品車輌台数を平均７台にまで削減している。

（3）情報システム

　顧客ニーズが目まぐるしく変わり，商品のライフサイクルが短縮化しているため，安定的に長く売れ続ける商品は非常に限られている。したがって，個々の商品アイテムの販売動向をデータで検証しつつ発注精度を高める単品管理が不可欠となる。セブン‐イレブンでは，検品や陳列位置登録，鮮度管理などに用いるスキャナー・ターミナル，売場で商品情報などを確認して発注作業を行うグラフィック・オーダー・ターミナル，POSレジスター，ストア・コンピュータから成る店舗情報システムを運用し，本部システムに販売実績データや発注データを送信するとともに，キャンペーン情報，新商品情報，イベント情報，最新の商品情報，天候予報，商品陳列方法などを本部システムから受け取り，発注精度と売上の向上に生かしている。さらに，本部システムは，加盟店にアドバイスを提供するオペレーション・フィールド・カウンセラーの携帯パソコン，店舗の経理システムを運用する地区事務所，商品鮮度の維持と計画的な店舗への納品を担う物流（配送）センター，商品を生産し物

流センターに出荷するメーカー／取引先などと繋がるネットワークを構築し，サプライチェーンを強力に支援している。

　また，ローソンでは，ITベンダーのSAPジャパンのサプライチェーン管理ソリューションである「SAP Integrated Business Planning」を導入し，原材料調達から販売までの統合化，見える化，効率化を一歩進め，販売機会の損失や廃棄ロスを削減することで利益率の向上を試みている。これにより，サプライチェーンの各工程間にあるムダを排除して，サプライチェーン全体で食品材料廃棄を約56％削減することに成功したと公表している。

　経済産業省においてもコンビニやドラッグストアと協力してIoT等を活用したサプライチェーンのスマート化の実証実験に取り組んでいる。サプライチェーン内の事業者の部分最適化に起因する廃棄ロスや返品等の課題を解決し，新たな価値を創造するために，電子タグ，電子レシート，Computer Vision（カメラ）等のツールを活用して店舗のスマート化とサプライチェーンを通じた情報共有と全体最適化の促進に努めている。

　商品に貼付された電子タグの情報を電波で読み取ることにより，いつ，どこで，どの商品が，どれくらい流通しているかを把握でき，店舗におけるレジ，検品，棚卸業務を容易にし，万引を防止し，消費期限管理を効率化し，食品廃棄ロスを削減することができる。さらに，電子タグから取得された情報を物流センターやメーカー／取引先などを含め，サプライチェーン上で共有できれば，流通在庫に合わせてメーカーが生産量を柔軟に調整したり，トラックの空きスペース情報を共有して共同配送を進めたりなど，生産・物流・卸・小売の垣根を越えたムダの削減と流通の最適化を実現することができる。

　このような効果を期待して，2019年2月に電子タグを活用したサプラ

イチェーン情報共有システムの構築に向けて実証実験が実施された。メーカー・卸・小売・消費者等のサプライチェーンのメンバーが実験対象商品に貼付された電子タグを読み取り，取得したデータを連携することで，在庫の可視化や食品廃棄ロスの削減などの課題解決を目指して情報共有を行う際のデータフォーマットやルール等が検討された。

①サプライチェーンのメンバー間の連携

　メーカーあるいは物流センターにおいて実験対象商品に電子タグを貼付し，流通過程で入出荷される際に電子タグの情報を読み取り，実験用に構築した情報共有システムに蓄積することにより，在庫情報の可視化が試みられた。さらに，実験対象の家庭においても電子タグを読み取り，家庭内での活用方法が検討された。

②店舗と消費者との連携

　コンビニとドラッグストア5店舗において，電子タグを用いて，ダイナミックプライシングと広告最適化の検証が行われた。ダイナミックプライシングについては，商品棚に設置されたリーダーが自動的に電子タグを読み取り，消費期限や賞味期限が迫っている商品を特定し，当該商品を購入すると現金値引きやポイント還元のいずれかが行われることを実験対象の消費者に通知して，食品廃棄ロスを削減する取り組みである。後者の広告最適化については，実験対象の消費者が手に取った商品の電子タグを読み取り，商品棚に設置されたサイネージから当該商品の広告情報等を流す取り組みについて検証した。

③電子タグを用いた家庭内サービスの体験

　「ひと・もの・いえがつながる未来」をテーマに，IoTによって新たに生まれる家庭内サービスや電子タグを読み取ることができる冷蔵庫が展示された。

　これらの実証実験の結果等を踏まえ，サプライチェーンにおける情報

の共有のあり方のひとつとして，EPCIS（Electronic Product Code Information Services）データ連携，電子タグ貼付に関するガイドラインが策定され，2019年3月に公表されている。

（4）トレーサビリティ

　コンビニの主商品である食料品については，食の安心・安全の観点から，原材料の調達から消費者に至るサプライチェーンの経路を可視化し，個々の商品がいかなる経路を通じて消費者の手元にまで届いたのかを正しく把握できる仕組みを構築することが重要となる。そのために，前述した電子タグやバーコードが利用できる。さらに確実なトレーサビリティのため，ブロックチェーンをサプライチェーンに応用する試みもなされている。情報の改ざんが困難であるブロックチェーン技術を駆使できれば，商品が通過した経路を正しく可視化できるサプライチェーン・マネジメントの仕組みを構築できる可能性が出てくる。

　みずほ情報総研とローソンは，2018年4月から5か月にわたり，サプライチェーンを流れる商品一つ一つの動きをブロックチェーンに記録し，管理する「個品管理プラットフォーム」の概念実証を共同で実施した。コンビニ店舗で販売する食料品のサプライチェーンを想定し，複雑なネットワークにおける個品のトレーサビリティ，ブロックチェーンに記録された個品の情報のうち各事業者がアクセスできる範囲を制御する仕組み，個品の入出荷のたびに更新される情報の信頼性の3つの観点から，個品管理プラットフォームの検証が行われた。

　課題として，入出荷のたびに個品のブロックが作成されるため，トランザクション件数の増加が処理能力に及ぼす影響を軽減する必要性があること，事業者ごとにアクセス可能な情報をきめ細かく制御するための仕組みをどう設計したらよいのかといった問題が浮き彫りとなった。ま

た，採用されたオープンソースのブロックチェーン基盤「Hyperledger Fabric」に内在する問題として，悪意を持った者がブロックに書き込まれた情報の書き換えに成功してしまった場合，現状では改ざんを検知するのが難しいという問題も残っていることが指摘されている。

　ブロックチェーンの潜在的な可能性はトレーサビリティの実現だけにとどまらない。情報の改ざんが難しいブロックチェーンを使うことで，商品の産地偽装や不適切な表示，消費期限偽装などの食料品に纏わる問題を防ぐことができる。また，商品の製造元を正しく遡って正規品を立証するプラットフォームとして活用することにより，模造商品の市場流通を抑止する効果も期待できる。

参考文献

一般社団法人日本フランチャイズチェーン協会（2020）「コンビニエンスストア統計データ」https：//www.jfa-fc.or.jp/particle/320.html

株式会社セブン-イレブン・ジャパン（2020）「サプライチェーンでの取り組み」
　https：//www.sej.co.jp/csr/environment/supply_chain.html

株式会社ファミリーマート（2020）「重要課題への取り組み」
　https：//www.family.co.jp/sustainability/material_issues.html

株式会社ローソン（2020）「サプライチェーンにおける環境への配慮」
　https：//www.lawson.co.jp/company/activity/environment/supply/

コンビニウォーカー（2020）http：//cvs.main.jp/

経済産業省（2020）「IoT 等を活用したサプライチェーンのスマート化」
　https：//www.meti.go.jp/policy/economy/distribution/smartsupplychain.html

みずほ情報総研株式会社（2018）「みずほ情報総研，ローソンと共同で「ブロックチェーンを用いた個品管理プラットフォーム」の概念実証を実施」
　https：//www.mizuho-ir.co.jp/company/release/2018/lowson0926.html

【学習課題】

1．本部が推進するドミナント戦略と24時間営業について本部と加盟店
　オーナーで軋轢が生じているが，それはなぜだろうか考えてみよう。

2．コンビニで売られている梅干入りおにぎりのサプライチェーンを図
　で描いてみよう。

3．コンビニでは，サプライチェーン全体を通じて環境負荷を削減する
　ために様々な活動を行っている。馴染みのコンビニチェーンでどのよ
　うな取り組みを行っているか調べてみよう。

13 | アパレル商品のサプライチェーン

松井美樹

《**目標＆ポイント**》 アパレル業界を取り巻く環境について概観し，SPA を中心とするミドル帯で取り組まれてきたサプライチェーン・マネジメントの要点について解説し，いくつかの先進的事例を紹介する。

《**キーワード**》 アキュレート・レスポンス，需要予測，SPA，ファスト・ファッション，取引慣行

1．アパレル商品とアパレル産業

（1）アパレル商品とアパレル企業

　私たちの生活に不可欠な衣食住のうち，衣を支える商品，すなわち布や生地から作られる衣服（スーツやコート，Tシャツ，ジーンズ，トップス，ボトムス，ワンピースなど），特に既製服で，小売店やeコマースサイトで販売されているものがアパレル商品である。自作した服はそもそも商品ではないし，テーラーで仕立てるスーツや呉服店で仕立てる和服はアパレル商品には通常は含まれない。既製服としてのアパレル商品はトレンドに合わせて，不特定多数の人たちに販売することを目的に企画され，生産される。アパレル商品は，営利を目的とするビジネスの対象として捉えられる。

　このようなアパレル商品の幅は広く，紳士服，婦人服，子供服・ベビー服，スポーツ衣料，ジーンズ，作業着，下着，毛皮やレザーウェアなどのほか，スカーフやネクタイ，帽子，マフラー，ストール，手袋，

靴下などのアパレル小物も含まれる。特にファッション性の高いアパレル商品群はファッション・アパレルと呼ばれ，既製服とは言えない靴，バッグ，ベルト，アクセサリーなどの服飾雑貨とともに，トータルにファッションを提案する重要なファッション・アイテムとなっている。

　アパレル商品を企画し，その生産をアレンジして，百貨店や量販店，専門店などの小売業者へ卸売をする企業，すなわち，どのような服をどのように生産し，どのような顧客に向けてどのような方法で販売するかを決める企業をアパレル企業と呼ぶ。まさに，アパレル商品のサプライチェーンを司る存在と言える。アパレル企業は，一般には生産部門は持たず，専属工場や契約工場に染色・加工，縫製等の生産活動を委託するのが純粋な形態である。ただし，企画したアパレル商品が協力工場において確実に生産されるように，生地の選定，CAD によるサンプル作成，生地の調達や縫製手配などの生産計画立案，生産と物流のコントロールといった業務をこなし，でき上がったアパレル商品を適時に流通段階に引き渡すベンダーという意味において，アパレルメーカーと呼ばれることもある。アパレル企業の中には自社工場を持ち，企画した商品の一部を自ら生産する場合もある。あるいは，製造企業がアパレル商品の企画や流通に乗り出し，ファクトリーブランドを立ち上げて，アパレルメーカーと呼ばれるようになることもある。他方，アパレル企業あるいはアパレルメーカーが直営の小売店舗を建設し，小売部門に前方統合することもある。逆に，小売店がアパレル商品の企画や生産に乗り出す後方統合もある。百貨店や量販店などのプライベートブランドあるいはPB 商品がその一例である。

　アパレル企業は，素材生産や縫製等の工程を経て製造される既製服にファッション性を付与し，先進的で独創的なデザインによって付加価値を高める役割を担う。ファッション・アパレルの分野で重要になるの

が，ファッション・デザイナーの創造性である。ファッション・デザイナーはアパレル商品のサプライチェーン全体に影響を及ぼす存在であり，アパレル商品の小売市場における競争力の源泉のひとつとなる。ファッション・デザイナーは，アパレル商品だけではなく，メイクアップや化粧品，シューズ，バッグ，ベルト，アクセサリーなどの服飾雑貨なども含め，身につけるファッション・アイテムのコーディネーションによって創造される雰囲気やトレンドを表現しようと努める一方で，アパレル商品のコストや売上，利益にはあまり関心がないことも多い。アパレル企業の多くはファッションセンスを重視して差別化を図っているが，ファッション性よりも基本機能を突き詰めてコストで競争しようとする企業もある。

（2）アパレル産業

　アパレル産業は，アパレル商品およびその素材を生産する製造事業者，その企画・流通・販売に関わるアパレル企業，ファッション小売企業などから構成される。これらがアパレル商品のサプライチェーンの主要メンバーである。

　アパレル商品の製造においては，紡績・製糸・撚糸などの糸の製造から始まり，製織・ニット編み，染色・加工，縫製，さらにボタンやジッパー等の副資材などの製造事業者が分業体制を敷いており，それらの工程の間に，糸や生地，副資材を取り扱う専門商社が介在し，在庫機能や金融機能を担っている。これらの生産活動は国内のみならず，貿易商社を通じて海外でも行われており，現在の大手アパレル企業の商品は大半が中国を始めとするアジア諸国で生産されている。

　アパレル企業は，ファッションセンスを表現する創造的なアパレル商品を企画し，CADを用いてサンプルを作成し，それらを共有するに相

応しい素材メーカーや縫製工場を選択する。他方，ファッションショーや展示会，予約受注会などを開催して，個別アイテムの需要予測ないし販売見通しを立てて，生産数量や生産のタイミング，希望小売価格などを決定する。詳細な生産計画の立案やサプライチェーン全体の物流の手配も収益性に影響を及ぼす重要な業務である。一般に，ファッション性と収益性の両者を追求するが，いずれをより重視するかは各アパレル企業の戦略とビジネス・モデルによる。

　私たち消費者がアパレル商品を購入するのが，ファッション小売企業が経営するアパレル・ショップである。これらの小売企業として，百貨店や量販店（大型スーパーやショッピングセンター），専門店（セレクトショップ，デザイナーズブティック，服飾雑貨店など），SPA（製造小売業）などがあり，また，近年では，インターネットを利用したeコマースによる無店舗販売という新たなチャネルが注目を浴びている。

　こうしたアパレル業界の基本構造の中で，小売店や製造事業者がアパレル商品の企画に乗り出す垂直統合化の動きも目立ってきており，eコマース市場の拡大も相俟って，ビジネス・モデルが多様化し，事業者間の関係性もより複雑なものになっている。

2．ファッション・アパレル市場

　ファッション・アパレルの領域は，ファッション性の高いアパレル商品を生み出す原動力のファッション・デザイナー，あるいは市場や消費者のトレンドを読みつつ，マーケティングリサーチや販促，広告の計画なども含めてブランド全体の戦略立案を行うファッション・ディレクターやファッション・コーディネーターなどが重要な役割を担う。特に，ファッション・トレンドを創造する世界の高級ブランドは春夏と秋

冬の新作を巡って熾烈な競争を展開する。この頂点にあるのが，ニューヨーク，ロンドン，ミラノ，そしてパリと続く世界の四大コレクション・ファッションショーである。2020年春夏物婦人服（プレタポルテ）を例にとれば，2019年9月6日，ニューヨーク・コレクションから始まり，ロンドン・コレクション，ミラノ・コレクションと続き，2019年9月23日から10月1日までのパリ・コレクションでファッション・トレンドが決まってくる。この1か月の間に流行しそうなスタイル，色，柄，丈，それらを具現化する商品デザインがだんだんと見えてくる。ファッション・アパレル企業はこれらのコレクションの動向や自社のショーや展示会，予約受注会などを通じて，商品企画，デザイン，マーケティング戦略を練り上げていく。トレンドに乗れれば販売を伸ばせるが，それに失敗すると売れ行きは大きく落ちてしまうというリスクに直面するのが，ファッション・アパレルの特徴であり，このリスクはファッション性やラグジュアリー度とともに高くなる傾向にある。

（1）アキュレート・レスポンス

　リスクの高いファッション・アパレルの場合，各シーズンの流行のトレンドをできるだけ幅広く調査し，テスト・マーケティングの結果を周到に分析してから，最終的なブランド戦略を立案し，具体的な生産計画を立てるという一種のポストポーンメントによって，リスクを低減させることが考えられる。できるだけ情報を集めてから動くという方策である。他方，アパレル商品のサプライチェーンは長く，およそ半年前くらいから生産準備を始めないとシーズンに遅れて，売り時を逃してしまうという可能性もある。完全に売れ筋が見えてから，どのような商品をどのくらい生産するかを決めていたのでは遅すぎる。この問題に対して，ファッション・アパレルはどのように対応したらよいのか。

　ひとつの対応策がアキュレート・レスポンスと呼ばれている方法で，日本のアパレル企業の株式会社ワールドが採用したことでも知られている。この方法では，あるシーズンに投入されるアパレル商品を製造するための生産期間あるいは生産能力を投機的生産と応答的生産の2つに分け，前半が投機的生産，後半が応答的生産に充てられる。シーズン当初はまだファッション・トレンドを見極めることができるだけの情報はなく，その時点での需要予測に基づいて行われる生産が投機的生産である。他方，時間とともにアパレル市場のトレンドが明らかになり，自社商品の販売動向に関する情報が得られてから行われる生産が応答的生産と呼ばれる。その上で，シーズン初期はリスクの低い品目を中心に投機的生産に従事する。すなわち，投機的生産の期間においては，可能な限り投機は避けられるということになる。リスクの高い品目については，より正確な需要情報が得られるまでできるだけ生産を延期し，応答的な生産を中心とする。実際には，このような需要情報は一度にすべて集まるものではなく，徐々に蓄積されていって，ファッション・トレンドが明らかになってくるという性格のものである。特に応答的生産の期間においては，新しい情報が入手されるに従って販売計画や生産計画の調整が繰り返されて，可能な限り需要に生産をマッチさせ，過剰在庫や在庫切れを起こさず，また値引きもせずに売り切ることが目指される。このように段階的な生産期間を設け，リスクに応じて異なる品目や数量を生産して需給の一致を図るのがアキュレート・リスポンスである。

　時間の流れに沿ってアキュレート・レスポンスの概要を示したものが図13－1である。2つの水平線が時間軸を表す。上の実線が店舗側から見たアパレル商品の受入のタイミングを示しており，下の破線に沿って生産サイドから見たスケジュールが示されている。ただし，t_4は応答的生産の最終ユニットが店舗に届いて受け入れられる時間を示しており，

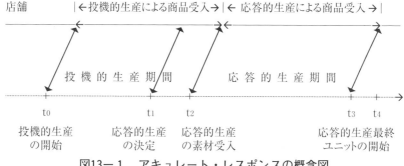

図13－1　アキュレート・レスポンスの概念図

この生産が開始される時間 t_3 との差がスループット・タイムを表している。また，応答的生産についての決定がなされてから，そのための素材が工場に届くまでの経過時間 t_2-t_1 が素材調達のリードタイムとなる。

　需要に合わせた販売とその裏付けとなる生産を実現していくためには，柔軟で俊敏な生産体制が必要となる。そのためにまず重要なことは，当該シーズンにおけるアパレル市場の動向や店舗における販売データをできるだけ早く正確に把握できるネットワークや情報システムを構築し，応答的生産のための生地等の調達を前倒しし，応答的生産にできるだけ長い時間をかけることを可能にすることである。その上で，細かな生産調整ができるようにロット・サイズを小さくし，素材調達のリードタイムや製造のリードタイム（スループット・タイム）を短縮していくことが求められる。実際の需要が当初の予測よりも高い場合には，生産能力増強のための手当ても考えなければならない。

（2）投機的生産の決定：オーバーマイヤー法

　それでは，シーズン前半の投機的生産をどのように決定したらよいのであろうか。どの商品アイテムをどのくらいの数量，生産するのがよい

のであろうか。原則としては，相対的にリスクの低い商品，すなわち定番商品などを中心として，確実に売れると見込める量だけ，まずは生産手配をするということになる。これを具現化する方法としてよく知られているものが，米国のファッション・スキー・アパレル企業Sport Ober-meyer社が考案したオーバーマイヤー法あるいはオーバーマイヤー・モデルである。需要予測のための高度に理論的な手法というものではなく，簡便で実践的な手法として，アパレル業界では広く知られ，利用されている。確実に売れると見込める量を，平均値から標準偏差の2倍（2σ）を差し引いた量を目安にしている。なぜ標準偏差の2倍なのかについて，理論的根拠は必ずしも明確ではないが，販売予測の経験に照らして納得できる値と認められている。

　ちなみに，品質マネジメントのひとつのツールである管理図では，標準偏差の3倍が目安としてよく用いられている。正規分布を仮定すれば，平均値から標準偏差の3倍以上下回る確率は約0.1%である。1,000回に1回しか起こらないことであるが，これを需要予測に適用すると非常に小さな値となってしまう。この量はまず確実に売れるであろうが，やや悲観的すぎるということで，2倍が使われている。正規分布の場合，平均値から標準偏差の2倍以上下回る確率は約2.3%で，1,000回中23回くらいは起こることになる。

　表13-1は，オーバーマイヤー法によって投機的生産の目安がどのように立てられるかを例示したものである。

　あるシーズンのスキー・パーカーの需要予測に基づき，20,000着の販売計画が立てられたとする。このような販売計画は，市場調査，店舗毎の積み上げ，アイテムやカテゴリー毎の積み上げなどを通じて決定されるのが通常である。このシーズンに投入を予定しているパーカーのスタイルはGからDまで10スタイルあるとしたとき，これらのスタイル別に

どれくらいの販売が見込めるかについて社内の専門家の意見を聴取する。ここでは，店長Rから店長Yまでの6人の店舗責任者の意見を聞いた結果が示されている（株式会社ワールドの場合には購買層に当たる店員の意見を聞いている）。当然ながら，個々のスタイルに対して，店長の販売見込みには平均値を中心にばらつきがある。このばらつきの尺度として最も良く使われているのが標準偏差であり，その2倍を平均値から差し引いた値が確実に売れると見込める数量の目安として利用される。表では $\mu - 2\sigma$ の列である。例えば，スタイルSについては6人の平均は1,100着くらいと見込まれているが，店長Rの600着に対して店長Yは2,125着と意見に大きな差異がある。そのため，確実に売れると見込める数量は65着と非常に低く見積もられることになる。

　生産期間を前期の投機的生産と後期の応答的生産に2分する場合，それぞれの期間の生産数量はそれぞれ10,000着が目安になるが，投機的生産において，どのスタイルをどれだけの数量を作ればよいのであろうか。$\mu - 2\sigma$ の値をすべてのスタイルについて足し合わせると10,573着となる。投機的生産の期間をいくらか延ばすか生産能力をいくらか増強することによって，これらをすべて生産するという方法も考えられなくはない。あるいは，すべてのスタイルに対して一律に94.58%を乗じて，10,000着に合わせるということも考えらよう。ただし，契約工場に製造委託をする場合，最低の製造ロット等が契約に盛り込まれることが多い。最低ロットが500着，500着を超える場合には，100着単位で増加できるというような具合である。ここでは最低ロットとして500着を適用してみると，スタイルC，T，Sの3つはそれに満たない高リスクなアイテムと判断され，投機的生産ではこれらを除いた7スタイルのみ，合計9,774着の生産に集中することになる。平均需要 μ のうちの前期において満たされない部分は後期の応答的生産に回されることになるが，各

表13-1　オーバーマイヤー・モデル

スタイル	価格	店長R	店長C	店長G	店長W	店長T	店長Y	μ	σ	2σ	μ-2σ	前期	後期
G	110	900	1,000	900	1,300	800	1,200	1,017	194	388	629	629	388
C	99	800	700	1,000	1,600	950	1,200	1,042	323	646	396		1,042
E	80	1,200	1,600	1,500	1,550	950	1,350	1,358	248	496	862	862	496
A	90	2,500	1,900	2,700	2,450	2,800	2,800	2,525	340	680	1,845	1,845	680
T	123	800	900	1,000	1,100	950	1,850	1,100	381	762	338		1,100
L	173	2,500	1,900	1,900	2,800	1,800	2,000	2,150	404	808	1,342	1,342	808
S	133	600	900	1,000	1,100	950	2,125	1,113	524	1,048	65		1,113
R	73	4,600	4,300	3,900	4,000	4,300	3,000	4,017	556	1,112	2,905	2,905	1,112
N	93	4,400	3,300	3,500	1,500	4,200	2,875	3,296	1,047	2,094	1,202	1,202	2,094
D	148	1,700	3,500	2,600	2,600	2,300	1,600	2,383	697	1,394	989	989	1,394
	計	20,000	20,000	20,000	20,000	20,000	20,000	20,001			10,573	9,774	10,227

スタイルの売れ行きに関するデータが集まるにつれて，注文量の変更や緊急の追加注文などが生じることになる。

（3）リードタイムの短縮

　応答的生産の段階に入ると，ファッション・トレンド動向や自社商品の販売データが蓄積されていき，そのシーズンの売れ筋アイテムがはっきりとしてくる。例えば，店長Yの予測が正しく，後期になって新規投入したスタイルSの売れ行きが非常に良く，在庫が底をつきそうな状態になると，店舗からスタイルSの緊急の補充注文が出ることになる。これにいかに迅速に対応できるかが販売機会を逃さずに済ませられるかどうかを決定づける。

　ここで，重要になるのが，アパレル小売店舗から物流センター，アパレル企業の販売・生産計画担当，縫製工場，染色・加工工場，素材メーカーに至るサプライチェーン全体での協力体制と情報共有，それを統制するアパレル企業のサプライチェーン・マネジメントの能力である。小売店舗における販売データが物流センター，アパレル企業の本部，縫製

工場などと共有ができれば，在庫切れに陥りそうな品目に対する生産手配を早めに掛けることができる。百貨店や量販店とアパレル企業との間で協力関係を構築することも不可能ではないが，経済産業省のアパレル・サプライチェーン研究会報告書（2016）にも指摘されているように，依然として古い取引慣行が残っていてそれが難しい場合，アパレル企業が自らの店舗を展開しようという強い誘因を持つことになる。

　また，アパレル企業と契約工場との間で緊密な連絡を取り，将来の生産計画見通しの提示とそれに応じた生産能力の調整を不断に行いつつ，長期的な協力関係を構築していくことが必要になる。賃金の安い海外の工場と契約するのがアパレル業界の一般的な慣行となりつつあるが，ファッション・アパレルの領域では，短い納期で俊敏な対応ができるメーカーと良好な協力関係を築くことも同様に重要であり，国内メーカーの活用も考慮されるべきであろう。指定されたボタンなどの副資材がすぐには入手できないような場合には，他の類似のボタンを使って代用するといった生産段階での柔軟性を確保するための工夫もリードタイムの短縮に有効である。

3. SPA とファスト・ファッション

　ファッション・アパレル分野における長いサプライチェーンがファッション・トレンドに対して高い応答性を保持することを可能にするために，従来からの細分化された分業構造を見直し，サプライチェーンをより統合的に機能させようという動きが1980年代後半くらいから活発化した。その中で新たなタイプのアパレル企業とビジネス・モデルが生まれてきた。米国の The Gap 社が提案した SPA（specialty store retailer of private label apparel）や，その後のファスト・ファッションである。

（1）SPA

　SPA は，アパレル商品の企画から素材調達，製造，物流，プロモーション，販売までの機能を一貫してマネジメントする垂直統合志向のビジネス・モデルであり，その実現を目指す生産機能を有するアパレル小売業態ということで，「製造小売業」と呼ばれている。アパレル商品の企画機能を有しているという点で，SPA もアパレル企業とみなすことができる。元来，アパレル企業は商品の企画・デザインに特化し，それを仕入れた百貨店や量販店，アパレル専門店などが消費者に販売するという分業構造であった。この間の取引については，VMI（vendor managed inventory：ベンダーによる在庫管理）や委託仕入れや消化仕入れといった返品を伴う取引形態が採られ，在庫や売れ残りに関するリスクは原則としてアパレル企業側が負担する小売に有利な取引慣行が定着していた。

　このような取引慣行への対抗策として，前述した The Gap 社やワールドなどのアパレル企業が SPA というビジネス・モデルを確立していった。これらのアパレル企業は自ら小売事業に乗り出して店舗を構え，最新のファッション・トレンドや消費者ニーズに直接かつ能動的に接するとともに，認知した新たなニーズに合わせたアパレル商品を開発し，統一したブランド・コンセプトを提案できる店舗を展開することによって，様々なアパレル商品を取り扱う既存小売業者との差別化を図ろうとするアプローチが生まれてきた。このように小売事業への垂直統合を果たすことによって，中間の卸売業者等を介さずに効率のよい流通システムを形成することができる。他方，商品販売に関わるすべてのリクスを自ら負うことになるため，店舗における最新の販売データを加味して需要予測を頻繁に更新しつつ，それを生産に直結させる応答性の高い生産体制を構築することが求められる。これによって，サプライチェーン全

体にわたるモノの流れがスムーズになり，流通在庫を削減し，売れ残り商品の見切り販売や廃棄ロスを減少させる一方で，品切れによる販売機会の損失も避けることができるようになる。

　小売店舗とは異なり，SPA は自ら工場を建設して製造事業に直接乗り出すことには積極的ではなく，製造ノウハウを持つ染色・加工工場や縫製工場などと専属契約や長期契約を結んで生産を委託し，その発注管理と納期管理を通じて計画通りに商品が店舗にまで届くシステムを構築して，サプライチェーン全体の効率性と柔軟性を同時に高めることができることを示してみせた。製造段階で規模の経済性を享受できる量を売り切るために，ほとんどの SPA は多店舗展開をし，これがブランドの浸透にも貢献するようになり，ボリュームゾーンのミドルレンジを中心に SPA ブランドが次々に現れるようになった。

　このように，もともと SPA はアパレルの製造小売業ということであったが，最近では，家具やインテリアを扱う IKEA や株式会社ニトリなど業種を問わない製造小売業全般に使われるようになってきている。

（2）ファスト・ファッション

　SPA の中でも，ロウアーミドルのゾーンに焦点を定め，ファッション性の高い商品を短納期で店舗に投入するというビジネス・モデルを徹底的に追求したのが，ZARA や H&M，あるいはわが国のユニクロなどファスト・ファッションと呼ばれるブランドである。そこでは，ファッション・トレンドを素早く取り入れ，商品開発から店頭投入までのサイクルタイムを短縮して，見極めた売れ筋商品を手頃な価格帯で売り切るための仕組みが様々工夫されている。応答性を徹底的に追求することが，ファストと呼ばれる所以である。ZARA は商品を企画してから店頭に並ぶまでの期間を最短で 2 週間にまで短縮したということで，一

躍，脚光を浴びることになった。

　ファスト・ファッションにおいては，染色・加工や縫製において安定した品質のアパレル商品を低コストで生産するために，多品種大量生産が求められるので，世界の主要市場を中心に店舗を急速に展開していくことが必要となる。店舗での売れ残りをできるだけ出さないようにするため，あるいは値引き販売をできるだけしなくても済むように，補充注文については控えめにして，店頭では敢えて品薄感を漂わせて，商品を売り切るといったことも行われる。それによって販売機会の損失の可能性も出てくるが，新作をどんどん投入することによって，その需要の一部を吸収することもできる。売れ残り，すなわち不良在庫をできる限り出さないことの方を優先させるのがファスト・ファッションのひとつの特徴である。

　もうひとつの特徴は，生産と販売の両面でのグローバル化への対応，グローバル・サプライチェーンの構築である。店舗展開についてはますますグローバル化が進んでおり，世界の主要のショッピング・モールなどでは，ファスト・ファッションのブランド店が軒を並べている。アパレル企業の製造拠点については中国を始めとするアジア地域に移行しているが，ZARA の場合は，商品の企画やデザインと製造工場との緊密な情報交換を重要視して，伝統的に繊維産業やアパレル製造業が盛んであったスペインやポルトガルの北部地域を製造拠点としている。ファスト・ファッションの持つ規模の経済性を生かして，素材メーカーと新素材の共同開発のために提携関係を築いたり，生産地をくまなく回って製造技術の高い中小企業を発掘したりするなど，製造拠点との密接な関係性を築く努力が各社で取り込まれている。生産地と協力して，環境や社会面での持続可能性に関わる問題に取り組むファスト・ファッションも増えてきている。それらの拠点から全世界に展開している多数の店舗に

アパレル商品が届けられるが，ここではスピードが最優先され，近距離にはトラック運送，長距離には航空輸送が用いられる。欧州から日本まで外航海運を利用して輸送した方が運賃はずっと安くなるが，2か月経過して店舗に到着したときには，売り時を完全に逃してしまうことになってしまう。ファスト・ファッションにとってはある程度の物流コストをかけて時間を買うことが必須となっている。

　また，応答性の高いグローバル・サプライチェーンを構築するためには，サプライチェーン全体を流れる情報の量とスピードを高めることが必要となり，それを支援する情報システムの重要性がますます高まってくる。SPA が登場した時代はまだ EDI が基盤となっていたが，その後のインターネットを基盤とした情報技術の急進展がファスト・ファッションの展開を強力に後押ししたと考えられる。

4．e コマースとオムニチャネル化

　インターネットの普及はアパレル商品の販売形態にも大きな変化を及ぼしている。アパレル商品の購入に関しても，従来の小売店舗に加えて，インターネットによる e コマースサイトやアパレル企業が立ち上げた直販サイトなどで購入する消費者も増えてきている。アパレル商品の場合は，現物を試着してみることが重要になるという要素があるが，複数の異なる色やサイズを注文して，気に入ったものだけを購入するといったこともできるため，利便性を重視する消費者を中心にインターネット・ショッピングが普及してきている。

（1）e コマースの台頭
　野村総合研究所が行った「生活者 1 万人アンケート」による 4 つの消

費スタイルの変遷を見ると，利便性消費（こだわりが薄く多少高くても手に入りやすいものを買う）が2012年の37％から2015年に44％に上昇し，2018年にも同水準にあり，主流の消費スタイルとなっている。また，安さ納得消費（こだわりはなく，安ければよい）は2012年の27％から2015年に24％に減少しているが，2018年も24％を保っており，合計で68％の消費者はeコマースサイトでの購入に特段の抵抗はないことになる。

　他方，プレミアム消費（自分が気に入った付加価値には対価を支払う）も2012年から2018年まで22％と一定割合を保っている。徹底検索消費（多くの情報を収集し，お気に入りを安く買う）は2012年の14％から2015年に10％に減少し，2018年も10％で最も少数派になっている。これら2つのタイプの消費者は店舗を訪問して商品を選ぶであろうが，消費全体の3分の1程度と推測される。徹底検索消費の場合においても，お気に入りの商品がネットで安価で入手できるのであれば，最終的には訪問した店舗ではなく，eコマースサイトにおいて購入することになろう。

　このように，4つの消費スタイルの推移は2015年以降，非常に安定している。当初は消費者側から不安視されることも多かったeコマースサイトを通じたインターネット・ショッピングであったが，2015年くらいからはその評価が固まってきたとみられる。

　同じ調査において，インターネットで購入する場合に，実物を店舗で確認するか，あるいはネットだけで買うか，についても消費者の動向が示されている。2012年，2015年，2018年の3調査時点にわたる推移を示したのが図13-2である。ここで，Aは「実際の店舗に行かずインターネットだけで商品を買うことがある」を，Bは「インターネットで商品を買う場合も，実物を店舗などで確認する」を意味している。

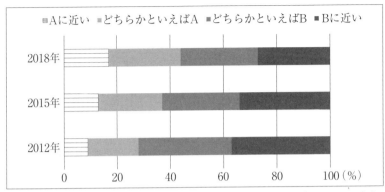

（出典：松下東子・林裕之「生活者１万人アンケート（第８回目）にみる日本人
の価値観・消費行動の変化—情報端末利用の個人化が進み，「背中合わせの家族」
が増加—」第272回 NRI メディアフォーラムの41ページ）

図13－2　ネットショッピング時の実物確認

　「Aに近い」あるいは「どちらかといえばA」を合わせてインター
ネットだけで商品を買うことがあると答えた人の割合は，2012年の28%
から，2015年に37%，2018年には44%にまで達しており，e コマースの
隆盛が見てとれる。他方，店舗などで実物を確認するという人がまだ過
半数を占めており，わが国においてはまだ店舗の重要性も高い。

　なお，上記の調査結果はアパレル商品だけではなく，消費全般に関す
る数字であり，試着の重要性が高いアパレル商品については，店舗にお
いて実物を確認したいと考える消費者の割合がより高く，アパレル企業
にとっても消費者ニーズを捉える場所として店舗は依然として重要な販
売拠点と考えられている。

（2）オムニチャネル化への対応

　上記の通り，アパレル商品の購入方法も小売店舗だけでなく，自宅か

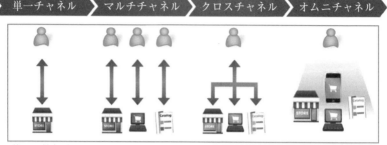

単一の接触点　独立した複数の接触点　ブランド内の複数　複数チャネルを統合した
　　　　　　　　　　　　　　　　　　　　の接触点　　　ブランドが接触点

伝統的　　　　　　　現実　　　　　　満足　　　　　　至福

（出典：National Retail Federation, Mobile Retail Initiative, MOBILE RETAILING BLUE-
PRINT p. 2の Figure 1: Evolution of Customer-Retailer Touch Points）

図13－3　小売と顧客の接触点図

らインターネットを通じて，あるいは移動中にスマートフォンのアプリ
を使って購入するなど，多様化が進んでいる。アパレル業界において
も，これらの多様なチャネルを使って，消費者にブランド価値を訴求す
ることによって売り上げを伸ばそうと，マルチチャネル化，さらにはク
ロスチャネル化が図られてきた。クロスチャネル化によって，異なる
チャネルの間で在庫情報や顧客情報が共有され，個々の顧客が求める商
品を最も適切な方法で提供できる基盤が形成される。

　さらに，すべてのチャネルを統合して顧客に対してアプローチするの
がオムニチャネル化というマーケティング戦略である。実店舗，ｅコ
マースサイト，カタログ通販，ソーシャルメディアなどの複数のチャネ
ルをシームレスに統合し，いつでも，どこでも同じく便利なサービスを
利用できる環境を提供して，顧客満足度の飛躍的な向上を目指すもので
ある。このためには，様々なチャネル間の統合と連携を可能にする情報
技術の強力な支援が不可欠となる。

参考文献

Hammond, Janice H. and Raman, Ananth (1996), Sport Obermeyer, Ltd., Harvard Business School Case, #9-695-022, Harvard Business School Publishing

National Retail Federation (2011), Mobile Retailing Blueprint : A Comprehensive Guide for Navigating the Mobile Landscape, Version 2.0.0,

　http : // www. nacs. org / portals / NACS / Uploaded_Documents / PDF / ToolsResources/BS/Mobile_Retailing_Blueprint.pdf

Raman, Ananth, and Fisher, Marchall (2001), Supply Chain Management at World Co., Ltd., Harvard Business School Case, #9-601-072, Harvard Business School Publishing

経済産業省　製造産業局（2016）「アパレル・サプライチェーン研究会報告書」

　https : //www.meti.go.jp/committee/kenkyukai/seizou/apparel_supply/report_001.html

松下東子・林裕之（2019）「生活者1万人アンケート（第8回目）にみる日本人の価値観・消費行動の変化——情報端末利用の個人化が進み、「背中合わせの家族」が増加——」、第272回 NRI メディアフォーラム

　https : //www.nri.com/jp/knowledge/report/lst/2018/cc/mediaforum/forum272

【学習課題】

1．みなさんが着用しているアパレル商品について，どこで製造されたのか，どこで購入されたのか，調べてみよう。

2．アキュレート・レスポンスが有効と考えられる商品として，アパレル商品以外にどのようなものがあるだろうか。

3．自動車やコンビニエンス・ストアのサプランチェーンとアパレル商品のサプライチェーンを比較して，類似している点があるのだろうか。

14 | 人道支援サプライチェーン

開沼泰隆

《**目標＆ポイント**》 商業的なサプライチェーンは，利益を生むために，正確なコスト・質・時間で，生産物やサービスを届けることを第一とするようなビジネスモデルである。一方，人道支援サプライチェーンにおいて，利益は時間的な目標と救援を求める人々のための適切な救援物資に取って代わり，適切な物を，適切な場所に，遅すぎない適切な時間に最も必要としている人々に提供すべきだとされる。本章では，最近増加している大型の災害時における救援物資の供給について，人道支援サプライチェーンとして捉え，サプライチェーンの効果的な運用方法について理解する。また，東日本大震災のケースについて，救援物資の供給のあり方について解説する。

《**キーワード**》 人道支援サプライチェーン，災害救援活動（Disaster Relief Operation；DRO），支援物資，1次・2次集積所

1. 人道支援サプライチェーン・マネジメント

　ヒューマニタリアン・ロジスティクスは，トーマス（2004）により提唱された「被災地の人々の苦しみを和らげる目的で，原点から消費の点までの関係のある情報と同じように，効率的で費用効果の高い，物や資材の流れや保管法を計画し，実行し制御することである。その機能は，準備，計画，調達，輸送，倉庫保管，追跡と調査，通関に及ぶ活動の範囲を含んでいる」と定義されている。この定義に欠けているものは，商業的な背景で顕著に見られる特徴である，利益の概念である。利益に代わって，人道的な組織は，サプライチェーンにおけるスピードとコスト

の間のバランスを探求している。

　トマシーニ（2009）らの研究によると，様々な背景にある人々が人道支援を行う際に，コストとスピードの観点から効率的かつ効果的に業務を行うためには，サプライチェーン・マネジメントの取り組みを必要としていると主張している。そこで，人道支援において設計されるべきサプライチェーンのことを，ヒューマニタリアン（人道的な）・サプライチェーンと呼んでいる。

　商業的なサプライチェーンは，利益を生むために，正確なコスト・質・時間で，生産物やサービスを届けることを第一とするようなビジネス・モデルの基礎を形作っている。人道的なサプライチェーンにおいて，利益は時間的な目標と救援を求める人々のための適切な救援物資に取って代わる。適切な物を，適切な場所に，遅すぎない適切な時間に最も必要としている人々に提供すべきだとし，その中でも，災害のためのサプライチェーンは，地域の経済を破壊しないように被災の程度を減らすべきであると言っている。したがって，ヒューマニタリアン・サプライチェーンを設計する上で重要なものとして3つの点に焦点を当てている。それは，災害への準備，対応，組織同士の協働の点である。

　また，災害の準備という点では，実際に災害が起こったときの対応の仕方を改善するために，当該組織ができることは何かということに焦点を置いている。サプライチェーン・マネジメントを，組織の中心的な機能として受け入れようとしているところもある。サプライチェーンのネットワークを再構築したり，資源を蓄えることも含めて，救援物資を前もって配置したり，ものによっては配送を延期したりすることも，準備の部分の仕事に含まれる。

　一方，災害への対応という点においては，多くの救援活動に携わる関係者が，緊急事態に対応するために，情報を伝え合う必要があることで

明らかになってくる，協調問題に焦点が当てられる。ヒューマニタリア
ン・サプライチェーンにおいて，各々にとって利益になるようなインセ
ンティブが欠けたときには，協調を保つことは難しくなる。しかしそれ
は，はっきりとした指示や規制がない，優先事項が絶えず変化している
環境で，協調しようとするからである。そこで，様々な協調の仕方や，
普段とは違った環境へどのように適用していくのかを強調すべきであ
る。

　さらに，協働という点では，救援活動に携わる関係者は，商業的な活
動（第三次サービス産業など）から慈善事業まで及ぶ，様々な形の取り
組みに関与していくのと同様に，人道的な組織と情報を共有するよう求
められている。

2．災害救援活動のサプライチェーン・マネジメント

（1）ヒューマニタリアン・サプライチェーン

　アメリカ合衆国連邦緊急事態管理庁（Federal Emergency Manage-
ment Agency；FEMA）は，複数の組織を巻き込み，国をまたいで広
がるような災害が起こった後に，被災者へ救援物資を供給するため，大
変複雑なロジスティクスの構造になっている。被災者のための物資を供
給するためのサプライチェーンは以下に示す7つの要素で構成されてい
る。

- FEMA Logistics Centers（LC）：ロジスティクスセンター
  救援物資を受け取り，保管し，回収する恒久的な施設。FEMA には
  9つある。
- Commercial Storage Sites（CSS）：商業的な倉庫

民間企業によって所有・管理され，FEMA のための物資を保管する
恒久的な施設。

- Other Federal Agencies Sites（VEN）：他の連邦機関
  物資が購入・管理される供給業者の総称。国防総省の内局で，軍需物
  品の流通・備蓄および補給網整備などを担当する国防兵站局や，連邦
  財産の管理維持，公文書の管理，資材の調達および供給などを担当す
  る米連邦政府一般調達局などが一例である。
- Mobilization（MOB）Centers：流通センター
  ここから物資が受け取られ，必要に応じて事前に配置される一時的な
  連邦施設。ここでは，物資は FEMA のロジスティクス本部のもとで
  制御され，多数の国に配置される。一般に 3 日分の供給物資を収容す
  る容量を持つと予想されている。
- Federal Operational Staging Areas（FOSAs）：政府（国）レベルの
  集積所
  ここから物資が受け取られ，必要に応じてある指定の国に事前に配置
  される一時的な施設。物資はたいてい MOB や LC から供給された
  り，VEN から直接輸送される。一般に 1 ～ 2 日分の物資を収容でき
  ると予想されている。
- State Staging Areas（SSA）：州レベルの集積所
  被害を受けた州にあり，ここから物資が受け取られ，必要に応じてそ
  の州に事前に配置する一時的な施設。
- Points of Distribution Sites（PODs）：配送（提供）地点
  被災地域にあり，ここから物資が直接被災者のもとに配送される一時
  的な施設。被災自治体によって管理されている。

　プジャワンら（2009）は，災害救援活動を Disaster Relief Operations

（DROs）と表し，災害救助を促進させる働きを続けるための，DROsにおける最も重要となる活動の一つを，ロジスティクスあるいはサプライチェーンの活動としている。そこで，災害救援活動のためのサプライチェーン・マネジメントを，DROのサプライチェーン・マネジメントと呼んでいる。プジャワンらの研究では，DROのロジスティクスという面で，「物資を受け取り，分類し，保管し，実際に状況を監視することと同様に，需要を査定すること，物資を調達すること，優先すべきものを決定することも含んでいる。商業的なロジスティクスとの類似点を利用すると，ロジスティクスの活動は，多数のサプライヤーから物資を得るところから流通センターまでのプロセスである内側のロジスティクスと，流通センターから被災地まで物資を届ける外側のロジスティクスに分類できる。」としている。ヒューマニタリアン・ロジスティクスの定義に対して，災害に対する救援活動に焦点を当てた定義となっている。

　図14-1は，取り上げた二つの研究に沿って，DROのサプライチェーンを位置づけしたものである。様々な問題を扱う人道支援全体に対するヒューマニタリアン・サプライチェーンの中で，自然災害という問題に対する活動に焦点を当てていることを示している。

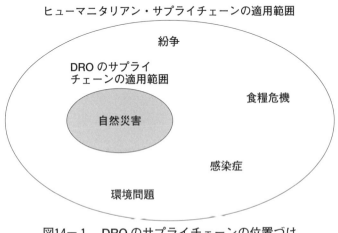

図14-1　DROのサプライチェーンの位置づけ

3．商業的なサプライチェーンと
　　災害時のサプライチェーン

（1）両者の相違点

　商業的なサプライチェーン・マネジメントとは，顧客満足を得るために，サプライチェーンを設計することである。その際に，必要なものを，必要な場所に，必要な時に，必要な量だけ供給できるようにすることが重要となってくる。

　そして，災害時に必要とされるサプライチェーン・マネジメントとは，被災者の被害の程度を軽減させるために，サプライチェーンを設計することである。その際の主要な問題は，確保できる供給量にあるのではなく，それらをすばやく配布することと必要としている人々に十分な数量が渡る必要があるということである。多くの場合，物資を配布するにあたっての障害（ボトルネック）は，インフラが損害を受けていることと，特に災害が起こってから最初の数日間において，必要とされている供給量に関する正確な情報が利用できないことである。このように，商業的なサプライチェーンを設計する場合とは前提が大きく異なっている。

　他にも，両者の特徴には様々な違いがあり，表14－1に商業的なサプライチェーンと災害時のサプライチェーンの違いをまとめた。

表14−1　商業的なサプライチェーンと災害時のサプライチェーンの比較

項目	商業的なサプライチェーン	災害時のサプライチェーン
チェーン内の構成組織	原材料や部品等のメーカー，製品組み立て業者，卸・小売業者，ロジスティクス事業者，消費者	物資の提供者（個人や民間企業から），救援機関，被災者
組織間の関係	各組織同士で長い期間にわたって関わっているため，比較的お互いよく協調している。	多くの関係は救援活動の間に即座に構築される。
構成組織の参加資格	販売業者は製造業者に審査され認められれば，供給先または調達先となることができるように，契約に基づいた正式なものである。	救援活動に参加するための審査は必要ない。誰でも提供者やボランティアとして関わることができる。
目的（広義）	どちらも調達先から需要元まで効率的なものの配送を目的としている。必要な時に必要としている人々に必要なものが届けられるような方法で設計されるべきである。	
目的（狭義）	商品を消費者の元に早く安く提供することで消費者満足を得ること。そして市場で優位になること。	まずはスピードを最優先し，被災者に必要な救援物資を迅速に届けて被災者の苦しみを和らげること。
利益の位置づけ	機会損失や無駄な在庫の削減により，コストを減らし，利益につながるようにする。	利益に代わって，コストとスピードのバランスを求めている。
リードタイム	リードタイムの短縮は消費者にとって価値を生みにくい。	リードタイムのわずかな短縮でも被災者にとって良い影響を及ぼす。
人的資源	必要な人的資源は確保されている。	人的資源が限られている。
使える資金	必要な源は確保されており，その回り方も安定している。	財務資源，またその回り方も現地のマネージャーによって決まるため不確実である。
ネットワークの形状	製品の様々な需要をカバーするため，ネットワークはたいてい多様な供給元から構成されている。ネットワークの形状は比較的安定している。	必要とされるものは決まっていて，ほとんどの提供者は一度しか供給しないため，多様な供給源から満たされている。ネットワークの形状は不安定である。
需要と供給の予測のし易さ	過去のデータがあるため，そこから需要と供給の予測を立てることができる。→確信は持てないが，基本的な手法は利用できる。	需要と供給の不確実性により，過去のデータを情報とできないため，予測がしにくい。→需要については，最初の判断からニーズの基準が分かると，不確実性は解決され易い。
供給量	個々の意思や環境などには左右されにくい。顧客の注文に応じて供給量を決める。	寄付の提供者は，個々のポリシーや周りの状況によって影響を受けることもある。供給量は需要量に反映しない。
サプライヤー	資材，部品，製品の供給は前もって決められたサプライヤーによるものである。	メディアや救援活動に参加している救援機関から要請することによってサプライヤーを集める。
情報共有	サプライチェーンに関わる者全体が現状を知るため，在庫状況や需要などの情報を共有しておく必要がある。	

（2）日本における災害救援活動

　日本の防災基本計画によると，「応急対策の実施については，住民に最も身近な行政主体として第一次的には市町村が当たり，都道府県は広域にわたり総合的な処理を必要とするものに当たる。また，地方公共団体の対応能力を超えるような大規模災害の場合には，国が積極的に応急対策を支援するものとする。地震発生後の防災関係機関の動きとしては，まず被害規模等の情報の収集連絡があり，次いでその情報に基づき所要の体制を整備するとともに，人命の救助・救急・医療・消火活動を進めることとなる。特に，発災当初の72時間は，救命・救助活動において極めて重要な時間帯であることを踏まえ，人命救助及びこのために必要な活動に人的・物的資源を優先的に配分するものとする。さらに，避難対策，必要な生活支援（食料，飲料水，燃料等の供給）を行う。当面の危機的状況に対処した後は，保健衛生，社会秩序の維持，ライフライン等の復旧，被災者への情報提供，二次災害（土砂災害，風水害，建築物倒壊等）の防止を行っていくこととなる。このほか，広域的な人的・物的支援を円滑に受け入れることも重要である。」と記されている。

　日本の災害救助法よると，「災害に際して，国が地方公共団体，日本赤十字社その他の団体及び国民の協力の下に，応急的に，必要な救助を行い，災害にあった者の保護と社会の秩序の保全を図ることを目的とする。」と記されている。また，災害救助法第23条［5］において，救助・救援に関する種類が次項の10種類に定義づけされている。

一　収容施設（応急仮設住宅を含む）の供与

二　炊出しその他による食品の給与及び飲料水の供給

三　被服，寝具その他生活必需品の給与又は貸与

四　医療及び助産

五　被害者の救出

六　被災した住宅の応急修理

七　生業に必要な資金，器具又は資料の給与又は貸与

八　学用品の給与

九　埋葬

十　前各号に規定するもののほか，政令で定めるもの

　なお，この10種類にかかる費用は，原則として各都道府県が負担し，都道府県の財政力に応じて国が負担する形となっている。

4. 東日本大震災での人道支援サプライチェーン

（1）東日本大震災の概要

１）地震の概要

　表14-2に，東日本大震災における震災概要を示す。

表14-2　東日本大震災の概要

発生日時		平成23年3月11日（金）14時46分
震源		三陸沖（北緯38.1度，東経142.9度，牡鹿半島の東南東130km付近）
規模		深さ24km，モーメントマグニチュード Mw9.0
各地の震度	震度7	宮城県北部
	震度6強	宮城県南部・中部，福島県中通り・浜通り，茨城県北部・南部，栃木県北部・南部
	震度6弱	岩手県沿岸南部・内陸北部・内陸南部，福島県会津，群馬県南部，埼玉県南部，千葉県北西部

２）人的被害

　表14－3に，東日本大震災における人的な被害者の数を示す。なお比較として，表14－4は，阪神・淡路大震災における人的な被害者数を示す。今回の東日本大震災による被害が甚大であったことが分かる。

　阪神・淡路大震災と比べても死者や行方不明者数も大きく異なり，データを見ただけでも非常に大きな災害だったと言える。また，今回の震災は死因についても非常に興味深いデータが紹介されていた。河北新報2011年9月24日3面によると，被災地三県の死者のうち9割の死因が溺死であったとされている。警察庁が3県の県警を通じ，8月31日までに検視を終えた15,689人の遺体の状況をまとめた。そのうち，溺死が14,204人だったとされている。次に多かったのは，倒壊した建物の下敷きになったり，津波で流され，体を打ち付けたりした圧死・損傷死・その他の4.5%（709人）だったとされている。また，年齢層別にみると，身元が確認された人のうち，65歳以上の高齢者は55.7%（8,103人）と死者の半数以上を占めた。男性は3,641人，女性は4,462人と多くの高齢者が津波から逃げ遅れ，犠牲となった実態が改めて浮き彫りとなっている。この結果を阪神・淡路大震災と比較すると，阪神・淡路大震災（1995年）では，倒壊した建物の下敷きになる窒息・圧死が72.6%で最も多

表14－3　東日本大震災の人的被害者数（単位：人）

	死者数	行方不明者数	負傷者数
岩手県	4,673	1,171	208
宮城県	9,534	1,314	4,144
福島県	1,606	211	182
全国合計	15,879	2,700	6,130

表14－4　阪神・淡路大震災の人的被害者数（単位：人）

	死者数	行方不明者数	負傷者数
全国合計	6,434	3	43,792

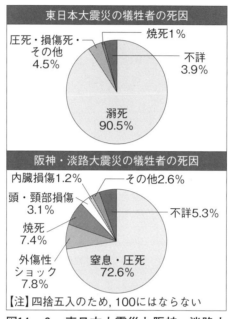

図14－2　東日本大震災と阪神・淡路大
　　　　震災における死因（河北新報,
2011）

かった。犠牲者における65歳以上の高齢者の割合は49.6%で，65歳以上
の高齢者が犠牲者の半数を占める点で今回の震災と共通するが，死因は
大きく異なったとされている。図14－2は東日本大震災と阪神・淡路大
震災の犠牲者の死因を比較したものである。

3）建築物被害

　表14－5に，東日本大震災における建築物の被害件数を示す。また比
較として，表14－6は，阪神・淡路大震災における建築物の被害件数を
示す。人的被害ほどの差は見られないが，同様に今回の東日本大震災に
よる被害の甚大さが覗える。

表14−5　東日本大震災の建物被害数（単位：棟）

	住家全壊	住家半壊	住家一部破損	非住家被害
岩手県	18,370	6,501	13,000	4,909
宮城県	85,414	152,523	224,162	26,292
福島県	21,069	72,346	162,911	1,116
全国合計	128,884	268,838	733,623	56,029

表14−6　阪神・淡路大震災の建物被害数（単位：棟）

	住家全壊	住家半壊	住家一部破損	非住家被害
全国合計	104,906	144,274	390,506	42,496

4）避難状況

　東日本大震災により避難者数は，3月14日にピークの468,653人に及んだ。図14−3は，阪神・淡路大震災のときと比較した東日本大震災の避難者数の推移を，図14−4は避難所数の推移を表している。ここで，東日本大震災の特徴として，阪神・淡路大震災と比較して避難者数に対して避難所の数が多くなっていることが特徴的である。

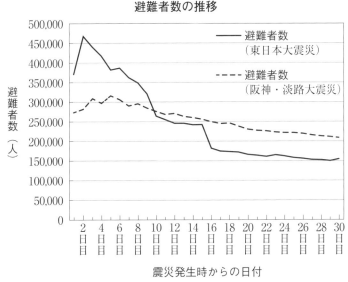

図14−3　避難者数の推移の比較（国土交通省 HP，2019）

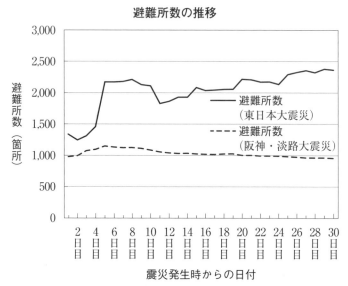

避難所数の推移

図14－4　避難所数の比較 （国土交通省 HP，2019）

（2）東日本大震災における災害対応

　図14－5は，今回の東日本大震災における救援物資が送られる流れの構造を表している。救援物資の提供者から被災者のもとまでの流れを見

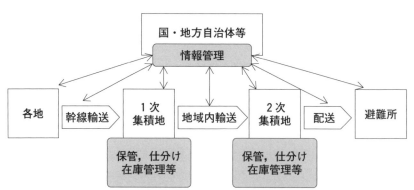

図14－5　東日本大震災における救援物資が送られる流れの構造

ていく上で，まずは必要とされる救援物資が被災地域からどのように要請され，調達・輸送の手配がされるのかを知ることが基本となる。救援物資の提供主体は，国，県，市町村，民間企業，個人，NPO，各種団体など多岐にわたっているため，救援物資の発注パターンは多様であった。今回の震災では，大きく分けて6種類の発注パターン見られた。その概要を図14－6〜図14－11に示す。

1）被災地方公共団体調達方式（被災都道府県調達型）

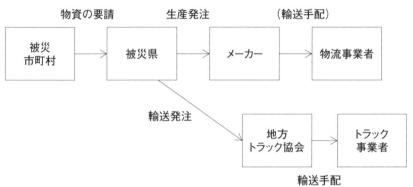

図14－6　被災地方公共団体調達方式（被災都道府県調達型）

2）被災地方公共団体調達方式（無償調達型）

図14－7　被災地方公共団体調達方式（無償調達型）

3）協定締結先地方公共団体調達方式（都道府県調達型）

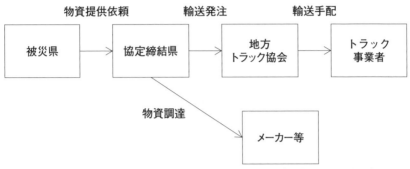

図14－8　協定締結先地方公共団体調達方式（都道府県調達型）

4）協定締結先地方公共団体調達方式（市町村調達型）

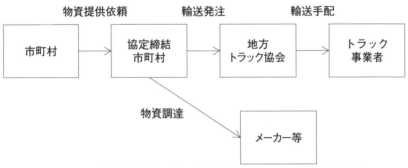

図14－9　協定締結先地方公共団体調達方式（市町村調達型）

5）国発注方式

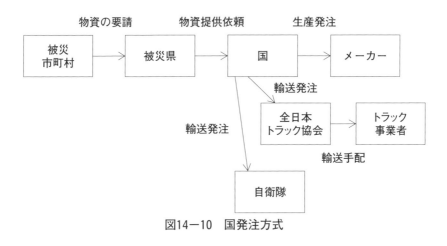

図14－10　国発注方式

6）個人・企業等による物資提供

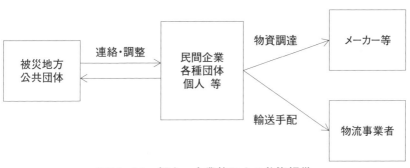

図14－11　個人・企業等による物資提供

このように，今までは被災地において必要とされる救援物資は，地方公共団体が自ら調達してきたが，前例のない大規模災害であることを踏まえて，国において物資の調達・輸送を実施する前例のない取り組みを行ったことなど，災害時の救援物資の流れの構造はより複雑になったと考えられる。災害時の救援物資の流れの構造を簡単に示したものを図14-12に記す。

災害時の救援物資の流れが幾つもあるため，すべての救援物資の流れを把握することができなかった。そのため，どこに何が必要で何が不要であるのか把握できなかった。結果として必要のないものが届いたり，必要なものが届かなかったりする状況が発生した。

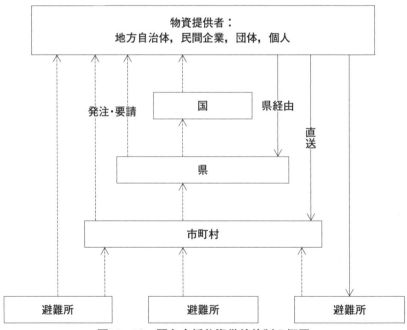

図14-12　緊急支援物資供給体制の概要

（3）救援物資の輸送方法

　東日本大震災では，未曾有の震災と言うこともあり，様々な点で異例の措置というものが取られたと言える。物資の供給，輸送から配給でも様々な措置が取られた。供給から配給までの一連の活動において，活躍した自衛隊やトラック協会の活動を紹介する。

1）自衛隊

　『東日本大震災に対する防衛省・自衛隊の活動状況』（内閣府，2011）によると，自衛隊で備蓄していた物資だけでなく，全国の駐屯地に市民から提供された物資が貯蓄され，各県の集積所に輸送されていた。表14－7に須藤（2011）を参考にして救援物資輸送スキームの概要をまとめた。

表14－7　救援物資輸送スキームの概要

区　分	概　　要
物資の 提供者	・地方公共団体，民間企業，一部個人
輸送 対象物資	・食糧（生ものおよび賞味期限の短い物を除く） ・水 ・各種生活用品
物資 持ち込み先	・都道府県毎の駐屯地等1か所を指定 ・大型または大量の場合等，幹線輸送の輸送地点への直接持ち込み可とする。 ※一部持ち込めない物もあり
物資の 輸送要領	・救援物資等を希望する場合は，都道府県にその旨を連絡し，自衛隊の指定した日時に駐屯地へ持ち込み。 ・都道府県より輸送先の指定がある場合は，当該県に輸送。 ・指定がない場合は東北方面総監部と調整し，輸送。
輸送 ネットワーク	・航空幹線輸送 　主要な航空自衛隊基地，海上自衛隊航空基地および民間空港 　輸送手段：空自航空機，海自航空機 ・被災地での輸送 　陸自および空自が担当，被災地における輸送は円滑化を目的とし，東北方面総監部内において調整。

　空路や陸路を駆使した物資の流れとなっている。このような活動の中で，物資の配給のみならず，多方面にて自衛隊は支援を行っていたとされている。

□救援物資の仕分け作業

　集積されている混載物資について，種類別，サイズ別に区分し，同一サイズの箱に梱包後，パレタイズ化を行っている。また，婦人服や女性物に関しては女性自衛官が行うなど，配慮がなされていたとされる。

□救援物資カタログの作成

　写真を添付したカタログを作成し，避難所等に提供した。

□救援物資配布会支援

　自治体などと協力し，支援物資配布会を開催するなど，物資の提供を多方面で行っている。

□現地でのニーズ把握

　救援物資を避難所へ届ける際などは，被災地に直接出向くなどし，被災者のニーズの聞き取り調査などを行っていた。また，女性特有の要望を把握するべく，女性自衛官の派遣なども行っていた。

2）トラック輸送

　国土交通省の東日本大震災と物流における対応は，政府を通して，㈳全日本トラック協会へ救援物資の緊急輸送が要請されていた（国土交通省，2011）。トラック事業者においては表14－8に挙げられた物を中心に関東から輸送されていたとある。

表14－8　トラック事業者によって輸送された主な物資

品　目
食料品（おにぎり，パン等），飲料水，毛布，カイロ，発電機，ストーブ，線量計，トイレ，おむつ，コート，ラジオ，テント等

　トラック事業者は自衛隊と違って，輸送する品目を絞り輸送されていたと考える。この他にも，被災地における燃料への需要は絶えずあったものであり，燃料輸送も非常に重要な役割を担っていたと言える。

（4）東日本大震災における問題点
　今回の震災では，各階層及び階層間において，様々な課題が浮き彫りになったとされている。本節では，その問題点を階層ごとに紹介する。
①供給源および供給源～1次集積所（都道府県レベル）
　・電力不足や混乱による必要とされる物資の生産量減少
　・混乱による物資の買い占めによる物資の減少
　・輸送ルート（国道4号線や東北自動車道）の輸送可能ルートの確保
　　の時間ロス
　・車両や燃料の不足による輸送能力低下
②1次集積所および1次集積所～2次集積所（市町村レベル）
　・被災者の増加などによる在庫の保管場所の不足

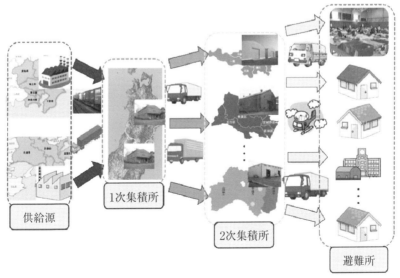

図14-13　東日本大震災のサプライチェーン構造の概要図（流通経済大学, 2012）

- ・在庫の仕分けおよび管理を行う人手不足
- ・不用品や不急品の滞留

③2次集積所および2次集積所〜避難所
- ・配送業者の手配の不十分
- ・指揮系統の混乱および情報伝達の不備による需給のミスマッチ

④避難所
- ・需要と供給のミスマッチ
- ・物資の仕分けに関わる人手不足
- ・需要量把握のための時間ロス

　上記のような問題点が浮き彫りとなり，この問題点に対する改善方法などが検討され，平成28（2016）年熊本地震で活用された。

参考文献

Thomas. A (2004) "Leveraging private expertise for humanitarian supply chains", Forced Migration Review (Oxford, UK) 21, pp.144-122

Rolando M. Tomasini and Luk N. Van Wassenhove (2009) "From preparedness to partnerships : Case study research on humanitarian logistics", *International Transactions in Operational Research*, No.16, pp.549-559

Nyoman Pujawan, Nani Kurniati and Naning A. Wessiani (2009) "Supply chain management for Disaster Relief Operations : principles and case studies", *International Journal of Logistics Systems and Management*, Vol.5, No.6, pp.679-692

河北新報 HP, http://www.kahoku.co.jp/（2011年9月14日）

流通経済大学 Logistics Institution group（2012）『流通問題研究—特集　震災とロジスティクス—』流通問題研究

内閣府（2011）『緊急災害対策本部（被災者生活支援特別対策本部）における物資

調達・輸送調整について』東日本大震災における災害応急対策に関する検討会説明資料

須藤彰（2011）『東日本大震災　自衛隊救援活動日誌　東北地方太平洋沖地震の現場から』扶桑社

国土交通省（2011）『東日本大震災と物流における対応』国土総合政策局物流政策検討会資料

国土交通省 HP（2019.12.14）http://www.mlit.go.jp/hakusyo/mlit/h22/hakusho/h23/html/k1112000.html

【学習課題】

１．商業的サプライチェーンとの違いを説明してみよう。

２．人道支援サプライのチェーンの特徴を100字程度にまとめてみよう。

３．日本国内における人道支援サプライチェーンの問題点を50字程度にまとめてみよう。

15 | グローバル・サプライチェーンを巡る諸問題

松井美樹

《**目標＆ポイント**》 グローバル化するビジネス環境の下で，サプライチェーンもグローバル化を続けてきた。グローバル・サプライチェーンの出現を日本企業の立場から捉え，それをマネジメントしていくために取り組むべき課題について，ファイナンスや事業継続，レジリエンスの観点から整理を行い，グローバル・サプライチェーンの中での日本企業の立ち位置や今後果たすべき役割について概説する。

《**キーワード**》 製造拠点のシフト，グローバル調達，サプライチェーン・ファイナンス，事業継続計画，レジリエンス

1. 経済のグローバル化の現状

グローバル・サプライチェーンについて検討するために，まずは日本企業の視点から経済のグローバル化を捉えることから始めよう。2019年版通商白書では，わが国の対外経済関係の現状と課題について以下のように整理している。

①2018年のわが国のモノの貿易は輸出入ともに拡大したが，基礎物資の相場上昇を主因とする輸入額の伸び率9.7%が輸出額の伸び率4.1%を上回り，2015年以来3年ぶりの貿易赤字になった。輸出が伸び悩んだ主因は，半導体市場の景気下降や中国経済の減速により，一般機械や電気機械の輸出が落ち込んだためと考えられる。

②わが国製造業の25%は海外で生産されており，とりわけアジア地域に

おいては現地法人のネットワークを利用して，日本を起点とするグローバル・バリューチェーンを展開している。わが国製造業の輸出の半分以上は資本関係のある海外関係会社向けであり，現地法人側からみれば，調達額の2割以上が基幹部品など日本からの輸入で占められている。

③付加価値統計によると，日本にとって最大の付加価値の輸出先は米国である。また，日本の輸出額に占める中国で生産された中間財の付加価値のシェアが上昇してきている一方で，中国の輸出額に占める日本で生産された中間財の付加価値のシェアは低下してきている。日本の付加価値の主要な流れは，東アジアとASEAN諸国に輸出され，再び輸入されて戻ってくる流れのほか，日本から中国やASEAN諸国，メキシコなどを経由して米国やヨーロッパに至る流れの2つである。

④ASEAN諸国における日本の存在感の縮小は，投資面よりも貿易面で顕著である。その理由としては，日本企業が現地生産を推進していること，現地企業の売上が順調に伸びていること，他の東アジア諸国や欧米からの輸入が増加していること，日本企業の中にはモノの輸出ではなく配当やロイヤリティーで利益を得るビジネス・モデルを採用するところが増えてきていること，などが挙げられる。他方，名目GDPの拡大，ASEAN域内経済統合の進展，対外直接投資の拡大等，ASEAN経済圏の成長に起因するところも大きい。

⑤日本による直接投資は製造業が多く，ASEAN諸国の雇用拡大や輸出製品の高度化に寄与してきた。ASEAN諸国は消費市場とインフラ事業の拡大によって日本企業の事業領域の拡大に寄与しており，この相互関係は今後もますます深化していくと期待される。

⑥日本企業の海外展開先としてはアジアが7割程度と圧倒的なシェアを占めているが，小売業やサービス業のシェアはまだ低く，今後拡大の

余地があると考えられる。また，今後の成長が見込まれる中南米やアフリカ等，アジア以外の新興地域においても，日本企業の積極的な関与が期待される。

2. サプライチェーンのグローバル化

さらに遡って，戦後の日本経済と世界経済の発展を振り返ると，流動化，自由化，民営化，サービス化，情報化，統合化などのトレンドとともに，グローバル化が急速に拡大した時代であったと特徴づけることができよう。グローバル化とは，資本や労働が国境を越えて移動し，商品・サービスの貿易取引や海外への投資が増大することによって，世界各国の経済主体間の結びつきが強まることを意味する。貿易量の拡大から始まり，資本や投資の自由化，オフショアリング，多国籍企業やグローバル企業の登場などがその表れである。運輸，通信，金融等の高度化や情報技術の進展に支えられ，財や資本，労働などに対する国際間の移動障壁が取り除かれることによってグローバル化が促進されてきた。

これと並行して，サプライチェーンのグローバル化も世界的なレベルで進展し，ひとつの国内で完全に閉じたサプライチェーンを見つけるのはもはや難しくなってきている。以下では，日本企業の視点からグローバル化の流れを整理してみよう。

（1）日本企業の製造拠点

わが国の製造企業は北米や欧州の巨大市場において迅速かつ柔軟な供給体制を確保するため，あるいは1970年代後半以降は貿易摩擦を緩和するため，国内で生産した製品を輸出するという形の国際化から，現地への直接投資を行い現地で生産するグローバル化への方向に舵を切り，国

内から海外へと製造拠点を徐々に移動してきた。アジア諸国において
は，主として製造原価の低減のため，タイ，インドネシア，フィリピ
ン，中国，ベトナム，ミャンマー，バングラデッシュ，スリランカ，イ
ンド等へと，ボリュームゾーンや標準製品の製造拠点を移してきた。国
内の製造拠点は少数のマザー工場，すなわち，海外工場を立ち上げる際
にモデルとなる主力工場，あるいは最終製品を構成する機能部品のう
ち，高度な製造技術が必要なものに焦点を絞った部品工場が残っている
程度にまで至っている。

　今や，日本は世界の中で最も製造原価の高い国のひとつになってい
る。これは単に賃金水準が高いというだけではなく，国内で調達可能な
原材料やエネルギー，地価や賃料，さらには厳しい政府規制なども影響
している。かくして，わが国は工業製品の輸出国から，むしろ輸入国へ
と転換していった。

　2011年には3月の東日本大震災に続いて，10月にタイで大洪水が発生
し，自動車や電子製品，光学製品のサプライチェーンが寸断され，国内
製造業の空洞化が大きくクローズアップされることがあった。国内の製
造事業所に生産を戻すリショアリングを試みたが，製造移管していた製
品の生産立ち上げに伴うノウハウを持ち，それを指揮できる人材が国内
の事業所にはもはやなく，タイから生産技術者等を緊急に招聘して，指
導を仰ぐといった事態に陥る企業もあった。日本の製造拠点を完全に海
外にシフトしてしまうと，リショアリングは非常に難しくなってしまう
危険があることに警鐘を鳴らす事件であった。しかしながら，洪水が収
まり，タイでの生産が復旧し，現地での事業継続計画が策定されていく
とともに，再びオフショアリングが大きな勢いをもって拡大してきた。

（2） グローバル調達

　天然資源に乏しい日本では，加工度合いの低い原材料についてはそのほとんどを海外に依存せざるを得なかったが，部品加工についても，汎用性の高い標準部品や NC 工作機械やマシニングセンター等で自動加工できるようなものについては，アジア諸国を中心とする海外の製造拠点に移管したり，OEM（Original Equipment Manufacturer），ODM（Original Design Manufacturer），エレクトロニクス分野で EMS（Electronic Manufacturing Service），半導体分野でファウンドリやファブなどと呼ばれる製造請負業者にアウトソースしたりして，調達コストを低減させる努力が続けられてきた。

　このような部品加工については，規模の経済性を追求すべく，個別の製造事業所の所要量を本社の調達部門が取り纏め，本社調達部門が製造委託先を選定し，一括発注を行う。加工が終わった部品は各製造事業所の所要量に合わせて，別々に出荷される。また，これらの部品の設計には CAD が用いられ，設計部門から製造委託先に対して CAD データを共有して加工に関する設定を打ち合わせることができる。

（3） グローバル製品開発

　国内製造拠点の海外移転とともに，わが国の製造企業の中心的活動は，製品の製造から，その上流工程の製品の企画と設計へと推移していった。自動車については車検制度があるため，また重量物については移動が困難なために，国内市場に向けて設計された製品が国内の製造事業所で生産される体制が維持されているが，エレクトロニクス製品や家電製品などは国内で設計され，ハイエンドモデルや特別仕様などを除いて，海外で部品を集めて組み立てるというのが標準的なビジネス・モデルとなってきた。

　日本国内向けの製品の企画と設計については，原則として，国内の
マーケティング部門や設計部門が担当し，海外の製造拠点で作られた製
品が日本市場で販売されていた。一方，海外向けの製品については，そ
れぞれの国や地域に合わせて仕様変更が必要な場合がある。典型的な例
として，例えば，電気製品の場合，電圧の違い，電源プラグの形状の違
いがあり，自動車の場合は左ハンドルと右ハンドルの違いがある。地域
によっては，国内仕様の製品は全く使えない，あるいは使えるものの需
要が見込めないという場合もある。これに対してどのように対応するか
もグローバル戦略の重要な側面である。

　選択肢として，国内仕様の製品に変更を一切加えないという方法もあ
る。例えば，電源プラグの形状の違いについては変換アダプタ，電圧の
違いについては変圧器を顧客に別途購入してもらって使用してもらう，
右ハンドルの車を米国や欧州大陸で運転してもらうという対応である。
しかし，アダプタが簡単に入手できない場所もある，変圧器は高価で，
しかも場所を取り，取扱いが不便である，右側通行の国で右ハンドル車
を運転するのは見通しが悪く，危険である，といった理由で，海外市場
に浸透するためには，製品仕様の変更に迫られることが通常である。

　電源プラグについては国や地域に合わせて異なる形状のものを採用す
る，複数規格がある場合には，変換アダプタを同梱する，電圧の違いに
ついては，100Vから240Vまで対応可能な電源アダプタを開発して，同
梱する，自動車の場合はハンドルや方向指示器等の操作系と速度計等の
計器類を右側座席から左側座席に移動する，といった設計変更が必要と
なる。さらに，国や地域によっては，電力供給の質にも差があり，頻繁
に停電が起こるような地域，そもそも電力供給が受けられない地域もあ
る。道路事情についても，舗装の有無，激しい降雪や降雨の中や砂漠の
中を走るなど，千差万別である。これらの状況に合わせて，かなり大幅

な設計変更が求められる場合もある。加えて，所得水準も国や地域で大きく異なり，製品仕様のダウングレードが考慮されなければならない場合もあろう。

　そこで，このような設計変更や製品仕様変更をどのような体制で実施するかが問題となってくる。国内のマーケティング部門と設計部門で，これらすべてに対応できるのであれば問題ないが，現実には，詳細な現地情報を入手して，きめ細かな設計変更ができていない事例も多い。そのような場合には，現地スタッフとの情報交換をより密にして現地におけるニーズや需要動向を的確に捉えて，それに適合的な製品を企画し直すことも必要であろう。現地生産を展開している国や地域においては，設計変更も比較的容易であり，市場の大きさや成長可能性が大きい場合，現地スタッフにマーケティングや設計の活動を徐々に移行していくことも有効であろう。海外の顧客や市場が日本のそれと同じというわけには必ずしもいかない。

3．サプライチェーン・ファイナンス

　本書においては，サプライチェーンを通じたモノの流れと情報の流れについて多くの紙面を費やしてきた。このことはサプライチェーン・マネジメントにおいてはカネの流れは重要ではないということを示唆するものではない。企業経営にとってカネが重要な資源であると同様に，サプライチェーン・マネジメントにおいてもカネの重要性には全く変わりがない。モノが流れれば，その反対方向にカネが流れる。逆に，カネの流れを見れば，モノの流れも把握できる。以下では，グローバル・サプライチェーンにおけるカネの流れについて触れておく。

（1）サプライチェーンにおけるカネの流れ

カネの流れについては，第7章でキャッシュ to キャッシュ・サイクルあるいはキャッシュ・コンバージョン・サイクル（現金循環化日数，現金変換サイクル）について触れた。仕入のために現金を支出し，その後売上による現金を回収するまでに要する日数，すなわち運転資金要調達期間である。通常はプラスの値であるが，マイナスの場合は余裕資金が生まれて，資金繰りに苦労することがなくなる。デル・コンピュータやアマゾンの直販モデルはこれが可能であることを証明してみせた。すなわち，流通段階を介さずに顧客に直接販売を行い，クレジットカードで決済することによって，現金をできるだけ早く回収するとともに，サプライヤーへの支払いについてはできるだけ遅らせることができれば，負のキャッシュ・コンバージョン・サイクルも可能となる。デル・コンピュータはこの前半部分の実現のための新たなビジネス・モデルの構築に成功したことになる。

では，後半のサプライヤーへの支払いをできるだけ遅らせるには，どうすればよいのか。これは特別なことではなく，サプライヤーとの契約において支払期限をなるべく遅く設定すればよい。その上で，実際の支払い日をその期限に合わせればよい。敢えてそうしなくても，資金繰りが厳しければ，そうせざるを得なくなってしまう場合もある。支払いに関するこのような慣行は商取引において一般にみられることであり，特別なことではない。中国における商取引においても，サプライヤーへの支払いは可能な限り遅らせるというのが，できる購買部門の鉄則と言われていた。しかしながら，このような取引慣行がサプライチェーン全体を支配してしまうと，川上のサプライヤーになればなるほど，顧客からの支払いが遅れていくことになってしまう。サプライヤー側から見れば，カネ払いの悪い顧客ということになり，取り引きしたくない相手と

なってしまう。最悪の場合，顧客からの支払いが遅れたために，資金繰りに行き詰って倒産に追い込まれてしまうかもしれない。そうなると，サプライチェーンのさらに上流に位置するサプライヤーも同様に連鎖倒産の憂き目を見ることになってしまい，サプライチェーンが崩壊してしまう。

　すなわち，サプライヤーへの支払いをできるだけ遅らせることによって自社の資金繰りは確かに楽になるが，その分だけサプライヤーの資金繰りが厳しくなり，より良い条件で取り引きできる別のサプライチェーンに移動してしまうサプライヤーが出てきたり，財務体質の脆弱なサプライヤーは連鎖倒産してしまったりして，サプライヤーがいなくなってしまいかねないというディレンマに直面することになる。このディレンマに対していかに対応するかが，サプライチェーン・ファイナンスの主要課題である。

（2）サプライチェーン・ファイナンスの登場

　サプライチェーン・ファイナンスは，信用力の高い企業が中心的役割を占めるサプライチェーンがトータルコストを削減したり，流動性を向上させたりして，国際競争力を高めていくことを支援する，国内外の金融機関が提供する新たな金融サービスである。サプライチェーンに対して，低い資本コストで，必要な企業に必要な資金を必要なときに提供するサービスである。これにより，多国籍企業はグローバル・サプライチェーンの運営を円滑に進められるようになり，金融機関にとっても国際金融取引を拡大していくことができる。

　このようなサプライチェーン・ファイナンスのサービスが一般化したのは，2008年のリーマン・ショック後で，当時，多くの中小企業が融資も受けられず資金繰りに行き詰っている状況の中で，取引関係のある大

企業の信用力を利用して中小企業向け金融の新しい仕組みを考案したのが，欧米の大手銀行であった。現在では，大手金融機関だけでなく，情報技術を駆使した Fintech（フィンテック）を利用して，革新的な金融サービスを提供する新興企業も登場してきている。

　サプライチェーンのグローバル化とともに，日本の製造企業は現地法人を設立して現地生産を開始し，現地におけるサプライチェーンを構築して海外事業を展開しており，サプライチェーンのネットワークはますます複雑化，重層化している。サプライチェーンを通じたモノの流れが複雑になればなるほど，売掛金や買掛金を処理するカネの流れも同様に複雑化し，その日々の管理が難しくなる。そこで，金融機関が個別企業ではなく，サプライチェーン全体に対して，企業間の支払い条件を見直し，サプライチェーンにおけるカネの流れを最適化する国際金融サービスを開発し，提供している。例えば，従来のファクタリングよりも安全でかつ簡便な債権売買の仕組みである電子記録債権化を利用して，サプライヤーは売掛債権を譲渡することにより，支払期日前に運転資金を調達することができるようになる。

　また，サプライチェーン・ファイナンスのサービスにブロックチェーンの技術を活用しようという試みもある。ERP を基盤としたサプライチェーン・マネジメントのためのシステムに連携する形で，ブロックチェーンに発注，出荷，納品，支払といった取引情報が書き込まれる仕組みを構築し，それを発注企業とサプライヤーだけでなく金融機関とも共有することで，サプライチェーン全体を対象とした迅速な金融サービスを実現しようといった取り組みである。

4. グローバル・サプライチェーンの中での日本企業の立ち位置

サプライチェーンのグローバル化の進展は，新しいビジネスチャンスの可能性を示唆するとともに，ほとんどの日本の企業に試練と課題を投げかけてきた。日本の国内市場は世界の中でも一定の規模と存在感を保っており，国内市場を巡ってしのぎを削ってきた企業にとって，海外で生産や販売活動をどのように展開したらよいのか，未知の部分が多かった。日本の常識が世界の常識とは限らない。近年は，大企業のみならず，中小企業も生き残りをかけて現地生産に乗り出そうとして，戸惑うケースも散見される。

（1）世界の中での日本企業の立ち位置と課題

まず，グローバル化は海外のサプライヤーや顧客が増加することを意味するが，日本企業のコミュニケーション能力は他のアジア諸国の企業と比較してもかなり低いと言わざるを得ない。グローバル・サプライチェーンの中で連携を取っていくための前提条件として意思疎通の問題がある。海外における日本語教育が充実してきているのに対し，日本における外国語教育，特に英語と中国語以外の言語の教育はほとんど拡がりを見せていないこともあり，例えば，ベトナム企業で日本語を話せる人の割合に比べて，日本企業でベトナム語を話せる人の割合はかなり低いであろう。ベトナムにおけるサプライチェーンを構築しようとして現地企業とベトナム語で交渉できる日本企業がどれほどあるだろうか。専門の通訳を介するとコストが上がり，打ち合わせ時間も倍以上になる。ほとんどの場合，グローバルビジネスの共通語である英語を使うことになるが，英語によるコミュニケーション能力においても日本企業は劣位

にあり，交渉力を十分に発揮できているとは言えない。

　次に，製品の競争力を見てみよう。まず，実用的製品に関してはグローバル・サプライチェーン間の競争の時代に入り，顧客の厳しいコスト低減要求に応えて，調達部品の共通化，サプライヤーの集約化，規模の経済性を梃子とした価格競争が激化している。この領域では，いくら製品の品質が高いと言っても，韓国，中国，さらにはASEAN諸国との価格競争に勝ち目はない。他方，革新的製品については，競合サプライチェーンとの差別化のために部品や材料の高度化と複雑化が高まり，これらの製品群を提供するプラットフォーム間の競争が激化しており，GAFAをはじめとする欧米企業との厳しい競争に追い込まれている。このようにして求められる規模の拡大や高度化・複雑化の追求に対して，日本企業の中にはその知識や技術，能力が追いついていない状況がしばしば見受けられる。

　この結果として，日本国内のサプライチェーンは，効率性にも機動性や柔軟性にも欠ける凡庸なものになってしまったきらいがある。世界の潮流とは反対に，M&A等によって集約化されたサプライヤーがその技術開発力を生かして部品や材料のカスタマイズを推し進め，顧客を囲い込む戦略を展開して，サプライチェーンの主導権を握ろうとしている。これに対して，顧客側の製造企業はアウトソーシングの名の下にサプライヤーの技術と自社向けにカスタマイズされた部品や材料への依存体質を強めてしまい，機動的にサプライチェーンを展開できる能力に欠けている。

　これに加えて，製造企業は，地域社会に対する貢献，地球環境問題への対応として温室効果ガス排出量の削減やエコ調達，製品の安全性を保証するトレーサビリティ，さらには持続可能な開発目標（SDGs）などの様々な要求にも応えていかなければならない。このような逆境の中で，

地震や洪水などの自然災害に起因するサプライチェーンの寸断を世界に露呈させてしまった日本企業は，グローバル・サプライチェーンの間の競争に予選落ちしてしまう危険にさえ晒されていると言えよう。

　最後に，サプライチェーンのレジリエンスについて触れておく。

（2） サプライチェーンの断絶とレジリエンス

　サプライチェーンのグローバル化と複雑化とともに，地震や風水害，山火事などの自然災害，戦争やテロなどの人為的災害，電車や高速道路などにおける大規模な事故，疫病の流行など，現代の企業環境は様々な危機や脅威を孕んでおり，サプライチェーンのあらゆる場所で，そのチェーンが寸断されてしまうリスクが存在している。前章の人道支援サプライチェーンは，サプライチェーンの下流に位置する消費者あるいはその近辺における寸断が生じた場合であるが，自然災害や事故，あるいは疫病などによる寸断は長いサプライチェーンのあらゆる場所で生ずる可能性があり，製造企業や流通段階，消費者にとって必要なモノやサービスの供給が停止してしまう脅威に晒されている。

　これらの様々なリスクを切り抜けるための確実な方法はない。供給の不確実性が高い場合には，リスクヘッジ型か俊敏性の高いサプライチェーンが必要となる。単純なリスク・マネジメント力だけでは事足りず，競合他社よりも寸断への対応を先んじて実施し有利な状況を創造していくといった危機マネジメントの発想が必要になってくる。レジリエンスの高いサプライチェーンの構築を目指して，トップ・マネジメント主導の事業継続計画（Business Continuity Planning；BCP と略される）が注目される所以である。

　いち早いサプライチェーンの立ち直りを実現するためには，冗長性，柔軟性，そして組織文化の変革が求められる。冗長性はリスク分散を志

向するものであり，原材料在庫の保持だけでなく，セカンドソースの確保といった調達先の多様化も重要である。柔軟性を高めるには，業務手続きの標準化，逐次プロセスの同時並行プロセスへの変更，ポストポーンメント概念の適用，サプライヤーとの連携を強める調達戦略への転換等が有効であり，これらを通じて俊敏性を高めることもできる。

　まず必要になることは，サプライチェーンを的確に把握するため，サプライチェーンを構成する諸活動を見える化し，どこにいかなるリスクが存在するのか，最も注意すべきクリティカル・チェーンを見つけ出すことである。これが調達先の決定基準やサプライヤーをいかに育てていくかといった供給ベースに関する戦略的意思決定の基礎となる。さらに，効率性と冗長性の間のトレードオフ関係，リスクに対するリアル・オプション思考等も取り入れつつ，情報共有と協働的な計画策定を通じてサプライチェーンの基本原理を構築しなければならない。その上で俊敏性を高めるためには，業務プロセスや業績の可視化を促進することから始め，業務プロセスの整流化，調達リードタイムや非付加価値時間の短縮化などを積み重ねて，勢いを維持することが肝要である。

　組織文化を変えるには，従業員同士の継続的なコミュニケーションと仕事への情熱を促進し，分権化により小集団や個人に必要な行動を自律的に取れる権限を与え，サプライチェーン寸断への条件づけを繰り返すといった継続的で地道な努力が必要となってくる。サプライチェーン・リスク・マネジメントを志向する組織文化の創造のためには，トップ・マネジメントの強い関与とリーダシップの下に，リスク要因を意思決定に明示的に組み入れ，BCPのための小集団を組織するといった取り組みが不可欠となろう。

　リスク・マネジメントと危機マネジメントはその前提において異なる性格のものである。リスク・マネジメントはトラブルや被害を予め想定

し，優先順位を決めリスクの分散，回避，減少のための様々な手段を講じようとするのに対し，危機マネジメントは予知できない，起きてしまった危機に可能な限り迅速に対処し，被害を最小限に食い止めようとするもので，そのような貴重な経験をいかに将来に繋げるのかといった問題を取り扱うものである。例えば，売上の一定割合を継続的に危機マネジメントに投資するといった考え方が有効かもしれない。

（3）新型コロナウィルスがもたらしたもの

　2020年の初めに拡大した新型コロナウィルス感染症は，各国における緊急事態宣言や都市封鎖を発出させ，多くのモノに関してグローバル・サプライチェーンが完全に停止する事態を引き起こした。世界各国で同時に危機的状況が発生し，世界規模でサプライチェーンが麻痺したため，サプライチェーンの可視化が全くできず，視界ゼロに近い状態に陥り，マスクの調達にさえ大きな障害が生じた。さらに，人間の社会活動に対して極めて大きな制限が課せられ，在宅勤務やテレワーク，オンライン会議などのそれまであまり普及していなかった仕事のやり方に強いスポットライトが当たることになった。

　地震や洪水のような局所的な危機に対してこれまで作成されてきたBCPについて，今回の感染症のようなグローバルな危機にも対応できるものに作り直すことが必要となっている。パンデミック対応のBCP策定方法として，例えばKPMGコンサルティング株式会社では，以下のような4つのステップを提案している。

①基本方針と被害シナリオの策定

　感染症発生時の活動の判断のよりどころとなる基本方針，対応策のオプション検討の前提となる被害シナリオを策定する。

②危機管理体制の決定

策定した被害シナリオを基に，緊急対策本部の構成・役割分担・招集手順，および現地緊急対応本部の構成・役割分担・招集手順を定める。

③感染拡大防止策の決定

策定した被害シナリオを基に，感染拡大防止策のオプションとその実施手順等を定める。

④事業継続策の決定

策定した被害シナリオを基に，在宅勤務，決裁権限の変更等，通常と異なる業務手順が必要と判断された場合に，その暫定対応手順を定める。

感染防止策としては，出張・渡航禁止，従業員や家族への注意喚起と健康管理，セミナー，研修，会議，会合の制限などが検討され，事業継続策としては，重要業務の特定とリソースの集中，サプライチェーンの見直し，在宅勤務や時差出勤などの働き方の見直しなどが主たる検討事項となろう。変化する状況に合わせて，これらのステップや検討事項について迅速かつ柔軟な決定を下していくことが求められる。しかも国や地域によって感染状況が大きく異なるため，各国政府の状況判断と対応策にも注意を払いつつ，グローバル・サプライチェーンの継続を模索することも求められる。

人間の想定を超えるこのような危機は，サプライチェーンのレジリエンスを大きく向上させる力も持っている。何とか危機を乗り越えようと一致協力することによって組織力が高まると同時に，大きな変革が生まれるチャンスにもなる。今回の新型コロナウィルスの感染拡大によって，在宅勤務やテレワーク，リモートでの勤怠管理，オンライン会議，工場の無人操業など，これまで普及していなかった技術が急速に普及し，新た仕事のスタイルが見えてきている。

2020年5月に入り，各国は徐々に経済活動を復活させ，まずは国内の

300

サプライチェーンが動き始めた。元のサプライチェーンに戻るのではなく，新たなサプライチェーンの構築が模索されている。今後は，グローバル・サプライチェーンの再構築に焦点が移っていき，その際にも新しいビジネス・モデルを巡って競争が始まることになろう。

参考文献

経済産業省（2019）「通商白書2019」
　　https：//www.meti.go.jp/report/tsuhaku2019/pdf/2019_zentai.pdf
小倉隆志（2017）『企業のためのフィンテック入門』幻冬舎
DHL（2015）新白書「Lean and Agile：テクノロジー業界のサプライチェーン・レジリエンス」http：//supplychain.dhl.com/LP=697?nu_ref=Press-Release
KPMG コンサルティング株式会社（2020）KPMG Insight Vol. 42, Focus ②「レジリエンスを高めるグローバルクライシスマネジメント新型コロナ危機を乗り越えて成長する」
　　https：//assets.kpmg/content/dam/kpmg/jp/pdf/2020/jp-global-crisis-management-20200508.pdf

【学習課題】

1. みなさんが利用しているスマホのサプライチェーンについて調べてみよう。
2. 企業のウェブサイトで BCP 情報を検索してみよう。
3. 新しい生活スタイルを支えるために，サプライチェーンがどのように変化しているのか調べてみよう。

索引 ▌

●配列は五十音順，＊は人名を示す。

分担執筆者紹介

(執筆の章順)

富田　純一（とみた・じゅんいち）

・執筆章→ 2・3

1974年	兵庫県に生まれる
2003年	東京大学大学院経済学研究科博士課程単位取得退学
現在	東洋大学教授・博士（経済学）
専攻	技術経営，オペレーションズ・マネジメント
主な著書	『ものづくり経営学』第2部第6章「機能性化学品のものづくり」（分担執筆　光文社，2007）

『日本型プロセス産業』第12章「旭硝子「ルミフロン」―バックセルによる市場開拓」（分担執筆　有斐閣，2009）

『技術経営　MOTの体系と実践』第2章第2節「製品開発のマネジメント」（分担執筆　理工図書，2012）

『コア・テキスト　生産管理』（共著　新世社，2012）

開沼　泰隆（かいぬま・やすたか）

・執筆章→ 5・10・14

1957年	山形県に生まれる
1988年	早稲田大学大学院理工学研究科博士後期課程単位取得満期退学
現在	東京都立大学教授・博士（学術）
専攻	経営工学・ロジスティクス

主な著書　A multiple attribute utility theory approach to lean and green supply chain management, *International Journal of Production Economics*, Vol. 101, pp. 99-108 (2006)

東日本大震災における災害救援活動に関する研究，日本経営工学会論文誌，第64巻，第3号，pp. 480-487（2013）

日本の自動車業界におけるサプライ・チェーン・リスク・マネジメントの実証分析，日本経営工学会論文誌，第67巻，第4号，pp. 285-294（2017）

Design and Evaluation of Global Supply Chain Considering Disruption Risk, in Yacob Khojasteh (ed), *Supply Chain Risk Management : Advanced Tools, Models, and Development*, Springer, pp. 201-212 (2018)

佐藤　亮 (さとう・りょう)

・執筆章→ 6・8

1954年	青森県に生まれる
1985年	東京工業大学総合理工学研究科博士後期課程システム科学専攻単位取得退学
現在	筑波大学名誉教授・横浜国立大学名誉教授・理学博士
専攻	プラットフォーム戦略，オペレーションズ・マネジメント，経営情報システム
主な著書	『経営情報システム』（分担執筆　日刊工業新聞社，1991） ジョナサン・ローゼンヘッド『ソフト戦略思考』（共訳　日刊工業新聞社，1992） 『システム知の探究　2』（共編著　日科技連出版，1997） 『Applied General Systems Research on Organizations』（共編　Springer，2004） ヒュウゴ・チルキー，ティムザ・オバー『イノベーション・アーキテクチャ―イノベーションの戦略策定の方法論』（共訳　同友館，2009） 『経営情報学入門』第 7 章「経営情報システムの基礎」，第 8 章「経営情報システムの進展」（分担執筆　放送大学教育振興会，2019） ピーター・チェックランド『ソフトシステム方法論の思考と実践―問題認識を共有し組織や仕組みの改善と発展に繋げる』（共訳　パンローリング，2020）

編著者紹介

松井　美樹 （まつい・よしき）

・執筆章→ 1・4・7・9・11・12・13・15

1955年　福井県に生まれる
1984年　一橋大学大学院商学研究科博士後期課程単位修得
現在　　放送大学教授
専攻　　オペレーションズ・マネジメント
主な著書　『制度経営学入門：経営資源展開への科学的アプローチ』
　　　　　（編著　中央経済社，1999）
　　　　　『High Performance Manufacturing： Global Perspectives』
　　　　　「Japanese Manufacturing Organizations： Are They Still
　　　　　Competitive?」（共著　John Wiley & Sons，2001）
　　　　　『経営情報論ガイダンス（第2版）』第11章「ニューメディ
　　　　　ア」，第12章「戦略的情報システム」（分担執筆，中央経済
　　　　　社，2006）
　　　　　『効率と公正の経済分析―企業・開発・環境―』第3章「製
　　　　　造システムの国際比較」（分担執筆　ミネルヴァ書房，2012）

放送大学教材　1539353-1-2111（テレビ）

サプライチェーン・マネジメント

発　行　　2021 年 3 月 20 日　第 1 刷
編著者　　松井美樹
発行所　　一般財団法人　放送大学教育振興会
　　　　　〒 105-0001　東京都港区虎ノ門 1-14-1　郵政福祉琴平ビル
　　　　　電話　03（3502）2750

市販用は放送大学教材と同じ内容です。定価はカバーに表示してあります。
落丁本・乱丁本はお取り替えいたします。

Printed in Japan　ISBN978-4-595-32271-6　C1334